Psicologia dos
EXTREMISMOS
POLÍTICOS

Dados Internacionais de Catalogação na Publicação (CIP)
(Câmara Brasileira do Livro, SP, Brasil)

Psicologia dos extremismos políticos / Domenico Uhng Hur,
   José Manuel Sabucedo (organizadores). –
Petrópolis, RJ : Vozes, 2020.
   Vários autores.
   Bibliografia.
   ISBN 978-85-326-6344-3
   1. Crises 2. Democracia 3. Fundamentalismo
4. Direita e esquerda (Política) 5. Política e governo
6. Psicologia política 7. Psicologia social 8. Resistência ao governo
I. Hur, Domenico Uhng. II. Sabucedo, José Manuel.

19-30718   CDD-320.19

Índices para catálogo sistemático:
   1. Psicologia política   320.19

Cibele Maria Dias – Bibliotecária – CRB-8/9427

Domenico Uhng Hur
José Manuel Sabucedo
(Organizadores)

Psicologia dos
EXTREMISMOS
POLÍTICOS

EDITORA
VOZES

Petrópolis

© 2020, Editora Vozes Ltda.
Rua Frei Luís, 100
25689-900 Petrópolis, RJ
www.vozes.com.br
Brasil

Todos os direitos reservados. Nenhuma parte desta obra poderá ser reproduzida ou transmitida por qualquer forma e/ou quaisquer meios (eletrônico ou mecânico, incluindo fotocópia e gravação) ou arquivada em qualquer sistema ou banco de dados sem permissão escrita da editora.

CONSELHO EDITORIAL

Diretor
Gilberto Gonçalves Garcia

Editores
Aline dos Santos Carneiro
Edrian Josué Pasini
Marilac Loraine Oleniki
Welder Lancieri Marchini

Conselheiros
Francisco Morás
Ludovico Garmus
Teobaldo Heidemann
Volney J. Berkenbrock

Secretário executivo
João Batista Kreuch

Editoração: Elaine Mayworm
Diagramação: Sheilandre Desenv. Gráfico
Revisão gráfica: Nilton Braz da Rocha / Fernando S.O. da Rocha
Capa: Renan Rivero

ISBN 978-85-326-6344-3

Editado conforme o novo acordo ortográfico.

Este livro foi composto e impresso pela Editora Vozes Ltda.

Sumário

1 Apresentação – Psicologia dos extremismos políticos e
polarizações sociais, 7
Domenico Uhng Hur, Universidade Federal de Goiás/Brasil
José Manuel Sabucedo, Universidade de Santiago de Compostela/
Espanha

2 Extremismo e secessionismo em contextos de crise – O
movimento independentista na Catalunha/Espanha, 16
José Manuel Sabucedo, Mónica Alzate & Cristina Gómez-Román,
Universidade de Santiago de Compostela/Espanha

3 A democracia devorando a si mesma – A ascensão do cidadão
incompetente e o apelo do populismo de direita, 42
Shawn W. Rosenberg, Universidade da Califórnia/EUA

4 A renovação neopopulista da Frente Nacional na França, 89
Alexandre Dorna, Universidade de Caen/França

5 Psicologia Política da polarização e extremismos no Brasil –
Neoliberalismo, crise e neofascismos, 117
Domenico Uhng Hur, Universidade Federal de Goiás/Brasil
Salvador Sandoval, Pontifícia Universidade Católica de São Paulo/
Brasil

6 Neoautoritarismos e resistências sociais na Venezuela – Vida
cotidiana da mitologia bolivariana, 147
Mireya Lozada, Universidade Central de Venezuela

7 Processos psicossociais detrás do triunfo de Macri na Argentina, 175
Elio Rodolfo Parisí & Marina Cuello Pagnone, Universidade
Nacional de San Luis/Argentina

8 Estilo e conteúdo linguístico de mensagens publicadas no Twitter® durante um processo de transição à paz, 200

Paula Tatiana Castiblanco-González, Iván Felipe Medina-Arboleda & Idaly Barreto, Universidade Católica da Colômbia

9 Como a ação coletiva conduz à mudança psicológica entre apoiadores, espectadores e opositores de um protesto? – Efeitos da participação passada, normas e legitimidade nos protestos e violência na Caxemira/Índia, 240

Huseyin Kakal, Universidade de Keele/Inglaterra

Martijn van Zomeren, Universidade de Groningen/Holanda

Mudassir Hassan, Faculdade de Medicina do Governo – Caxemira/Índia

10 A esquerda radical e sua resistência contra a "direitização" – O caso de María de Jesús Patricio no México, 264

David Pavón-Cuéllar, Universidade Michoacana de San Nicolás de Hidalgo/México

— 1 —
Apresentação
Psicologia dos extremismos políticos e polarizações sociais

Domenico Uhng Hur, Universidade Federal de Goiás/Brasil
José Manuel Sabucedo, Universidade de Santiago de Compostela/Espanha

Introdução

A intensificação das posições extremistas e da intolerância nos debates políticos e nas relações sociais se tornou uma constante no cenário social atual. Mesmo com o desenvolvimento das ciências, tecnologia e discursos de paz, intensificam-se os extremismos, os conflitos e a dificuldade de diálogo. No âmbito macropolítico, vemos um giro a posições mais extremistas e radicais, seja para a direita ou para a esquerda política, constituindo intensa polarização nos debates políticos. Discursos independentistas, xenófobos, nacionalistas, isolacionistas, ganham força na opinião pública, resultando, por exemplo, em diversos acontecimentos: a imprevista vitória eleitoral de Donald Trump nos Estados Unidos; a inesperada saída do Reino Unido da União Europeia, no movimento do Brexit; o giro à direita política no governo de muitos países europeus que tinham grande tradição social--democrata; os conflitos e mortes nas manifestações na Venezuela e na Nicarágua; o aumento de atentados terroristas; a ampliação do apoio a candidatos políticos que sustentam discursos com traços conservadores, fascistas e racistas (Löwy, 2015; Marvakis, 2015), como a candidata Marine Le Pen que chegou ao segundo turno na França, a vitória eleitoral do ex-capitão Jair Bolsonaro para a presidência no Brasil etc.

Em revisão bibliográfica sobre o extremismo político, encontramos quatro eixos gerais de estudos. Primeiro, os *estudos sobre governos fascistas* analisam suas experiências na primeira metade do século XX, como o nazismo na Alemanha, o fascismo na Itália, na Espanha etc. Segundo, os *estudos sobre o terrorismo islâmico* abordam uma amplitude de temáticas, como a análise das ações terroristas, a tendência ao radicalismo de jovens muçulmanos, o uso da internet para a propagação do terrorismo e recrutamento de membros, reflexões psicossociais sobre a lógica do funcionamento terrorista etc. Terceiro, os *estudos sobre a luta armada de organizações guerrilheiras de esquerda* abordam as experiências contra as ditaduras ou oligarquias no poder e os grupos independentistas que utilizam a violência em suas atividades políticas. Ressaltam suas histórias, representações dos participantes, funções das políticas da memória etc. Finalmente, os *estudos sobre o desenvolvimento dos extremismos de direita* focalizam principalmente o que ocorre em países da Europa e Estados Unidos nos últimos anos. São pesquisadas temáticas como: o surgimento de grupos políticos neofascistas, a intensificação dos nacionalismos, a polarização à direita política, a atuação de grupos neonazistas, a propagação de ideias fascistas na internet, a xenofobia e o racismo ante os imigrantes etc.

Constatamos que a maior parte dos estudos se refere aos campos da História, Ciências Sociais e Políticas. Abordam principalmente sua dimensão macropolítica, sejam os extremismos de direita, fundamentalismos religiosos e os conflitos diretos contra um *out-group*, a um exterior alheio a nós. Porém consideramos que sua apreensão no cotidiano, sua difusão em espaços variados, a propagação do ódio ao diferente e a segmentarização em múltiplos grupos são fenômenos pouco investigados, sendo uma lacuna na literatura. Nesse sentido entendemos que a Psicologia Política tem muito a oferecer para a compreensão do fenômeno.

A partir de uma perspectiva psicopolítica percebemos que os extremismos políticos não se expressam somente nos conflitos radicais, como na luta armada, nos atentados e mobilizações terroristas, mas em muitas formas de ativismo político. No âmbito cognitivo, configuram-se como comportamentos rígidos e intolerantes ao que emerge como diferença. Constata-se uma rigidez que não aceita novas ideias; se alguém afirma algo distinto do que o grupo crê ou pensa, não é aceito. Portam repertórios de crenças e valores que reduzem a diversidade e multiplicidade do real para apenas duas versões dos fatos, sempre na *lógica do negativo* (Deleuze, 2006), na qual uma posição nega a outra, formando uma relação de contradição e mútua exclusão. Há uma adesão apaixonada a discursos extremistas e monolíticos, que não aceitam refutação, gerando condutas conservadoras, totais, intolerantes e irrefutáveis, que Guattari (2013) denomina de neoconservadorismos. Há uma resistência à diferença e à mudança (Pichon-Rivière, 1982), em que se rechaça tudo que não cabe no próprio discurso e de seu grupo de referência. Muitas vezes não são embasados em reflexões e juízos conscientes, mas constituem modalidades de apreensão da realidade tal como fundamentalismos religiosos, porém fora do âmbito da religião. Costumam-se expressar no plano intersubjetivo de uma forma binária, dicotômica, polarizados em uma relação de conflito entre um *in-group* e um *out-group* (Tajfel & Turner, 2004), no qual o endogrupo rechaça o exogrupo. Deprecia-se e hostiliza-se a diferença, como se fosse característica de pessoas sem consciência ou inferiores. No âmbito afetivo, as emoções mais presentes são a ira e o ódio ao outro. Colocamos algumas perguntas: Por que há essa adesão intensificada a discursos fundamentalistas em múltiplas instâncias sociais? Por que as posições fascistas retornam com tanta força? Que mecanismos psicossociais estão em jogo para a emergência e intensificação desse tipo de funcionamento? Por que há tanta hostilidade e criação de bodes-expiatórios? Pode-se afirmar que o neoliberalismo e a crise social estão relacionados à sua emergência?

Devido ao interesse de compreender de forma aprofundada o fenômeno dos extremismos, buscamos investigá-lo em distintas nações do mundo, como surgem em países como Estados Unidos, França, Espanha, Índia, Venezuela, Brasil, Colômbia, Argentina e México, explicando-o a partir das contribuições teóricas da Psicologia Social e Política. Nesse sentido, discute-se, por exemplo, a conjuntura norte-americana que possibilitou a vitória de Donald Trump, o crescimento da Frente Nacional de Le Pen na França, a vitória de Bolsonaro no Brasil, de Macri na Argentina, os conflitos na Venezuela, a crise e o nacionalismo na Espanha etc.

Dessa forma, o objetivo deste livro é analisar os acontecimentos contemporâneos de emergência dos extremismos políticos em distintos países, para discutir os esquemas cognitivos, afetivos e psicopolíticos que influem em sua intensificação atual. Buscamos também discutir as variáveis psicossociais que levam ao aumento do ódio e da hostilidade ao outro no atual momento histórico; e se há relação entre a emergência dos extremismos políticos e a intensificação do neoliberalismo e da insegurança social.

Contamos com as contribuições de autores de diferentes partes do mundo[1], referências de destaque na Psicologia Social e Política de seus próprios países. Destacamos que a diversidade dos enfoques teóricos e metodológicos dos capítulos reflete o campo heterogêneo e multimétodos da Psicologia Política mundial. Assim, há uma pluralidade de teorias, métodos e posicionamentos políticos adotados neste livro, que tornam o fenômeno do extremismo multifacetado. Dessa forma, o leitor perceberá que há diversas maneiras de se realizar Psicologia Política, de acordo com as singularidades regionais dos autores de cada capítulo. E vale ressaltar que este é o único livro do campo da Psicologia que realizou uma análise sobre o tema dos extremismos de forma transnacional.

Os dois primeiros capítulos do livro, além de analisar experiências concretas, fornecem uma fundamentação teórica central para a compreensão dos fenômenos dos extremismos políticos e populismos. José Manuel Sabucedo, Mónica Alzate Garcia e Cristina Gómez-Román, da Universidade de Santiago de Compostela (Espanha), em "Extremismo e secessionismo em contextos de crise – O movimento independentista na Catalunha/Espanha", referenciados em longa tradição de estudos da Psicologia Social e da Escola de Frankfurt, discutem a noção e o fenômeno de extremismos políticos. Nela, ressaltam a relevância do contexto social para a compreensão da emergência de condutas extremistas, em particular na existência de uma situação

---

1. Os distintos autores fazem parte de uma rede de pesquisa e de colaboração internacional com os organizadores do presente livro. Os capítulos 2, 6, 7, 8 e 10 foram traduzidos do espanhol e os capítulos 3 e 9 do inglês por Domenico Uhng Hur. Já o capítulo 4 foi traduzido do francês por Mariana Ribeiro Hur.

de crise. Nesse sentido, propõem quatro marcos para compreender seu surgimento. Também realizam um estudo empírico, ao analisarem o processo de mobilização pela independência da região da Catalunha do Estado espanhol. Para tanto, discutem o contexto de crise e a retórica utilizada pelos líderes políticos, que se centram no vitimismo, na deslegitimação das identidades adversárias e no isolamento da dissidência intragrupal.

Shawn Rosenberg, da Universidade da Califórnia (Estados Unidos), em "A democracia devorando a si mesma – A ascensão do cidadão incompetente e o apelo do populismo de direita", discute de forma aprofundada a conformação dos populismos de direita na atualidade. Realiza uma análise do contexto e da mentalidade da população norte-americana que permitem a ascensão e a aceitação dos discursos populistas. O psicólogo político americano nos fornece uma análise do populismo, diferenciando-o da estrutura do governo democrático. Compreende que a ascensão do populismo de direita reflete a vulnerabilidade estrutural da democracia, ressaltando que esse modo de gestão da vida está articulado ao surgimento de outro ator social: o cidadão incompetente. Estabelece assim, por meio de teorias psicológicas e sociais, uma reflexão que nos possibilita compreender a vitória de Donald Trump em 2016.

Os seis capítulos seguintes analisam os cenários de extremismos e populismos de cada país: o crescimento da Frente Nacional na França, a vitória de Bolsonaro no Brasil, de Macri na Argentina, a polarização social na Venezuela e na Colômbia e a legitimação de protestos violentos na região de Caxemira/Índia.

Alexandre Dorna, da Universidade de Caen (França), em "A renovação neopopulista da Frente Nacional na França", analisa o crescimento do extremismo e populismo político francês na emergência e desenvolvimento da figura de Marine Le Pen, atual representante do bloco de extrema-direita Frente Nacional (FN). O psicólogo político francês analisa características do seu discurso, as diferenças com o fundador da FN, e seu pai, J.-M. Le Pen, que se referem a uma espécie de modernização discursiva do populismo, que visa conseguir mais votos nas eleições. O crescimento da FN é um grande desafio que a população francesa, e a Europa, terá que enfrentar, pois representa a reformulação e a sofisticação discursiva dos extremismos de direita.

Domenico Uhng Hur, da Universidade Federal de Goiás, e Salvador Sandoval, da Pontifícia Universidade Católica de São Paulo, em "Psicologia Política da polarização e extremismos no Brasil – Neoliberalismo, crise e neofascismos", analisam a crise governamental e o crescimento da extrema-direita no país, através da ascensão do então candidato à presidência, o ex-capitão Jair Bolsonaro. Discutem o cenário contextual de crise e fragmentos de discursos agressivos de Bolsonaro. O então candidato da extrema-direita utilizou uma estratégia populista em que a construção da figura de inimigo é fundamental para a adesão a seu discurso político. Como resultados da análise, destacam uma nova forma de socialização política, hoje em dia mais isolada e individualista, e um funcionamento psicopolítico mais primitivo, com afetos de ódio e agressividade direcionados às minorias sociais.

Mireya Lozada, da Universidade Central da Venezuela, em "Neoautoritarismos e resistências sociais na Venezuela – Vida cotidiana da mitologia bolivariana", analisa o cenário político mais conflituoso da atualidade na América Latina. Investiga os fenômenos do neopopulismo e da polarização social que se constituíram na Venezuela entre os "chavistas", "antichavistas" e "*Nem-Nem*", que são aqueles que não aderem a nenhum dos dois lados. A partir de uma perspectiva psicopolítica, discute as representações e o imaginário social sobre o "Outro inimigo", assim como os desafios que se colocam aos processos de luta e resistência social num cenário conturbado.

Elio Rodolfo Parisí e Marina Cuello Pagnone, da Universidade Nacional de San Luis (Argentina), em "Processos psicossociais detrás do triunfo de Macri na Argentina" discutem a polarização política no cenário argentino. Analisam o fenômeno da emergência de Mauricio Macri para a presidência do país, um empresário que conta com o apoio de amplos setores do empresariado, do mercado financeiro e dos meios de comunicação. Discutem as estratégias do publicitário de sua campanha eleitoral e seu discurso de forma geral. Para os psicólogos políticos argentinos, os fatores de seu êxito foram a construção da figura de inimigo sobre o kirchnerismo, a espetacularização da política, a promessa de mudança, ainda que indefinida, e um discurso pautado na luta contra a corrupção. Consideram que o discurso macrista operou uma condensação entre governo kirchnerista e corrupção, fazendo amplo uso das *fake news* nos meios de comunicação e nas redes sociais digitais e incitando o ódio na população ao kirchnerismo.

Paula Tatiana Castiblanco-González, Iván Felipe Medina-Arboleda e Idaly Barreto, da Universidade Católica da Colômbia, analisam as mídias sociais digitais para refletir sobre a polarização social e as dificuldades na construção da paz, num país assolado pelo conflito armado há mais de cinco décadas. Em "Estilo e conteúdo linguístico de mensagens publicadas no Twitter® durante um processo de transição à paz", analisam os diferentes conteúdos expressos na plataforma digital Twitter® por diferentes atores sociais após a assinatura do acordo pela negociação da paz na Colômbia. Com uma análise detalhada das mensagens do governo, grupos armados ilegais, grupos armados legais, meios de comunicação, ONG e vítimas e políticos mapeiam as principais diferenças discursivas destes distintos atores nesse período de intensa polarização política na Colômbia.

Huseyin Kakal, da Universidade de Keele (Inglaterra), Martijn van Zomeren, da Universidade de Groningen (Holanda) e Mudassir Hassan, da Faculdade de Medicina do Governo (Caxemira/Índia), discutem as distintas dimensões que conduzem ao apoio e à participação em protestos violentos e não violentos na região de Caxemira, Índia. Em "Como a ação coletiva conduz à mudança psicológica entre apoiadores, espectadores e opositores de um protesto? Efeitos da participação passada, normas e legitimidade nos protestos e violência na Caxemira/Índia", apresentam os resultados de extensa pesquisa realizada com três grupos distintos: simpatizantes, neutros e opositores aos atuais protestos. Trazem conclusões inéditas acerca do aumento do apoio à radicalização nas ações coletivas violentas, em que se ressalta o papel da participação passada em mobilizações políticas.

Para finalizar, o último capítulo traz possíveis alternativas frente aos extremismos de direita, através da assunção de um lugar de crítica e radicalidade. David Pavón-Cuéllar, da Universidade Michoacana de San Nicolás de Hidalgo (México), em "A esquerda radical e sua resistência contra a direitização – O caso de María de Jesús Patricio no México", parte da afirmação de que houve uma "direitização política da vida", inclusive nos partidos políticos de esquerda. Nesse sentido, aborda o radicalismo de esquerda como uma alternativa à "direitização" da vida e da política contemporânea. Em sua reflexão diferencia o radicalismo dos fins, o extremismo dos meios. A partir da teoria marxista e da psicanálise lacaniana, propõe dez condições para uma esquerda radical. Para visibilizar seu enunciado, o psicólogo crítico mexicano analisa o discurso da candidata à presidência María de Jesús Patricio. Compreende sua proposta indígena, desde as minorias, feminista e anticapitalista, como o emblema da esquerda radical para a resistência à direitização da vida, a qual não produz um novo populismo, mas sim regimes de conscientização.

Consideramos que os extremismos políticos e cotidianos são um fenômeno complexo, atual, e que merecem ser mais pesquisados. Conhecer os fundamentos de seu funcionamento implica uma questão ética, pois possivelmente poderá contribuir para a diminuição dos conflitos sociais. Hipotetizamos que hoje em dia o extremismo e a polarização estão tão intensificados que não emergem apenas no espaço político, nem são exercidos só por ativistas políticos; sutilizam-se e desdobram-se em muitas e novas formas. Atualizam-se em outras instâncias, como nas práticas do cotidiano, nas formas de ser dos atores sociais, seus valores, em variadas instituições sociais (escola, trabalho, família), e nos debates virtuais em redes sociais da internet, que geralmente são marcados por muita agressividade e hostilidade. Desse modo, os posicionamentos extremistas aparecem tanto no âmbito macropolítico como nas formas de ser, no campo das políticas da identidade, obtendo cada dia mais força e difusão. Nesse sentido, hoje se apresentam como *estilo e forma paradigmática da vida* na contemporaneidade. Os microfascismos (Guattari, 1981) se atualizam em todos os espaços e nas práticas cotidianas. Assim, o desafio enfrentado é que qualquer um, em qualquer momento e lugar, pode atualizar essas posturas radicais e destrutivas (Cottam et al., 2010).

Portanto, compreendemos que as polarizações nos debates políticos contemporâneos é um tema que tem extrema relevância, seja do ponto de vista teórico ou social. A relevância teórica se dá por ser um fenômeno psicossocial emergente bastante complexo e que não é facilmente explicado pelos conceitos acadêmicos tradicionais, sendo assim apreendido por múltiplos marcos teóricos. E inclusive a análise de sua intensificação pode ser um desafio aos conceitos tradicionais instituídos. A relevância social se fundamenta por ser um fenômeno atual que propaga intolerância e violência, sendo um dos principais desafios que enfrentamos na contemporaneidade.

Nossa proposta é que o livro possa oferecer aos leitores de diferentes áreas, como Psicologia, Ciências Sociais, Educação, Filosofia, Serviço Social etc., ferramentas teóricas de como analisar e compreender o fenômeno dos extremismos políticos nos contextos diversos de distintos países.

Referências

Cottam, M.L., Dietz-Uhler, B., Mastors, E. & Preston, T. (2010). *Introduction to Political Psychology*. Nova York: Psychology Press.

Deleuze, G. (2006). *Diferença e repetição*. São Paulo: Brasiliense.

Guattari, F. (1981). *A revolução molecular*. São Paulo: Brasiliense.

_____. (2013). *Líneas de fuga. Por otro mundo de posibles*. Buenos Aires: Cactus.

Löwy, M. (2015). Conservadorismo e extrema-direita na Europa e no Brasil. *Serviço Social & Sociedade* (124), 652-664 [Disponível em https://dx.doi.org/10.1590/0101-6628.044].

Marvakis, A. (2015). The dialectics of new fascism in Greece. *Estudos de Psicologia* 32(3), 547-556 [Disponível em https://dx.doi.org/10.1590/0103-166X2015000300019].

Pichon-Rivière, E. (1982). *O processo grupal*. São Paulo: Martins Fontes.

Tajfel, H. & Turner, J.C. (2004). The social identity theory of intergroup behavior. In J.T. Jost & J. Sidanius (eds.). *Political Psychology*. Nova York: Psychology Press.

— 2 —
Extremismo e secessionismo em contextos de crise
O movimento independentista na Catalunha/Espanha

José Manuel Sabucedo, Mónica Alzate & Cristina Gómez-Román
Universidade de Santiago de Compostela/Espanha

As crises econômicas e políticas são recorrentes na história. Neste momento estamos imersos na iniciada em 2008. Contudo, a verdade é que o cenário é tão incerto que os *experts* não estão em acordo se ainda estamos nela, se saímos, ou se estamos a caminho da seguinte. O que sabemos é que essas situações são sinônimas de instabilidade e insegurança, enquanto se abandonam terrenos conhecidos para entrar em outros que estão ainda por se explorar. A longo prazo, essas crises não têm por que serem negativas; há muitos exemplos disso no decorrer da história. Mas é certo que, quando explodem, e especialmente em suas primeiras fases, pode-se produzir, tomando emprestada uma expressão de Gramsci, todo tipo de efeitos perversos.

Hoje estamos em uma dessas épocas em que a estabilidade das sociedades abertas e democráticas se vê ameaçada. Contudo, ainda estamos longe do clima de violência e deterioração social que caracterizaram outros tipos não muito distantes. O livro de Stefan Zweig (1942/2013) *O mundo de ontem – Memórias de um europeu*, que deveria ser de leitura obrigatória, é testemunho desse passado atormentado: "Antes da guerra, havia conhecido a forma e o grau mais altos da liberdade individual e, depois, seu nível mais baixo desde séculos [...]. Por minha vida galoparam todos os corcéis amarelados do Apocalipse, a revolução e a fome, a inflação e o terror, as epidemias e a emigração; vi nascer e se expandir diante de meus próprios olhos as grandes ideologias de massas: o fascismo na Itália, o nacional-socialismo na

Alemanha, o bolchevismo na Rússia e, sobretudo, a pior de todas as pestes: o nacionalismo, que envenena a flor da cultura europeia. Me vi obrigado a ser testemunha indefesa e impotente da inconcebível queda da humanidade em uma barbárie como não se havia visto em tempos e que se esgrimia seu dogma deliberado e programático da anti-humanidade" (p. 9).

A aflição do pensador vienês pelos conflitos do Velho Continente é compreensível. A implicação emocional e o compromisso são maiores quanto mais próximos nos sentimos da realidade analisada. Porém isso não deve nos fazer esquecer que, além do espaço geográfico concreto em que se vive, existem outros que também podem estar sofrendo males similares.

O comentário anterior nos leva a uma digressão que consideramos necessária, especialmente observando certas posições de enorme ambiguidade em relação ao extremismo político. Queremos ressaltar que os ataques à convivência e à dignidade humana que denunciava Stefan Zweig são perpetrados, como ele bem sabia, por atores muito diversos e em lugares diferentes. Uma decência intelectual e moral elementar obrigaria a manter uma mesma atitude de repúdio a todos eles. Porém esse não é sempre o caso. Sem dúvida, os vieses grupais jogam um papel-chave na hora de valorizar uma mesma conduta dependendo se é realizada pelos "nossos" ou pelos "outros". Encontramos uma das manifestações mais cínicas desse tipo de raciocínio nas palavras atribuídas ao presidente norte-americano Franklin D. Roosevelt ao se referir a um conhecido ditador nicaraguense: "Pode ser que Somoza seja um filho da puta, mas é nosso filho da puta". Essa frase escandaliza e também retrata aquele que a pronunciou. Porém, obviamente, esse é apenas um exemplo. É certo que muitos dos que em 2019 apoiam o atual presidente da Nicarágua, ou qualquer outro responsável político que mantenha práticas totalitárias ou liberticidas, atribui-lhes qualificativos similares. Ou isso, ao menos, é o que desejamos pensar. Porque seria muito pior acreditar que o respaldo que lhes é oferecido procede da aceitação dessas políticas.

Nas páginas que se seguem analisaremos quais contextos e processos psicossociais favorecem que uma parte significativa da cidadania abandone princípios de convivência democrática e demande por opções políticas impositivas e autoritárias.

Extremismo político e relevância do contexto

Os comportamentos, incluído o político, não são independentes do contexto no qual se produzem. Um dos vieses cognitivos mais conhecidos é o denominado erro fundamental de atribuição, que consiste em destacar as dimensões pessoais e ignorar as situações na hora de explicar a conduta. Esse erro de análise está presente quando se explica o auge do nazismo pelo carisma de Hitler, ou as torturas no cárcere iraquiano de Abu Ghraib pela personalidade dos militares norte-americanos que as realizaram. Mas, sem dúvida, um dos exemplos mais conhecidos no âmbito da Psicologia Política é o trabalho de Le Bon (1895/1986) sobre o comportamento do indivíduo no grupo, que ele denominava de psicologia das massas. A desqualificação à ação coletiva: "Quando o homem se reúne em massa descende vários degraus na escada da civilização" (p. 17) ignorava ante que tipo de situações essas pessoas estavam reagindo. Simplesmente se limitava a criticar seu comportamento sem contemplar suas possíveis causas. Um enfoque reducionista que impede um diagnóstico preciso do fenômeno que se analisa (Sabucedo & Morales, 2015).

A ação coletiva é em muitas ocasiões uma resposta adaptativa diante de uma situação adversa que não pode ser confrontada de maneira individual. Voltaire assinalou que a única alternativa que as pessoas com pouco poder para mudar as condições indesejáveis tinham era unir-se e agir de maneira coordenada. Nesse mesmo sentido, Moscovici (1981) afirmou que as minorias ativas surgiam com o objetivo de modificar situações e narrativas hegemônicas. Independente se esses movimentos atingem ou não seus fins, ou da justiça e bondade destes últimos, é certo que a ação vem motivada como resposta a um contexto percebido como ameaçante. Portanto, qualquer análise sobre o extremismo deve levar em consideração esse fato.

Esta última afirmação é empiricamente demonstrada no estudo de Gent, Mamadouh e Wusten (2013). O objetivo desses autores era conhecer até que ponto a situação de crise se relacionava com a mudança no apoio a partidos e posições políticas de antes da crise. Para tanto, em primeiro lugar, agruparam os países em função do impacto da crise. Os países da zona europeia foram classificados em três categorias: a) os que tiveram sérias dificuldades econômicas, como Espanha ou Irlanda; b) os que adotaram políticas de austeridade, o caso de Alemanha e Holanda; e c) os que tiveram dificuldades econômicas, mas não na intensidade dos citados anteriormente, como Luxemburgo e França. Além dos países da zona europeia, também foram analisados outros países europeus, como Grã-Bretanha ou Bulgária. Em segundo lugar, realizou-se uma análise longitudinal do apoio recebido por 221 partidos políticos. De cada um deles, avaliou-se sua orientação política, e sua posição referente a diferentes posições ideológicas e econômicas. Os resultados são apresentados na Tabela 2.1.

Tabela 2.1 Diferença na porcentagem de apoio eleitoral a distintas temáticas antes da crise e no período da crise (adaptado de Gent, Mamadouh & Wusten, 2013).

	Zona europeia		
	Dificuldades econômicas	Pró-austeridade	Outros
Governo do momento			
Partido de coalisão pré-crise	-39	-22	-26
Radicalismo			
Extrema-esquerda e direita	+91	+28	+63
Extrema-direita	+301	+58	+67
Anti-imigração	+102	+58	+113
Política econômica			
Estatismo de bem-estar da direita	+15	+44	+86
Protecionismo	+83	+8	+58
Nível político			
Rechaço do euro	+62	+94	+132
Regionalismo/separatismo	+75	-16	+46

Um primeiro dado que merece ser sublinhado é que a tendência para uma maior radicalização, conservadorismo e nacionalismo ocorre não apenas nos países que sofrem consequências econômicas da crise e as políticas de austeridade, mas também, com algumas ligeiras diferenças, no conjunto dos países europeus. Isso mostraria uma vez mais a necessidade de reconhecer que vivemos, para o bem ou para o mal, em espaços políticos e econômicos entrelaçados. Isto significa que a percepção de ameaça da crise e as atitudes às quais se associam mais diretamente nos países que a sofrem mimetizam-se nos outros nos quais o contexto econômico é muito menos desfavorável.

A tabela mostra que as coalizões de governo pré-crise sofreram um forte retrocesso eleitoral. Como contrapartida, a crise provocou um incremento do radicalismo político, especialmente no extremo-direito do contínuo político. Essa virada política se mostra também num maior apoio às políticas de protecionismo econômico, na queda da social-democracia e no incremento muito significativo do euroceticismo e no nacionalismo, que são duas faces da mesma moeda.

O estudo que mencionamos tem o mérito de mostrar a influência da crise em temas sociopolíticos-chave. Mas, além de constatar esse fenômeno, é necessário compreendê-lo.

Nesse sentido, há um primeiro fato a destacar. A crise produziu mudanças nas posições políticas de um importante número de pessoas. Daí cabe extrair uma primeira conclusão: que o comportamento político não é uma questão só de traços, senão de contextos. Se o primado fosse das disposições pessoais ao invés das avaliações situacionais, seria difícil explicar essas variações no apoio a diferentes forças políticas em um período de tempo tão breve.

Porém, isso não é nada de novo. Lembremos a evolução dos resultados do partido nacional-socialista trabalhador alemão nas eleições realizadas no período 1928-1933.

Tabela 2.2 Assentos e % de votos do partido nacional-socialista alemão no período 1928-1933 (elaboração própria)

	1928	1930	1933
Assentos	12	107	288
% votos	2,65	18,75	43,9

É muito difícil explicar essas mudanças se não consideramos a situação econômica e política nas quais se produzem e, sobretudo, como a população a interpreta.

Ciclo de extremismos

Tomando emprestado um termo cunhado por Tarrow (1997) para referir-se ao protesto político, podemos falar de ciclos de extremismo, visto que estes movimentos aparecem a cada certo momento no cenário político. Alguns dos elementos que caracterizam essas etapas seriam o questionamento do sistema democrático, a tentativa de impor uma verdade, a deslegitimação dos adversários e a polarização política. Os dados presentes no estudo de Gent et al. (2013) apontam que várias dessas expressões do extremismo começam a ser já claramente visíveis no contexto europeu. A questão agora é se perguntar como se chegou a esse ponto.

Certamente, essa pergunta levará as pessoas conhecedoras deste problema a um tempo passado e a uma linha de pensamento muito conhecida. Nesse caso, a Escola de Frankfurt, e mais concretamente Fromm, Neumann e Marcuse, interrogou-se sobre as causas da ascensão do nazismo na Alemanha. Curiosamente o Instituto de Pesquisas Sociais, o nome real da conhecida Escola de Frankfurt, surgiu em grande medida para responder a uma questão relacionada com outro movimento extremista, mas de sinal contrário. A questão que analisaram em suas origens era por que a classe operária alemã não havia apoiado a Revolução de 1919, que, a juízo de algumas forças políticas, supunha uma alternativa emancipadora na recém-criada República de Weimar.

A Escola de Frankfurt e o trabalho de Gent et al. (2013) coincidem em destacar a crise econômica como uma variável facilitadora do extremismo. Essa afirmação, sem ser incorreta, é demasiado genérica e, portanto, impossibilita colocar hipóteses específicas que possam ser submetidas a algum tipo de comprovação. Por isso, mais que falar simplesmente de crise, melhor seria se referir a como se gerem, e, mais especificamente, quais são os marcos interpretativos ou as narrativas de diagnóstico, prognose e terapêutica que ativam. Disso dependerá, em grande medida, não só a intensidade da crise, mas também as estratégias de enfrentamento com as quais se recorrerá, uma das quais é o extremismo.

Marcos facilitadores do extremismo

Neste tópico, analisaremos como a interpretação da crise, em relação às suas causas, responsáveis e possíveis soluções, influi na emergência de novos movimentos políticos. Os pontos concretos aos quais faremos referência têm a ver com os seguintes fatos: a) as assimetrias de *status* e poder podem transformar-se em sentimentos de privação que conduzem a conflitos e crises; b) se não se oferecem respostas satisfatórias, o descontentamento se generalizará e se acentuará a incerteza e o enfrentamento intergrupal; c) o incremento da tensão provoca uma demanda epistêmica e uma politização do descontentamento; e d) abre-se uma oportunidade para novas ofertas políticas que se alinhem com as demandas populacionais e que ofereçam soluções simples e autoritárias.

a) **Assimetrias de poder e injustiça. Consequências materiais e menosprezo social**. As crises econômicas, de modo semelhante a outras situações adversas, nem sempre são percebidas como injustas. A história nos demonstra que existem muitas circunstâncias que hoje são consideradas inaceitáveis: o racismo, a desigualdade de gênero, o trabalho infantil etc., que até há pouco tempo eram considerados naturais. Essa é a razão de que se fale da construção social da realidade, e que se afirme que os problemas sociais não existem até que comecem a ser definidos como tais. Por esse motivo, em vez de falar de privação objetiva, é preferível o termo privação relativa. Esta última se refere à discrepância percebida entre as expectativas e a realidade, que permite atribuir a esse conceito uma dimensão dialética enquanto o externo depende de quem o observa. Dessa forma, um mesmo contexto pode ser vivido e interpretado de maneira distinta por diferentes atores.

Isso não significa, obviamente, aceitar um solipsismo que nos levaria a concluir que a realidade começa e acaba na mente de um indivíduo isolado, mas sim assumir, como ressaltam Blanco, Corte e Sabucedo (2018), que "a esta altura do desenvolvimento das Ciências Sociais cabem poucas dúvidas de que os termos nos quais vimos a conhecer o mundo que nos rodeia não são produtos da natureza, senão construções sociais, resultado de relações de intercâmbio ativo e cooperativo entre as pessoas, como reza o segundo dos princípios do construcionismo social (Gergen, 1985, p. 267). Mas ao mesmo tempo, recordando com isso o princípio de irredutibilidade do Lewin mais gestáltico, convenhamos também que essas construções pertencem a "um nível ontoepistêmico irredutível ao interpessoal, e, evidentemente, ao individual" (Jiménez Burillo, 2005, p. 6). Disso deriva-se que essas interpretações subjetivas, assim como as dinâmicas discursivas, não podem ser alheias ao nível social e macro em que se desenvolve a atividade humana. Isto reforça ainda mais a ideia de que esse conflito expectativas-realidade é um dos elementos-chave na percepção de injustiça.

De acordo com o anterior, as crises se geram pela frustração das expectativas de uma parte da cidadania. Mesmo que a maioria dos estudos se centrem quase que exclusivamente nas expectativas econômicas e materiais, as crises não se limitam a elas. Sem dúvida, a influência das posições darwinistas e utilitaristas contribuíram a esse viés. Porque além dos aspectos materiais, evidentemente muito importantes, a frustração afeta também outras esferas pessoais e sociais básicas.

Em convergência à ideia anterior, é necessário recordar que a privação relativa e a frustração estão muito vinculadas com o processo de comparação social. Festinger (1954) mostrou como o *status* e a valorização dos exogrupos de referência oferecem o critério comparativo para a autoavaliação endogrupal. Do resultado dessas comparações, alguns grupos se considerarão melhor ou pior tratados que os demais, o que incidirá em seu autoconceito e identidade social (Tajfel & Turner, 1979). Portanto, as crises também são consequência de identidades sociais que se sentem prejudicadas pelas dinâmicas intergrupais assimétricas. A relevância desse aspecto já havia sido manifesta por Maslow: "Podemos chamá-la de desejo de prestígio ou boa reputação (definindo como respeito ou estima pelos demais), reconhecimento, atenção, importância ou apreço. Essas necessidades foram relativamente sublinhadas por Adler e seus discípulos, e foram relativamente esquecidas por Freud e pela psicanálise. No entanto, hoje mais que nunca há uma ampla aceitação do papel central que desempenham" (1943, p. 382). Essas colocações foram retomadas em parte na teoria da busca de significado para a explicação do extremismo violento (Kruglanski et al., 2014). A motivação de busca de significado, um dos fatores que ajudariam a explicar o extremismo, se ativaria em três suposições: a) a perda de significado (vexame, falta de respeito); b) percepção de uma ameaça ao significado da pessoa ou do grupo a que se pertence e com o qual se sente identificado (discriminação); e c) a possibilidade de alcançar um avanço importante em seu significado (converter-se em uma referência para a comunidade).

Anterior a Maslow, Hegel deixou esboçadas algumas ideias que apontavam que a falta de valorização do Eu, pelo não reconhecimento dos outros, supõe um menosprezo que motivaria a lutar por esse reconhecimento. Aí se assinala uma lógica moral do conflito. Segundo Honneth (1997), o trabalho de Mead também contribui de maneira decisiva para avançar na construção de uma teoria da luta pelo reconhecimento. Citando um trabalho deste autor, o máximo expoente da terceira geração da Escola de Frankfurt afirma: "Não é coincidência que Mead fala nessa passagem de 'dignidade', que o sujeito se vê confirmado no momento que, pela preservação de seus direitos, é reconhecido como membro da comunidade [...] à experiência do reconhecimento, corresponde um modo da autorreferência prática, na qual o indivíduo pode estar seguro do valor social de sua identidade" (Honneth, 1997, p. 99-100). A dignidade está fundamentada no reconhecimento de sua identidade, de tal forma que o não reconhecimento seria o menosprezo. Isto é o que permitiria entender que os conflitos não se baseiam unicamente em questões materiais ou econômicas, senão em sentimentos morais de injustiça. Sem dúvida, este conceito de luta pelo reconhecimento deverá se incorporar mais cedo que tarde aos estudos empíricos sobre ação coletiva e extremismo político.

Portanto, a injustiça, em suas facetas material, psicológica e identitária, está na gênese de todas as crises. Mas nem todas elas proporcionam cenários de extremismo político. Essa é a razão pela qual se deve incluir novos elementos de análise.

b) Incerteza e polarização política. A incerteza é um dos aspectos que melhor define as crises. Desde tempos sabemos que a segurança é uma necessidade humana básica, cuja ausência se traduz em um estado de agitação psicológica individual e coletiva que motiva a restaurar a certeza o quanto antes possível (Maslow, 1943). Por essa razão, a ansiedade e o medo são facilitadores de determinados processos psicossociais que estão a serviço da polarização política e da imposição.

A categorização é um dos mecanismos psicológicos que permite processar e organizar a complexidade de estímulos do entorno, mas ao mesmo tempo desempenha um papel relevante na gênese dos conflitos. A categorização implica atribuir pessoas a um grupo em função da semelhança que tenham a respeito de um determinado critério. As categorias sociais podem ser tantas como as características que existem ou que podem criar-se: lugar de nascimento, sexo, situação econômica, ideologia, cor de pele, para citar apenas algumas das mais relevantes na cena política. Nas sociedades livres e igualitárias e com normas de funcionamento consensuadas, os diferentes pertencimentos grupais não costumam gerar grandes conflitos. A razão é que a grande maioria da população se identifica também com uma categoria mais inclusiva, ser cidadãos de uma mesma comunidade, que assume as anteriores e que permite canalizar as tensões a partir de uma lógica de cooperação. No entanto, quando se percebe que o pertencimento a alguma categoria particular leva a algum tipo de privação ou ameaça, a convivência se vê ameaçada. O grupo prejudicado/ameaçado não se sentirá identificado com o conjunto, e se colocará em marcha a dinâmica *nós versus eles*. Isto ativa os mecanismos de favoritismo endogrupal e diferenciação intergrupal, que em situações de conflito dão lugar a vieses negativos e atitudes hostis aos exogrupos e condutas de defesa e autoproteção do endogrupo.

Em alguns dos trabalhos clássicos sobre o extremismo aparece de maneira implícita esse processo de categorização. A análise de Fromm (1932) sobre as razões da ascensão do nacional-socialismo na Alemanha aborda a tomada de consciência da classe média como grupo ameaçado devido à expansão das grandes corporações capitalistas. Essa situação, segundo Fromm, fez com que desenvolvessem uma mentalidade sadomasoquista que apenas encontra segurança sob sistemas autoritários. Não é necessário assumir a posição teórica nem a terminologia de Fromm para concordar com ele que nesse grupo, mediante um cenário de incerteza e conflito como era o da Alemanha nos anos de 1930, optou-se pelo apoio a um regime extremista anti-humano, que oferecia a segurança psicológica e material que demandavam.

A análise de Fromm se centra em explicar o fascismo, e até aí tudo perfeito. Mas o tema já não é tão claro se o problema do autoritarismo político trata de circunscrever-se a essa expressão política concreta. Seria um erro que assim fosse. Sem dúvida, a necessidade de segurança é uma motivação para recorrer à proteção de ideologias extremistas. Mas não é a única. Os momentos sociopolíticos convulsivos também podem animar ideologias extremas que perseguem justamente o contrário, uma mudança radical do sistema. Isso ocorre porque, nesses cenários de confrontação, não são poucos os atores que esquecem aquela Lei de Murphy, o engenheiro aeroespacial, que advertia que as coisas que vão mal podem piorar. Apesar das múltiplas evidências que respaldam esse princípio, não é raro escutar aquilo de que "as coisas não podem piorar". Esse é um viés cognitivo muito perigoso, porque com esse cenário mental alguns podem acreditar que atuar de modo irreflexivo ou arriscado, e com a esperança de encontrar o paraíso na curva da esquina, pode ser uma opção: "Total [...] não há nada a perder". O problema é que atuar dessa forma pode provocar que as coisas fiquem muito pior.

A história e a realidade atual nos mostram que o desprezo aos direitos humanos mais básicos e as atitudes impositivas estão também presentes em posições com conteúdo ideológico totalmente oposto. Isaiah Berlin (2001) denunciou, em seu tempo, referindo-se que as utopias das liberdades positivas podem acabar com as liberdades negativas da sociedade, aquelas que permitem à cidadania exercer sua vontade. No mesmo sentido, Adorno em um momento chega a se referir à nova esquerda assinalando que se apresentava como antiautoritários, mas reproduziam as estruturas repressivas que ostensivamente professavam derrotar (Jeffries, 2018). Portanto, se unimos ambas perspectivas, a de Fromm e as de Berlin e Adorno, nos encontramos com um modelo que assinala duas possíveis vias ao extremismo: do medo da liberdade, mais vinculado à extrema-direita, e o da euforia associada ao messianismo redentor, mais vinculado à extrema-esquerda. O que os une é a crença no monopólio da verdade.

Num trabalho recente, Dono, Alzate, Seoane e Sabucedo (2018) propõem a existência de um estilo cognitivo que denominam de monopólio da verdade, associado a posições políticas extremas. Sua origem o situa no conhecido como realismo ingênuo, a convicção de que o que alguém percebe é o real, é a verdade (Pronin, 2007). Portanto, se os demais não compartilham essa verdade será devido a algum dos seguintes motivos: a) possuem outra informação; b) não têm a capacidade para compreender o que é objetivo e é óbvio; ou c) sua ideologia enviesa suas reflexões. Porém, seja por incapacidade ou por interesses espúrios, o certo é que os outros estão equivocados. Se é assumida essa crença, inclusive pode apresentar-se como *altruísta* a tentativa de libertá-los de uma realidade falsa como a que viviam os prisioneiros do mito da caverna platônica. Lamentavelmente, em muitos momentos históricos existiram personagens e ideologias que tentaram ensinar a *almas perdidas e sem consciência* o caminho da verdade. E há testemunhos numerosos de que não se economizaram esforços nesse trabalho pedagógico: prisão, campos de *reeducação*, *desaparições* etc.

A escala do monopólio da verdade avalia a dimensão cognitiva e comportamental desse estilo cognitivo. No trabalho anteriormente citado se comprovou que as pessoas que se autossituavam em posições políticas extremas, seja de esquerda ou de direita, obtinham as pontuações mais elevadas em monopólio da verdade, tal e como se mostra na Figura 2.1.

Figura 2.1 *Anova* **para os resultados do monopólio da verdade (Mots) com o extremismo como fator (obtido de Dono, Alzate, Seoane & Sabucedo, 2018)**

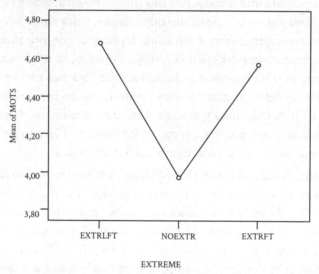

O monopólio da verdade é uma proposição melhorada das variáveis de dogmatismo (Rokeach, 1968) e incerteza (Sabucedo, 1985). Em todas elas subjaz a ideia de que há posições políticas, à margem do conteúdo ideológico, que assumem estar em posse da verdade. É fácil ver o contraste dessas posições com as de Popper quando fala das sociedades abertas e da racionalidade política, ou com as de Rosa Luxemburgo quando afirma que a liberdade é sempre a liberdade do dissidente.

c) Demanda epistêmica e estrutura de oportunidade política. Em cenários sociais novos, nos quais não existem respostas normativamente validadas, podem aparecer reações de ansiedade provocadas pelas dúvidas de como atuar. Esse é o motivo pelo qual esse estado emocional ativa um *sistema de vigilância* que busca informação e respostas que vão além das rotinas cognitivas habituais (Marcus, Neuman & Mckuen, 2000). Isto é, os vieses confirmatórios que dificultam a mudança de esquemas cedem ante a necessidade de confrontar uma situação para a qual se precisam de novos recursos informativos.

Nas situações de crise essa demanda epistêmica é ainda maior. Não é em vão que amplos setores da população se confrontam com uma situação imprevista que coloca em perigo muitas de suas expectativas vitais. Nessa busca de explicações e respostas, a atribuição de responsabilidades ocupa um lugar prioritário. Diferentemente de crises anteriores, na de 2008 não se referiu a um governo concreto, ou uma determinada política. A gravidade da crise e dos agentes implicados em sua gênese provocou que o marco de culpabilidade se estendesse ao conjunto do sistema, provocando uma autêntica aversão às suas principais instituições e representantes, incluindo partidos políticos e sindicatos.

A população que aceita o marco de "a culpa é do sistema" dirige assim sua atenção a novas ofertas políticas não vinculadas com o *status quo*. Abre-se assim uma oportunidade de protagonismo e visibilidade para ofertas políticas que até esse momento tinham pouco respaldo social.

d) Valorização das novas ofertas políticas. Para que as alternativas políticas que surgem com as crises tenham êxito é preciso que, além de se fazer visíveis, cumpram uma série de requisitos básicos entre os quais se encontram a credibilidade, a competência e a ressonância.

A credibilidade é uma condição que a cidadania atribui a determinadas ofertas políticas em um determinado momento. A credibilidade não é uma propriedade do estímulo, senão uma qualidade que as pessoas atribuem ao que observam. Esta característica é especialmente significativa em momentos de crise em que o âmbito político é visto ainda mais com receio. Por essa razão as novas ofertas devem ter, e de fato o fazem, distância a respeito das "velhas" formas de fazer política. Essa fratura com o prévio será maior ou menor, ou mais ou menos extremista, dependendo do espaço ideológico que pretenda ocupar.

Junto à credibilidade, as novas ofertas devem ser percebidas com a capacidade de resolver as metas que se colocam nesse momento. Portanto, a competência concedida a essas opções está muito condicionada pelas necessidades de seus potenciais apoios. Como se comentou anteriormente, uma parte significativa da população exige lideranças fortes; neste caso, esse termo pode ser visto como sinônimo de autoritários. Nessa linha estão as teses de Fromm sobre o apoio da população alemã ao nacional-socialismo, e de Adorno em seus estudos sobre a personalidade autoritária.

Em terceiro lugar, e este é um aspecto fundamental, as novas ofertas devem ser familiares ou ressonantes para a cidadania. Esta é uma condição da comunicação persuasiva proposta por Protágoras e os sofistas, e que muitos séculos depois foi confirmada por pessoas tão distintas como Gramsci, Sherif e Hovland, ou Gerbner, entre outros. De forma muito sucinta isto se refere ao fato de que os marcos interpretativos da realidade, ou as narrativas, devem ser familiares ao público-alvo. Isto se logra utilizando termos, expressões, comentários, refrãos etc. que formam parte disso que se denomina senso comum ou representações sociais, e que contém as crenças e os "saberes" que servem à maioria da população para se guiar e atuar no mundo sociopolítico. Isto supõe que essas narrativas têm de se adaptar, entre outros aspectos, às realidades históricas e culturais nas quais se colocam essas demandas. Este último aspecto nos indica que para entender o auge de novas ofertas políticas devemos analisar o contexto no qual elas se apresentam.

O contexto de crise na Espanha

Comecemos recordando algumas das cifras da situação da Espanha de 2011, em que se começa a se desafiar mais abertamente o *status quo*. A taxa de desemprego era, segundo o Instituto Nacional de Estatística, de 20%, e de 44% para os jovens entre 16-25 anos; e de acordo com o Centro de Pesquisas Sociológicas, 50% da população manifestava descontentamento com o funcionamento da democracia, a classe política aparecia como o terceiro problema do país e 87% tinham a percepção de que a corrupção era generalizada entre as elites políticas.

Deparava-se diante de uma tríade de circunstâncias críticas: elevadas taxas de desemprego, crise econômica e animosidade política extrema. A debilidade do sistema abriu um espaço de oportunidade que facilitou a visibilidade de narrativas e propostas alternativas às dos agentes que naquele momento se associavam ao *establishment*, sejam partidos, sindicatos ou meios de comunicação.

Nessas novas narrativas, a construção das identidades desempenha um papel mais significativo. A definição de quem são os prejudicados e quem são os responsáveis marca o âmbito do enfrentamento e sua intensidade. Pois deve-se lembrar que os processos de categorização intergrupal, a divisão *nós contra eles*, provoca que se maximizem as semelhanças intragrupais e as diferenças intergrupais, efeito que está na base dos processos de polarização política. A crise na Espanha favoreceu a aparição e a revitalização de identidades prejudicadas que contribuíram para um novo ciclo de protesto e enfrentamento político. No ano de 2011 surgiu o movimento 15M, que teve sua continuação com a criação do Podemos em 2014. O movimento independentista catalão conseguiu em 2012 um forte apoio social, e em dezembro de 2018 uma força política, Vox[2], que até aquele momento era extraparlamentária, conseguiu ganhar 12 assentos no Parlamento de Andaluzia.

Das três respostas à crise na Espanha, neste trabalho nos centraremos em analisar o movimento independentista catalão. As razões para essa escolha são as seguintes. Em primeiro lugar, e como se demonstrou no trabalho de Gent et al. (2013), o auge dos nacionalismos e do secessionismo é uma das principais consequências da crise econômica. Frente à internacionalização solidária, esses movimentos supõem uma involução egocêntrica potencialmente geradora de fortes conflitos intergrupais. O movimento independentista catalão, o *American First* de Trump e o Brexit, apesar de algumas diferenças na melodia, compartilham em essência a mesma letra. Os três são territórios geográficos que têm um desenvolvimento econômico maior em relação às zonas com as quais querem marcar diferenças: Estados Unidos em relação ao resto do mundo, Grã-Bretanha em relação à Europa, especialmente ao modo insultante que alguns britânicos, não todos, denominaram de Pigs, e Catalunha, uma das comunidades

---

2. Partido político espanhol de extrema-direita.

mais ricas da Espanha, em relação ao resto do país. Por isso, alguns dos elementos de análise do movimento independentista catalão poderiam ser generalizáveis às outras realidades, salvo às óbvias diferenças culturais e políticas. A segunda razão para nos interessar pelo movimento independentista catalão é que gerou uma narrativa que tem um grande interesse psicopolítico.

O independentismo catalão. A situação de crise econômica na Espanha fortaleceu uma identidade de longo percurso histórico, porém minoritário, como associada ao movimento independentista catalão. Todas as narrativas tentam construir uma versão que favoreça seus interesses; isso significa que não têm por que responder a fatos ou dados objetivos.

Aqui se fará referência, em primeiro lugar, à narrativa sobre o momento no qual se produziu a ascensão do movimento independentista, e posteriormente a três elementos presentes em seu discurso.

A referência a quando surge um movimento de protesto não é um tema superficial. Normalmente aí começa a se escrever o marco épico que tenta legitimar sua existência e sua ação. Por isso é importante nos determos um instante e comentar alguns dados. Evidentemente este exercício se faz pensando naqueles que se aproximam a esta seção sem preconceitos, ou ao menos sem que estes sejam muito centrais em sua identidade. Porque sabemos que, se são centrais, não há fatos suficientes para questionar as ideias preconcebidas. Apesar desse risco, e se interessar a alguém, apresentamos alguns dados a seguir.

A retórica independentista, que foi assumida por uma parte importante da população tanto independentista ou não, ressalta a sentença de 28 de junho de 2010 do Tribunal Constitucional Espanhol, no qual se rompiam alguns artigos do Estatuto de Autonomia da Catalunha como ponto de inflexão na partida do movimento. Se é aceita a tese do independentismo, o Tribunal Constitucional seria o "responsável" pela deriva independentista que se produziu na Catalunha.

Para poder julgar a plausibilidade ou não dessa proposição, vejamos os dados oferecidos pelo Centro de Estudos de Opinião da

Generalitat Catalã[3] sobre o apoio expresso em diferentes anos à proposta de um Estado catalão independente.

Tabela 2.3 Como você considera que deve ser a relação entre Catalunha e Espanha? Dados coletados pelo Centro de Estudos de Opinião (CEO), Generalitat Catalã (Elaboração própria)

	2008	2009	2010	Jun. 2011	Out. 2011	Jun. 2012	Out. 2012
Região	7.1	5.9	5.9	5.6	5.3	5.7	5.9
Autonomia	38.3	36.9	34.7	31.8	30.3	25.4	19.0
Federal	31.8	29.9	39.9	33.0	30.4	38.7	25.0
Independência	17.4	21.6	25.2	25.5	28.2	34.0	44.3

O Tribunal Constitucional se pronunciou sobre o Estatuto em junho de 2010. O barômetro do CEO de outubro desse mesmo ano mostra que a porcentagem de pessoas a favor da independência subiu 3,6% em relação ao ano anterior, mas de 2008 a 2009 já havia subido 4,2%, sem a sentença ainda emitida. Com esses dados, é difícil justificar que foi a rejeição ao Estatuto que provocou o salto qualitativo de apoio à independência. Ao contrário, a tabela demonstra que foi no período de outubro de 2011 a outubro de 2012 que se dispara o apoio a essa opção.

Se o anterior já não fosse suficiente para questionar a afirmação de que a sentença sobre o Estatuto provocou o auge do independentismo, aportamos um segundo dado. A Díade celebrada em 2010, três meses após de conhecida a sentença do Tribunal Constitucional, e que se convocou demandando a independência, instigou a 9.000 pessoas segundo a polícia local, frente aos 15.000 do ano anterior (Roger, 2010).

Terceiro dado, no barômetro de outubro desse mesmo ano de 2010 elaborado pelo CEO, a principal preocupação dos catalães era a

---

3. Generalitat de Catalunha refere-se ao governo da comunidade catalã.

precariedade laboral, 66,3%, seguido pela economia, 30,1%. As relações Catalunha-Espanha estão em 6º lugar, com 11,2%, dois postos abaixo da imigração, que obteve 19,9%.

Quarto dado, se a sentença teve o impacto que o independentismo afirmou, da animosidade ao Estado espanhol, como se pode entender o intercâmbio de apoio entre o PP (partido que governava a Espanha naqueles anos) e o CIU (partido nacionalista que governava essa comunidade autônoma espanhola) para a aprovação dos pressupostos no Parlamento catalão e no espanhol em 2011 e 2012, isto é, depois da sentença do Constitucional?

Os dados anteriores não parecem consistentes com a tese independentista. Vejamos, pois, outra hipótese que pode parecer mais factível, se assim consideram as pessoas que leem estas páginas.

A Tabela 2.3 mostra que é entre 2011 e 2012 que se produz o incremento significativo à opção independentista. A pergunta que cabe fazer é: Ocorreu algo relevante nesse período? Cremos que sim. Em 23 de dezembro de 2010, Artur Mas foi aclamado presidente da Generalitat. Desde o início da legislatura aplicou uma severa política de cortes, que foi criticada por toda a oposição no Parlamento, exceto pelo PP, e foi questionada na rua. O movimento 15M, surgido nesse mesmo ano, organizou em junho de 2011 um protesto no Parlamento catalão, que incluiu agressões a alguns membros dessa câmara e obrigou Artur Mas a utilizar um helicóptero para entrar nela.

A rejeição às políticas do CIU ameaçou não só esse partido, que começou a cair nas intenções de voto, senão também a confiança em um governo nacionalista catalão para resolver os problemas da sociedade (no final de 2012, a Catalunha alcançou a taxa de desemprego mais elevada, de 23,9%). Isto é, o projeto identitário que se construiu durante tantos anos na Catalunha corria certo risco de ser ultrapassado por um programa como o do 15M, que tinha como referência as pessoas e não a nação. Nesse cenário, Mas e CIU, até aquele momento refratários ao conceito de independentismo por considerá-lo "antiquado e um pouco enferrujado" (Noguer, 2014), acabam abraçando-o, já que permite recorrer à velha, mas sempre eficaz, estratégia do bode expiatório, que neste caso é a Espanha.

Portanto, é razoável pensar que, por trás de uma suposta épica do discurso independentista, se encontram três motivações básicas: a) evadir-se de suas responsabilidades por uma impopular e ineficaz gestão da crise; b) conseguir apoio ao seu projeto nacionalista assinalando que a Catalunha é maltratada pela Espanha; e c) apropriar-se da agenda dos partidos independentistas, seus adversários eleitorais naturais na Catalunha, e obter uma vantagem estratégica em disputa com esses partidos.

Considerando o anterior, não parece que haja dúvidas de que a crise econômica fosse a ativadora do movimento independentista. Porém, para que esse processo conseguisse um respaldo tão significativo como o que conseguiu, faltam mais ingredientes. Aqui vamos ressaltar três deles: vitimismo, deslegitimação/desumanização da identidade adversária e pressão social/isolamento da dissidência.

a) Vitimismo. A Assembleia Nacional Catalã, uma das organizações que impulsionou o movimento independentista, expressa claramente: "A independência é a única via para acabar com o espólio que sofremos como país. As cifras são assustadoras: 'a cada segundo, Espanha rouba 512 euros de Catalunha', isto quer dizer 16 bilhões ao fim do ano. Já não se trata só de um sentimento de país; é um tema de sobrevivência" (Genís, 2012).

De modo convergente, partidos como CIU, que governaram muitas décadas na Catalunha, que apoiaram os governos do PSOE[4] e do PP em Madri, e que foram responsáveis por muitas das políticas de cortes realizadas no início da crise na Catalunha, destacaram a Espanha como vitimadora e a Catalunha como vítima. A campanha "A Espanha subsidiada vive às custas da Catalunha produtiva", realizada por esse partido em 2013, é um bom exemplo disso.

Estes argumentos de que a saída da Espanha os beneficiaria economicamente são exatamente do mesmo tipo que os utilizados no Reino Unido para o apoio ao Brexit.

---

4. PSOE – Partido Socialista Obreiro Espanhol.

b) Deslegitimação/desumanização das identidades adversárias. Nas dinâmicas secessionistas não apenas se recorre à vitimização do grupo que deseja a independência, mas também a denegrir e deslegitimar o grupo ao qual se deseja independentizar-se.

O discurso do independentismo catalão derivou em várias ocasiões ao supremacismo e à desumanização.

Quim Torra, atual presidente da Generalitat Catalã, qualificou há anos os espanhóis como "bestas com forma humana; carniceiros, víboras, hienas". Também acusou a Espanha de não exportar nada mais que "miséria, material e espiritualmente falando" (Torreblanca, 2018). As expressões "bestas, carniceiros, víboras, hienas" implicam uma desumanização extrema que na literatura científica aparece associada aos discursos legitimadores da violência política.

"Escutar Albert Rivera falar de moralidade é como ouvir os espanhóis falarem de democracia."
"Os espanhóis apenas sabem espoliar" (El Periódico, 2018).

Um artigo publicado em 2014 no *Wall Street Journal* pelo seu correspondente na Espanha comentava que nas séries da TV3 catalã "só falam em castelhano prostitutas e delinquentes" (Román, 2014).

Junqueras, vice-presidente do governo catalão, em um artigo jornalístico comentava um estudo que afirmava que os catalães tinham mais afinidade genética com os franceses do que com espanhóis e portugueses. Os argumentos biologicistas estão mais próximos aos nacionalismos supremacistas e não solidários do que àqueles que dizem apelar a liberdade, igualdade e fraternidade.

A estratégia deslegitimadora do independentismo em relação à Espanha não apenas serve, como comentamos em outra ocasião: "Para coesionar o endogrupo, mas também para pressionar, associando-os com traços negativos àqueles que na Catalunha mantêm identidades duais ou se identificam fundamentalmente com o grupo mais inclusivo, neste caso Espanha. Esta é uma questão grave e de consequências imprevisíveis. Porque as palavras não são inócuas. As palavras constroem uma imagem do outro e, quando é negativa, é a antessala de ódio, discriminação e violência" (Bandura, 1999; Staub, 2011; Sabucedo, Blanco & Corte, 2003). Portanto, "são as palavras que animam e justificam os comportamentos violentos ao outro; sem elas, essas condutas não teriam lugar. Essa é a enorme responsabilidade que recai nos que frivolamente difundem mensagens de ódio e supremacismo" (Sabucedo, 2019).

c) Isolamento da dissidência intragrupal. As possibilidades de êxito de um movimento político são maiores quanto mais pessoas aderem a ele (Klandermans, 1997), ou quanto menos se oponham. Essa realidade pode animar certos grupos a assumir a lógica de que "o fim justifica os meios". Neste caso, o fim seria alcançar o paraíso imaginário da independência, e, o meio, invisibilizar ou neutralizar os dissidentes.

Existem várias maneiras de alcançar esse objetivo, umas são mais diretas e coercitivas e outras mais sutis. Entre estas últimas está a de se apropriar da representação do conjunto do grupo e negar que os discrepantes pertençam a ele. Dessa forma, uma parte se erige como o único representante de uma categoria que é plural, o que supõe "expropriar-lhes" a identidade dos que não compartilham essa posição sectária. Carmen Forcadell, ex-presidenta do Parlamento catalão, quando liderava a Assembleia Nacional Catalá qualificava os membros catalães do PP e do Ciudadanos como não catalães. Isto é, ela se arrogava o poder de decidir quem era ou não catalão. Isto, além de ser uma violência relacional que tem como objetivo isolar socialmente os que com todo o direito decidem que há outras maneiras de entender e viver sua identidade catalã, supõe um absoluto desprezo à pluralidade.

Contudo, não são somente as pessoas com identidades duais que vivem na Catalunha que se sentem ameaçadas. O discurso supremacista de uma parte do independentismo, o ataque ou a ofensa a elementos relevantes à identidade social espanhola, o escárnio às leis democráticas com a justificativa de que primeiro está a gente, e claro, as pessoas que pensam o mesmo que o uno, porque o resto se ignora ou se cala, supõe uma regressão democrática e um sério risco para a convivência social. Ademais, e por princípio de reação, favorece que se fortaleçam grupos que defendam os valores que o independentismo ataca.

O caso do Vox é um exemplo do que acabamos de comentar. A chegada deste grupo de extrema-direita que ganhou 12 assentos nas eleições autonômicas da Andaluzia de 2018 não é, portanto, algo inesperado. É a expressão de que durante esse tempo se criaram novas identidades humilhadas que encontraram neste partido a voz indignada a seus medos e humilhações. Nesse sentido, Vox vem a contribuir nessa dinâmica perversa de *nós contra eles*, uma dinâmica em que ninguém ganha, salvo aqueles que a fomentam.

Comentário final

O grave impacto que as crises produzem em amplas camadas da população provoca a desconfiança em relação ao *status quo* e a oportunidade de surgimento de opções políticas alternativas. Algumas delas não hesitarão em oferecer soluções simples a partir da superioridade moral de acreditar que têm o monopólio da verdade. Isto lhes permitirá a licença de utilizar os meios que sejam precisos, porque o fim é o que importa. Os valores de convivência social, pluralidade e democracia deliberativa são desnecessários quando alguém considera saber o que convém ao conjunto da sociedade. Por isso, não terão o menor pudor em etiquetar de fascista aos que não compartilham sua verdade. Aqueles que se dedicam ao estudo dos mecanismos psicológicos de projeção possivelmente encontrarão nessas desqualificações um bom material de análise.

Contudo, esses discursos que não reconhecem os discrepantes geram, como afirmam Hegel e Honneth, mecanismos de reação que levam a restabelecer a dignidade destes últimos. Dessa forma, gera-se uma espiral de polarização política e enfrentamento social. O medo dessas dinâmicas adoeceu a alma de Stefan Zweig, ao ponto de em sua desesperança decidir pôr fim à sua vida, junto a sua esposa, em 23 de fevereiro de 1942 em Petrópolis, Brasil, convencido de que o nazismo acabaria se impondo em todo o mundo.

Isso não ocorreu, mas nada garante que as ideologias de ódio e totalitárias, de diferente cor política e com diversos objetivos, não voltem a ameaçar nossa convivência e liberdade. Uma forma de evitar isso é denunciando as identidades excludentes e os discursos de supremacismo e ódio que atentam contra uma sociedade de pessoas livres, iguais e dignas.

Referências

Bandura, A. (1999). Moral disengagement in the perpetration of inhumanities. *Personality and social psychology review* 3(3), 193-209.

Berlín, I. (2001). *Dos conceptos de libertad*. Madri: Alianza.

Blanco, A., Corte, L. de la & Sabucedo, J.M. (2018). Para una psicología social crítica no construccionista – Reflexiones a partir del realismo crítico de Ignacio Martín-Baró. *Universitas Psychologica* 17(1), 1-25 [Disponível em https://doi.org/10.11144/Javeriana.upsy17-1.pscc].

Dono, M., Alzate, M., Seoane, G. & Sabucedo, J.M. (2018). Development and validation of the Monopoly on Truth Scale. A measure of political extremism. *Psicothema* 2018 30(3), 330-336 [Disponível em doi: 10.7334/psicothema2017.423].

El Periódico. (2018, 10 mai.). Los polémicos mensajes de Quim Torra en Twitter [Recuperado em 17/03/2019 de https://www.elperiodico.com/es/politica/20180510/perlas-quim-torra-twitter-6810969].

Festinger, L. (1954). A theory of social comparison processes. *Human relations* 7(2), 117-140.

Genís, N. (2012). ANC. El Punt Avui [Recuperado de http://www.elpuntavui.cat/article/7-vista/8-articles/506533-anc.html].

Gergen, K. (1985). The social constructionist movement in modern psychology. *American Psychologist* 40, 266-275 [Disponível em http://dx.doi.org/10.1037/0003-066X.40.3.266].

Honneth, A. (1997). *La lucha por el reconocimiento*. Barcelona: Crítica.

Jeffries, S. (2018). *Gran hotel Abismo*. Madri: Turner.

Jiménez Burillo, F. (1997). *Notas sobre la fragmentación de la razón*. Madri: Universidad Complutense de Madrid.

Klandermans, B. (1997). *The social psychology of protest*. Cambridge. Blackwell.

Kruglanski, A.W. et al. (2014). The psychology of radicalization and deradicalization – How significance quest impacts violent extremism. *Political Psychology* 35(Suppl. 1), 69-93 [Disponível em http://dx.doi.org/10.1111/pops.12163].

Le Bon, G. (1895/1986). *Psicología de las masas*. Madri: Morata.

Marcus, G.E., Neuman, W.R. & Mckuen, M. (2000). *Affective intelligence and political judgment*. Chicago/Londres: The University of Chicago Press.

Maslow, A.H. (1943). A Theory of Human Motivation. *Psychological Review* 50, 370-396.

Moscovici, S. (1981). *La influencia de las minorías activas*. Madri: Morata.

Noguer (2014). La travesía de Artur Mas hacia el independentismo [Recuperado em 14/03/2019 de https://elpais.com/ccaa/2014/09/19/catalunya/1411119467_986585.html].

Pronin, E. (2007). Perception and misperception of bias in human judgment. *Trends in cognitive sciences* 11(1), 37-43.

Roger, M. (2010). 9000 personas en la manifestación independentista por la Diada [Recuperado em 15/03/2019 de https://elpais.com/elpais/2010/09/11/actualidad/1284193026_850215.html].

Rokeach, M. (1960). *The open and closed mind*. Nova York: Basic Books.

Román, D. (2014). Catalan TV Network Reflects Separatist Fervor. Wall Street Journal [Recuperado em 15/03/2019 de https://www.wsj.com/articles/catalan-tv-network-reflects-separatist-fervor-1388615902].

Sabucedo, J.M. (1985). Incertidumbre: Una nueva medida del autoritarismo de estilo. *Análisis y modificación de conducta* 11(2), 73-84.

_____. (2019). Comunicación Política. In F.J. Morales (ed.). *Psicología y Comunicación*. Madri: Academia de Psicología de España (no prelo).

Sabucedo, J.M., Blanco, A. & Corte, L. de la (2003). Beliefs which legitimize political violence against the innocent. *Psicothema* 15(4), 550-555.

Sabucedo, J.M. & Morales, J.F. (2015). Psicología social. La ciencia de la persona y la sociedad. In J.M. Sabucedo & F.J. Morales. *Psicología Social*. Madri: Editorial Médica Panamericana, p. 1-19.

Staub, E. (2011). *Overcoming evil* – Genocide, violent conflict, and terrorism. Oxford University Press (USA).

Zweig, S. (1942 [2013]). *El mundo de ayer.* Memorias de un europeo. Barcelona: Acantilado.

Tajfel, H. (1984). *Grupos humanos y categorías sociales.* Barcelona: Herder.

Tajfel, H. & Turner, J.C. (1979). An integrative theory of intergroup conflicto. In W.G. Austin & S. Worchel (eds.). *The social psychology of intergroup relations.* Monterrey: Brooks/Cole, p. 33-47.

Tarrow, S. (1994 [1997]). *El poder en movimiento.* Los movimientos sociales, la acción colectiva y la política. Madri: Alianza.

Torreblanca, J.A. (2018). *El supremacismo catalán* [Recuperado em 15/03/2019dehttps://elpais.com/elpais/2018/05/25/opinion/1527259165_934206.html].

Gent, W.P.C. van, Mamadouh, V.D. & Wusten, H.H. van der (2013). Political Reactions to the Euro Crisis – Cross-national Variations and Rescaling Issues in Elections and Popular Protests. *Eurasian Geography and Economics* 54(2), 135-161.

— 3 —
A democracia devorando a si mesma
A ascensão do cidadão incompetente e o apelo do populismo de direita

Shawn W. Rosenberg
Universidade da Califórnia/EUA

Sessenta anos após o fim da Segunda Guerra Mundial, a governança democrática floresceu e aumentou seu alcance. Entretanto, parece que esse processo se estancou e inclusive se reverteu em muitas democracias estabelecidas da Europa e Estados Unidos. No momento atual, o populismo da direita política surge como uma alternativa ao governo democrático. Isto é evidente na Europa Ocidental na contínua ascensão da AfD na Alemanha (Alternativa à Alemanha), a votação pela saída do Reino Unido, a popularidade crescente da Liga do Norte na Itália e a participação de Le Pen no segundo turno das eleições presidenciais na França. A ascensão do populismo de direita é até mais aparente entre as novas democracias estabelecidas do Leste Europeu, por exemplo, na chegada ao poder do Partido Justiça e Liberdade na Polônia e o Partido Fidesz na Hungria. Possivelmente é ainda mais significativo o êxito dos movimentos populistas norte-americanos, com a emergência do *Tea Party* e a vitória de Donald Trump em 2016. Entre os defensores da democracia, isso levantou sérias preocupações sobre o bem-estar atual e as futuras perspectivas da democracia (Levitsky & Ziblatt, 2018).

Para tentar dar sentido a esses fatos, argumentarei que não são o resultado de circunstâncias temporárias, ou um retrocesso momentâneo no progresso para uma democratização cada vez maior. Adotando uma perspectiva ampla da psicologia política, sugerirei, ao contrário, que refletem uma fraqueza estrutural inerente ao governo democrático, a qual deixa as democracias sempre suscetíveis ao canto da sereia do populismo de direita. Ademais, argumentarei que, ainda que as práticas em países como Estados Unidos se tornam cada vez mais democráticas, essa fraqueza estrutural é sua consequência e está claramente mais visível. Nesse sentido, a vulnerabilidade do governo democrático às alternativas populistas de direita se torna maior. Portanto, a conclusão é de que é provável que a democracia se devore a si mesma.

Populismo de direita – Uma definição preliminar

O Populismo de Direita (PD) frequentemente é considerado como mais à direita do conservadorismo, e seu primo ideológico. Esta concepção foi expressa por cientistas políticos que estudam partidos de direita contemporâneos (cf. Dunn, 2015) e pelos defensores que tentam legitimar sua causa a um público conservador (cf. Bokhari & Yiannopoulos, 2016). Na minha perspectiva, isso é enganoso. As raízes intelectuais e a lógica subjacente do PD são melhor compreendidas como uma consequência das ideologias fascistas do começo do século XX, como se evidencia na sua recusa da concepção democrática liberal da nação e da cidadania. Isto é, o PD, como todas as ideologias, não é assimilado pelo público (e inclusive pela maioria de seus líderes) como uma visão política coerente, senão como um conjunto de atitudes políticas. Aqui é visto de forma convergente, ainda que de uma forma que contemple seus fundamentos neofascistas.

Como sugerido na influente afirmação de Mudde (2007), o PD é composto por uma família de atitudes políticas que podem ser divididas em três grupos: populismo, nativismo e autoritarismo. No populismo, o PD identifica seu eleitorado como "nós, as pessoas". As "pessoas" aqui está maldefinido, porém geralmente compreende a totalidade dos cidadãos comuns. A definição traz certa claridade, pelo que as pessoas não são e a quem se opõem. Isto é, não são, naturalmente, a "elite" social, econômica, política e intelectual. O PD advoga às pessoas sua luta contra essa elite, que se caracteriza por exercer um poder injusto sobre a população, e beneficiar-se injustamente dos frutos de seu trabalho. O poder da elite é exercido através de seu controle dos processos democráticos, como as eleições, discursos políticos dominantes e instituições governamentais centrais.

O PD também incorpora o que Mudde denomina de "nativismo", que é alternativamente referido como "etnonacionalismo". Aqui, as pessoas, como nação, recebem uma definição clara e substantiva. Eles se distinguem em uma diversidade de formas concretas. Isso inclui as crenças básicas específicas que todos possuem, os comportamentos e rituais particulares em que participam, os traços da aparência física que compartilham (p. ex., raça ou estilo de vestir), ou as origens que têm em comum (p. ex., uma história, ou ascendência). Essa definição de "quem somos" também implica uma representação de quem não somos. O outro falha em compartilhar nossas características singulares e frequentemente se opõe a nós em matéria de prática e definição. Assim, o etnonacionalismo do PD prontamente conduz a uma visão competitiva das relações internacionais e a uma xenofobia. Opõe-se a uma democracia liberal, que porta uma concepção mais cívica do nacionalismo, na qual as pessoas não se definem por suas origens, aparência, crenças ou comportamento, senão pelo seu *status* legal como cidadãos.

O terceiro componente de definição do PD é o autoritarismo. Assume dois aspectos centrais. O primeiro se refere à sua concepção de liderança. Guiado por suas raízes no fascismo ideológico (cf. Gentile, 1928) e sua afinidade com os governos fascistas da década de 1930, Alemanha e Itália, o PD tende a delegar um poder não usual à sua liderança, mais especificamente ao seu líder. Esse líder incorpora a vontade das pessoas, a deixa clara para todos os demais e, por conseguinte, a executa (Muller, 2016). As distinções entre a liderança, o povo como um todo e os indivíduos se desvanecem na medida em que sua vontade se une em apenas um propósito. O autoritarismo do PD também é evidente em sua hierárquica concepção de poder. Nesta perspectiva, a sociedade naturalmente e necessariamente se organiza de forma que implica uma centralização do poder no topo, e logo uma delegação de diferentes graus de poder nos níveis inferiores de controle governamental. Isso permite um governo efetivo da nação de acordo com a vontade coletiva. A partir dessa perspectiva, as normas institucionais democráticas estabelecidas para restringir o poder governamental não têm sentido e apenas servem para obstaculizar a capacidade do Estado de atuar em nome do povo.

Em cada um de seus aspectos, populista, etnonacionalista e autoritário, o PD constitui tanto uma recusa como um desafio ao *ethos* democrático liberal e às estruturas de governabilidade democrática que prevalecem na Europa e América do Norte. Às vezes considerado como relíquia anterior à Segunda Guerra Mundial, o PD agora parece estar em ascensão, inclusive nas democracias mais consolidadas. Ademais, o desafio do PD tem sido de fato um fator recorrente na política democrática norte-americana e europeia durante os últimos 150 anos (Molnar, 2016).

O intento de compreender as atratividades do PD gerou um interessante corpo de pesquisa. Ao focalizar as diferenças individuais no apoio de atitudes e partidos de direita, a pesquisa psicológica estabeleceu uma clara representação de características da personalidade, como o autoritarismo de direita, a orientação à dominação social, e também de características contingentes, como insegurança, identidade fraca e ansiedade da morte (Adorno et al., 1950; Altemeyer, 1988; Jost, 2003). Com um foco similar sobre as diferenças individuais, a investigação sociológica demonstrou que características demográficas estáveis, como ser menos educado, pertencer à classe trabalhadora ou ser membro de um grupo étnico dominante tendem a predizer o apoio à direita (cf. Arzheimer, 2016). Outros debateram a ressonância entre a mudança das condições sociais, como o declínio econômico geral, o aumento da desigualdade econômica, a imigração e as mudanças demográficas com a proeminência da política direitista e como esta discussão vem sendo apropriada pelos líderes populistas de direita e os canais dos meios de comunicação massivos (cf. Bonikowski, 2017).

Meu objetivo é suplementar esses esforços tomando uma perspectiva teórica mais ampla. Introduzo um marco conceitual que integra considerações sociológicas e psicológicas com um enfoque, por um lado, na interação das forças estruturantes das instituições políticas e da cultura e, pelo outro, nas capacidades cidadãs. Com isso em mente, ofereço uma consideração mais cuidadosa da psicologia social do governo democrático e do governo populista de direita. Ao analisar estas duas formas de governo político, adoto a perspectiva pragmática estrutural (cf. Rosenberg, 2002, cap. 2; 2003)[5]. Visto dessa perspectiva, entende-se que as políticas da sociedade estão duplamente estruturadas. Num nível coletivo, pelos termos das normas institucionais e da cultura política e, num nível individual, pela natureza das concepções e orientações dos cidadãos. Ambos níveis de estruturação operam sobre a interação comunicativa e social cotidiana. Nesse sentido, delimitam a natureza básica do que pode ser permitido e valorizado, significativo e verdadeiro. No entanto, essas forças estruturantes não apenas determinam como as pessoas atuam e comunicam-se entre si, elas também são afetadas pela forma como essas atividades se desenrolam na vida cotidiana. Desse modo, na medida em que as pessoas interagem de forma que se desviam da regulação estrutural que lhes é imposta, a força estrutural subjacente que trata de orquestrar seu comportamento será potencialmente modificada ou transformada em si mesma[6].

As formas em que as pessoas realmente interagem, comunicam-se e que se desviam da regulação estrutural que lhes é imposta não são apenas aleatórias, senão o resultado das perturbações introduzidas por circunstâncias particulares. Isso também reflete como a interação e a comunicação se estruturam simultaneamente tanto pelo significado social, as regulações impostas por um contexto social mais amplo, os significados pessoais e as estratégias construídas subjetivamente pelos indivíduos implicados. O que as pessoas fazem e dizem é

---

5. Esse é um enfoque construído a partir das sociologias de Jurgen Habermas (1984) e Anthony Giddens (1984), a psicologia social pragmática de G.H. Mead (1934) e as psicologias do desenvolvimento de Jean Piaget (1970) e L.S. Vygotsky (1978).

6. Essa concepção de estrutura que não apenas se atualiza pragmaticamente, e portanto vulnerável e moldada pela natureza do que as pessoas realmente fazem e dizem, é similar à concepção de "dualidade de estruturação" de Giddens (1984), quando aborda as estruturas sociais, ou pela concepção de abstração reflexiva de Piaget (1970), quando fala de estruturas cognitivas.

o ponto concreto de intersecção entre essas duas forças estruturantes da vida social e política, bem como também é o ponto onde cada nível de estruturação pode penetrar e afetar ao outro. O ponto crítico para nossa análise é onde esses dois níveis de estruturação, coletivo e individual, paralelo um ao outro, operam para validar e manter o outro. No ponto em que essas forças estruturantes são incompatíveis, cada uma regulará as práticas concretas de uma maneira que enfraquece, desestabiliza e possivelmente transforma a outra.

Nos próximos dois tópicos, as formas de governo democrático e do PD serão analisadas e diferenciadas. Será considerado como cada tipo de governo estrutura a vida política em três níveis: a integração da coletividade, a composição da interação comunicativa e a determinação da individualidade. Desse modo examinaremos como a mesma lógica estrutural subjaz na construção do significado e da organização da ação característica de uma forma de governo em cada nível e como os diversos níveis são congruentes entre si.

Estruturação democrática da política

Cultura e instituições. A estruturação coletiva da democracia é realizada tanto na lógica de sua construção cultural como em sua organização institucional. Em ambos os aspectos, a política se constitui como um artifício, um sistema construído de relações que se organiza de acordo com princípios abstratos que refletem as qualidades dos implicados em sua construção e sua mútua interdependência. Em sua concepção cultural, entende-se a política como um mecanismo criado por seus cidadãos para servir a seus fins individuais e coletivos, bem como um aparato de tomada de decisões e um árbitro. Neste contexto, os membros individuais da política, os cidadãos, constituem sistemas autoconstituídos e auto-organizados. Eles são reflexivos, racionais e autodirigidos. Como tais, os cidadãos individuais têm uma existência ou integridade essencial que se define à parte de seu lugar e participação na política. Sua relação com o Estado é racional e legal. O Estado existe para servir aos propósitos do indivíduo (em conjunção com os outros indivíduos envolvidos), e as pessoas estão conectadas ao Estado por um conjunto de obrigações e direitos legalmente definidos. A dimensão normativa ou avaliativa da vida coletiva também é definida nesses termos. Na medida em que a coletividade é um mecanismo criado pelos indivíduos para coordenar sua ação e realizar seus interesses, os indivíduos emergem como a única fonte de significado e valor na vida social. Nesse sentido se convertem em fins em si mesmos. Os princípios e valores políticos se derivam de forma convergente. Nestes termos, a democracia define como fundamental os valores da liberdade (como expressão da integridade pessoal) e a igualdade (o reconhecimento de que todos os indivíduos têm essa integridade). Em reconhecimento a ambos os valores, a função reguladora e decisória do Estado deve ser guiada por uma noção de justiça como equidade.

A estrutura da democracia como sistema de relações entre indivíduos que se autoconstituem também se realiza em suas instituições. Algumas instituições estão desenhadas para traduzir as reivindicações e desejos individuais em juízos e decisões coletivas. Isso inclui processos tais como referendos sobre temas específicos e eleições de representantes em que há participação livre e igual de todos os cidadãos. Isso se estende ao funcionamento dos corpos legislativos em que os procedimentos de votação são utilizados para agregar as preferências dos representantes eleitos, para fazer com que as políticas dirijam a ação do Estado. Além dessas instituições de tomada de decisões coletivas, as judiciais têm a responsabilidade principal de arbitrar os conflitos que surgem entre os indivíduos e entre eles e o Estado. Dessa forma, o mandato dessas instituições é proteger a integridade e a igualdade dos cidadãos. De modo geral, isso se materializa em códigos que priorizam direitos individuais, propriedade privada e contratos voluntários entre indivíduos e asseguram que todos sejam tratados igualmente ante a lei. Nesse contexto, o poder, definido como a capacidade de regular a ação de outro indivíduo, é considerado potencialmente problemático. A governança democrática está estruturada para funcionar como o acordo voluntário de seus cidadãos e, portanto, sobre a base de tomada de decisões cooperativa. A partir deste ponto de vista, o exercício de poder sempre constitui uma potencial violação e, portanto, é cuidadosamente supervisionado, dirigido e restringido.

Esfera pública. De uma forma paralela à estruturação da cultura política e das instituições de governo, a governabilidade democrática se estende à estruturação de como os cidadãos se relacionam entre si na esfera pública. Atribui-se ao compromisso comunicativo a estrutura e fins característicos. O objetivo é construir uma compreensão compartilhada das circunstâncias abordadas, para que as pessoas envolvidas possam chegar a um acordo sobre as ações que se devem tomar coletivamente. Em termos de atividade comunicativa, isso implica reconhecer que cada interlocutor tem um marco de referência subjetivo, sua própria construção sistêmica pessoal da questão, e que sua tarefa comunicativa é unir seus diversos pontos de vista subjetivos forjando uma compreensão comum ou intersubjetiva. Essa atividade de enlace requer que os indivíduos reflitam ativamente sobre sua própria compreensão do problema e a diferente compreensão dos demais, de modo que possam oferecer razões para as reivindicações que fazem sobre a natureza e a dinâmica de uma situação e como devem julgar (seus aspectos bons e maus) a outros em termos que esses outros possam compreender e aceitar. Ao mesmo tempo, essa atividade autorreflexiva deve incluir uma consideração às reivindicações e justificativas introduzidas pelos outros e como se relacionam e podem incorporar-se nos próprios entendimentos e juízos. Em ambos os aspectos, esse esforço de articulação implica o reconhecimento das diferentes perspectivas subjetivas dos indivíduos envolvidos e sua integração de uma maneira que cria uma compreensão subjetiva.

Em todos os aspectos do processo comunicativo, das demandas de conhecimento específico de uma relação entre ações ou atores, ou juízos de seu valor específico, são entendidos como marcos de referência, ou de compreensão, sistêmicos integrados. Deste ponto de vista compreende-se facilmente como as aparentemente mesmas demandas de conhecimento ou juízos avaliadores podem operar ou significar algo distinto dependendo do contexto sistêmico em que se está inserido. Essa construção sistêmica reforça o reconhecimento comunicativo das perspectivas subjetivas e como diferem umas das outras, o que é característico da esfera pública democrática. Isso também reforça como as dimensões ou subsistemas de uma questão podem se diferenciar uns dos outros. Estes são os termos de que a construção de uma compreensão da circunstância particular (suas qualidades elementares e sua dinâmica) pode-se distinguir de um juízo de seu valor (como pode servir ou violar as necessidades pessoais dos demais ou do grupo). Em termos habermasianos, a reflexividade desse tipo de prática comunicativa permite uma diferenciação da verdade (ou conhecimento) de uma questão de direito (ou valor normativo) desse tema (Habermas, 1984). Portanto, qualquer um pode ser posto entre "parênteses" ou separado para facilitar a busca da compreensão do outro.

Em uma política democrática, a atividade comunicativa na esfera pública se estrutura da mesma forma. A esfera pública é aberta e acessível. Está organizada para estimular a participação de todos os interessados. A esfera pública também é livre. Aqueles que ingressam na esfera pública devem ser estimulados a falar abertamente e sem impedimentos. A esfera pública também é igualitária. Todos os participantes recebem a mesma voz, tanto ao falar como ao ser escutados. E finalmente, a esfera pública é deliberativa. Está organizada de modo que facilita um intercâmbio entre os cidadãos, em que cada um pode elaborar suas próprias demandas e abordar construtivamente as reivindicações, razões e justificativas aos demais.

A qualidade dos cidadãos. Finalmente, a governabilidade democrática também se estende à estruturação das qualidades de seus cidadãos individuais. Os cidadãos democráticos se constituem como sujeitos/agentes independentes e emancipados. São autogeridos e autodefinidos. Associado a isto, há certas capacidades cognitivas e orientações emocionais. Para autogerir-se eficazmente, o indivíduo deve ter as capacidades cognitivas para a integração e abstração. Eles devem ser capazes de observar as particularidades de uma situação, incluindo sua posição nela e relacioná-las entre si e com um contexto mais amplo no qual possam estar integradas. Com essa compreensão sistêmica da situação, o indivíduo pode discernir sua dinâmica à luz das diversas influências causais que operam e os diversos efeitos que as diferentes intervenções podem ter. Isso permite ao indivíduo atuar de uma forma que não é simplesmente uma resposta evocada por um estímulo, senão que reflete uma consideração mais ampla da natureza do estímulo e as possíveis respostas a ele. Portanto, o indivíduo não só pode atuar de uma forma possivelmente mais efetiva, como também de uma maneira mais autogerida.

Essa construção integradora e autoconsciente da situação também se estende a uma construção reflexiva de si mesmo. Com essa finalidade, os indivíduos devem manter suas percepções iniciais de uma situação, e sua resposta preferida, em suspenso e considerar seu significado à luz de outras crenças e percepções relevantes que constituem sua compreensão das pessoas e da política. Do mesmo modo, a opinião inicial de alguém pode ser considerada em relação a outras opiniões e valores relevantes, que estão vinculados ao contexto de uma base de avaliação mais ampla. Com esta necessária reflexão, o indivíduo não está simplesmente orientado por sua reação imediata a uma situação, senão que é capaz de considerar o que se quer à luz da totalidade do que ela é. Isso também subjaz à capacidade do indivíduo para a ação autogerida.

A democracia autodeterminada requer não apenas um componente cognitivo, senão também emocional. Para ser capaz de agir, o indivíduo deve sentir-se cômodo ao fazê-lo. O início da ação requer autoconfiança. Para começar a ação em seus próprios termos, ele tem que crer que tem a capacidade de formular o que quer fazer, logo, executar. De forma relacionada, a ação autogerida requer uma sensação de segurança. Para iniciar a ação, ele deve ter a sensação de que pode fazê-la sem correr um custo demasiadamente alto. Na medida em que as pessoas sentem que não são capazes de agir sem falhar, ou que atuar necessariamente as colocará em perigo, elas não iniciarão as ações em seus próprios termos. Dessa forma, não agirão em absoluto, ou se limitarão a uma ação que é sancionada ou obrigada por outros.

A pessoa democrática não é construída apenas como um ator independente e autogerido, mas também como um ser social que está em relação e conectado aos demais. Igualmente, há dimensões cognitivas e emocionais para este *status* de pessoa conectada. A dimensão cognitiva reflete uma maior elaboração da qualidade sistemática do pensamento já discutido. Aqui se estende à compreensão de que os indivíduos, como sujeitos com perspectivas pessoais e personalidades, são interdependentes entre si. Isso implica reconhecer que os indivíduos, sua subjetividade e personalidade, realizam-se através da reflexão de como eles são capazes de agir e expressar-se. No entanto, isso nunca se faz de forma isolada, mas sempre como uma iniciativa dirigida aos outros ou como uma resposta a eles. Então, a natureza da interação regular com as pessoas em grande parte determina o que os indivíduos são e podem tornar-se. Este senso de interdependência faz que a ação de um indivíduo seja orientada, bem como dirigida pelo outro.

A qualidade da conexão do indivíduo também tem uma dimensão emocional importante. Consiste num vínculo afetivo entre pessoas que dependem umas das outras para lograr objetivos similares. Isso é evidente nos sentimentos de simpatia e empatia pelos quais as pessoas têm a capacidade de sentir as coisas como os outros. Na vida social, um importante resultado da empatia é a capacidade de ir mais além do respeito à integridade das pessoas para cuidá-las. Ao nos preocupar com os outros, valoramo-los da mesma forma que valoramos a nós mesmos. Por conseguinte, agimos com eles de uma forma que nos aproxima a eles. Como sua contraparte cognitiva, as dimensões emocionais dos *eus* independentes e conectados se apoiam mutuamente. A autoconfiança e a segurança do eu independente se alcançam mais facilmente em um entorno de conexão de simpatia e cuidado, e esse entorno é mais fácil de ser sustentado por pessoas seguras.

Essas capacidades cognitivas e emocionais são as competências requisitadas do indivíduo para uma cidadania democrática. Com a finalidade de contribuir com a tomada de decisões coletivas, o indivíduo tem a capacidade de compreender as questões e eventos ao apreender sua posição num contexto mais amplo da estrutura e dinâmica da vida política. Do mesmo modo, o indivíduo tem a capacidade de considerar a importância ou o valor dessas questões e eventos em relação ao seu impacto no sistema como um todo e, assim, para as pessoas como grupo. Ao mesmo tempo, o indivíduo pode analisar sua própria posição ao que está sendo considerado e seu valor pessoal para si como pessoa. Os indivíduos não são apenas capazes de formular planos de ação para o grupo, ou para eles mesmos individualmente, mas também de tratar de executar estes planos. Neste último aspecto têm a confiança necessária para começar uma ação, ou conduzir o coletivo à direção desejada. Também têm a necessária sensação de segurança, de modo que podem fazê-lo sem imobilizar-se ou prejudicar-se devido ao medo ou à sensação de ameaça. Ao ingressar na esfera pública democrática, as pessoas também têm a capacidade de comunicar-se entre si de maneira efetiva com o objetivo de cooperar. São capazes de refletir sobre sua própria perspectiva e, portanto, sobre as bases refletidas de sua própria compreensão e juízos. Também podem escutar as demandas e juízos de outros e integrá-los de uma forma que lhes permita compreender a perspectiva subjetiva que os outros estão trazendo à discussão. Isso permite que se comuniquem construtivamente ao dar razões e justificativas que são razoáveis nos termos de cada um. Além do mais, eles podem fazê-lo de uma forma que respeite aos demais e às opiniões que expressam, cuidando deles e de seu bem-estar. Portanto, não apenas são capazes de entender as diversas perspectivas que se podem expressar sobre um tema e articulá-las, como também estão motivados para fazê-lo.

Em resumo, vemos as diferentes instâncias políticas, sociais e psicológicas em que se manifesta a estrutura da governabilidade democrática. A estrutura das instituições políticas, a natureza das definições culturais, o modo do compromisso comunicativo e a constituição dos atores individuais são todos estruturados de maneira similar. Em cada nível, a atenção se centra nas interações e relações e como se integram em sistemas. Esses sistemas dão a essas relações constitutivas seu significado, valor, e definem sua dinâmica. Como tal, essas diversas instâncias ou níveis de vida política se integram e se apoiam mutuamente. Em outras palavras, cooperam para manter um estado de equilíbrio relativamente estável.

Estruturação populista de direita da política

A governabilidade Populista de Direita (PD) pode ser apreendida em termos similares. Também reflete uma dupla estruturação da vida política que se manifesta em como se organiza e define a cultura e instituições políticas, o compromisso comunicativo na esfera pública e a natureza dos cidadãos individuais. No entanto, a lógica estruturadora aqui é muito diferente do governo democrático. Gira em torno de ações concretas, hierarquia e categorização simples.

Cultura e instituições. Ao considerar primeiramente a qualidade das definições e valores característicos da cultura política do PD, o coletivo se concebe como uma categoria concreta simples: a nação. A nação é um todo unitário, a encarnação coletiva, literalmente, das pessoas. As pessoas se definem a si mesmas como uma massa majoritariamente indiferenciada, que está constituída por seu pertencimento, como nacionais em sua totalidade, a que pertencem inextricável e naturalmente.

Todo o coletivo, a nação, se define pelo que faz e para onde vai. Tem uma trajetória ou missão definida. Essa trajetória e as ações coletivas envolvidas são a expressão da vontade ou aspiração nacional. De modo geral, a missão é fazer com que a nação seja grandiosa e, por consequência, fazer que seja poderosa em relação às outras. Essa vontade nacional, ainda que expressa em termos gerais, de como fazer com que a nação seja grandiosa (novamente), é concreta e específica. Como reflexo de uma construção hierárquica da relação entre as nações, define-se em termos de metas concretas que nos posicionem em relação com outras para que dominemos ou ganhemos sua aprovação. Os exemplos incluem: ganhar nas Olimpíadas, ter o controle militar sobre outras nações e fazer com que nossa cultura seja respeitada e imitada pelos outros. Ao mesmo tempo, busca-se efetivar ações concretas para alcançar esses objetivos. Portanto, define-se pelo sacrifício e esforço coletivo que as pessoas fazem para treinar intensamente para ganhar nos eventos esportivos, para ser o primeiro na ciência e nas artes, e para pagar e manter um exército poderoso.

Em tudo isso, a nação é um fim em si mesmo. A nação e, por implicação, as pessoas que a encarnam é a fonte do valor na vida política. A vontade nacional é o objetivo último. Todas as ações políticas e objetivos subsidiários são julgados por esses princípios. Este é também o caso das instituições ou leis específicas. Todos são avaliados em termos do grau em que servem à vontade nacional, ou facilitam sua realização e, em consequência, conservam-se ou desmantelam-se. As reivindicações sociais, políticas e científicas são julgadas de forma similar por esse modelo.

Nessa concepção cultural política, os indivíduos têm um *status* secundário e derivado. Tornam-se significativos e valorizados na medida em que formam parte do coletivo, das pessoas e da nação. Nesse sentido, os indivíduos se constituem como uma massa que compartilha uma única característica significativa comum: são membros da nação. As diferenças entre membros individuais são ignoradas, ou dirimidas. Neste último aspecto, os indivíduos, como nativos, são assumidos e estimulados a compartilhar certas características concretas que os definem, como uma aparência, crenças, práticas ou rituais ancestrais ou uma trajetória comuns. Nessa concepção, o indivíduo e a nação estão inextricavelmente entrelaçados, a linha entre eles é dissipada. Como sugerido pelos filósofos do fascismo como Gentile (1928), o Estado se realiza nas pessoas e as pessoas se realizam no Estado. É uma relação simbiótica. Os indivíduos se realizam em sua participação, em sua missão, no que fazem a serviço da vontade nacional. É aqui onde são definidos e valorizados, reconhecidos e glorificados.

As instituições políticas do PD estão estruturadas em termos similares. O Estado político é a manifestação das pessoas. Como tal, tem a tarefa de cumprir com a vontade nacional e, ao mesmo tempo, manter a integridade das pessoas como um todo coletivo. Desse modo, as instituições políticas estão projetadas para facilitar a ação e exercer a direção e o controle. Elas são autoritárias. A estrutura institucional que complementa essa compreensão da nação e a busca da vontade nacional é a de uma hierarquia simples, algo como uma estruturação militar do poder. Aqui o controle emana da parte superior. Assim é o nível mais alto de liderança assumido que melhor reflete a vontade nacional e lhe dá expressão e direção específicas. A autoridade desse nível superior, que define e deriva da vontade nacional, é suprema. Para lograr seus objetivos, a liderança usa as instituições do Estado para abordar as diversas tarefas que a ação nacional requer. Com esse objetivo, cria diferentes níveis sucessivamente mais baixos de autoridade e comando, nos quais lhes atribuem funções administrativas específicas. A autoridade, a legitimidade e o controle que confere emana do mais alto nível ao longo da hierarquia.

Na parte inferior da hierarquia estão os cidadãos individuais. Seu papel político se define pelo seu vínculo com o povo encarnado na nação e sua liderança. Isso se expressa na demanda de sua lealdade à nação, sua participação na vontade nacional e a subordinação de qualquer eu independente falsamente concebido. Desse modo, o Estado os regula. Portanto, o *status* legal e político dos indivíduos é constituído por um conjunto de obrigações, em vez de direitos. Para assegurar que se executem adequadamente, existe um programa de orientação que fomenta e controla a identificação com a nação e que castiga os desvios, frequentemente com severidade. De fato, recusar a autoridade do Estado é distanciar-se da vontade nacional e, por conseguinte, distanciar-se das pessoas. Nesse ponto, o indivíduo perde significado e valor. A alienação dos indivíduos entre si é uma regulação política complementar a partir de cima. Como membro da nação, os indivíduos estão definidos e subordinados à nação e sua autoridade, não aos demais. Nesse contexto, as lealdades e conexões interpessoais são consideradas adversárias, e assim ativamente desestimuladas. Apenas serão reforçadas se se compreende que podem promover os propósitos nacionais. Portanto, as relações familiares podem ser apoiadas, mas só na medida em que fomentam a reprodução das lealdades e identificações nacionais.

Nessa política da vontade e ação concreta, o poder não tem o *status* ambíguo e às vezes negativo que lhe é atribuído na governabilidade democrática. Aqui é um bem imaculado, a essência das pessoas e, por decorrência, de seus membros individuais. É através do exercício do poder como ação efetiva que a vontade nacional se expressa e se efetiva. O poder deve ser assumido, tanto em seu exercício autoritário como em sua submissão filial a ele. Além do mais, o uso legitimado e autoritário do poder não tem limites. Na realização do indivíduo nas pessoas e das pessoas na nação, não há divisão significativa entre social e político, ou público e privado. Social e político estão unidos e existe o único público e o que está oculto, sempre de maneira inadequada. Portanto, o poder a serviço da vontade nacional pode ser utilizado de forma ubíqua e livre.

Esfera pública. A estrutura da governabilidade do PD também opera na delimitação de como os indivíduos se envolvem com a esfera pública. Uma vez mais o foco está na realização da vontade nacional. A comunicação está estruturada para servir às demandas da ação coletiva. Para fazê-lo, opera de duas maneiras complementares. Por um lado, proporciona um meio para a expressão da consigna autoritária e sua transmissão a seus seguidores. Por outro lado, proporciona um meio de autorrealização individual através da participação expressiva no todo. A repetição oralizada das crenças compartilhadas permite que muitas pessoas falem em uma só voz. Em ambos os aspectos, a comunicação trata-se menos de argumentação, reflexão, ou cognição ativa, e mais sobre dirigir a ação e conexão emocional, um meio de vincular as pessoas com a população, a nação e sua liderança.

Nesse contexto, o conhecimento adquire uma forma característica. Centra-se em ações concretas, afirmações particulares, atores e grupos de atores, que são apreendidos como objetivos. Essas entidades objetivas são compreendidas de duas maneiras. Por um lado, podem ser entendidas categoricamente como um conjunto de ações ou atores que podem identificar-se como os mesmos, na medida em que estão vinculados à mesma ancoragem cognitiva, mesma ação ou ator. Dessa forma, todas as pessoas que fazem o mesmo (como realizar um ritual comum) aparecem da mesma maneira (têm a mesma cor de pele, ou vestem o mesmo uniforme), agem da mesma forma (são comumente vítimas ou tratadas do mesmo modo), ou provêm das mesmas origens, são entendidas como o mesmo. Daí a importância atribuída a uma identidade étnica ou racial comum, ou a realização de rituais comuns, na definição da nação. Por outro lado, ações ou atores podem estar vinculados causalmente de forma linear. Assim, uma série de ações ou atores específicos podem combinar-se para formar uma cadeia linear de atividade, na qual uma causa produz um efeito, que logo causa outro efeito posterior, e assim sucessivamente. Em um contexto social ou político, essa cadeia de causalidade proporciona um marco de compreensão da estrutura hierárquica do poder que emana de uma fonte e se filtra para baixo. Essas estruturas de conhecimento hierárquicas, causais e categóricas são concretas e específicas. Em consequência, a compreensão geral é fragmentada.

Esse tipo de conhecimento se constrói de duas maneiras, seja através da experiência direta dos fatos objetivos, ou de um relato aceito dessa experiência. Na prática comunicativa do PD, o relato autoritário tem prioridade. Triunfa sobre os demais relatos, tal como sobre a experiência pessoal direta. A liderança da nação é, portanto, a fonte autorizada de conhecimento sobre todos os aspectos da experiência coletiva e pessoal. Para as pessoas, esse conhecimento é algo que se deve aprender e interiorizar. É recebido passivamente, ao invés de construído ativamente. Aqui a construção do conhecimento se converte em outro lugar para o exercício do poder. O poder define o conhecimento e o conhecimento opera para sustentar o poder. Conhecer é também uma atividade coletiva. Para as pessoas envolvidas há um componente fortemente emocional. Para conhecer algo, deve-se unir a todos aqueles que também o sabem da mesma maneira.

O conhecimento do PD, assim estruturado, opera de uma forma que elimina, desfoca, ou reconstitui certas distinções-chave, características das formas mais democráticas de conhecimento descritas anteriormente. Uma é a distinção entre o intersubjetivo e o subjetivo. Na concepção do PD, ambos se dobram em um campo comum de autoridade comprovada. Assim, uma noção de perspectivas culturais ou pessoais diferentes dá lugar à simples distinção de crenças corretas e incorretas. As preocupações democráticas pela autenticidade são reduzidas à determinação de se uma pessoa está dizendo a verdade ou mentindo. Ademais, esse último tema também adquire um significado distinto em um contexto populista de direita. Aqui, o limiar entre as demandas de verdade (qual é o caso) e as demandas de direito (qual deveria ser o caso) se dissipa. Aqui ambos estão subordinados à autoridade do que serve à vontade nacional. Da mesma forma que a dualidade do significado do termo "normal", que sugere tanto qual é o caso como qual deveria ser o caso, as consignas autoritárias da liderança de uma nação descrevem o mundo como é e como deveria ser.

A esfera pública da comunicação populista de direita está estrutura de forma similar. É centralizada e hierarquizada. As declarações de verdade e direito se originam na expressão autoritária da vontade nacional por parte da liderança. As estruturas e tecnologias comunicativas se organizam para comunicar essas mensagens através da hierarquia institucional e diretamente à cidadania. O controle político se exerce sobre todos os meios de comunicação de massas e favorece o desenvolvimento de tecnologias que têm o canal de um a muitos. Nesse contexto, as estruturas comunicativas alternativas estão proibidas. É desalentada ativamente a comunicação lateral entre indivíduos que não implica a reprodução de discursos sancionados de maneira autoritária.

A esfera pública do PD também está estruturada para criar oportunidades para a expressão coletiva da vontade nacional. O objetivo aqui é proporcionar lugares para que os indivíduos, através da realização de rituais comuns e o ensaio conjunto de verdades coletivas, reúnam-se como uno em uma realização visceral do "povo". Um excelente exemplo é a manifestação massiva. Oferece uma oportunidade multifacética na qual o povo está fisicamente presente, seu foco é sobre a liderança autoritária, e as pessoas ali compartilham a experiência do espetáculo produzido pela multidão. Algo desse efeito também é logrado em contextos mais locais através da criação de clubes para adultos e jovens, que são organizados para forjar uma identidade comum (que se una com a nação) mediante o ensaio de afirmações autoritárias e práticas rituais compartilhadas. A prática comunicativa na esfera pública está impregnada de uma qualidade emocional, frequentemente extática, que reflete e promove a união simbiótica do líder e das pessoas na nação ou no povo.

As qualidades dos indivíduos. A governabilidade do PD também implica na estruturação das qualidades dos indivíduos. Aqui o indivíduo é constituído como dependente e espontâneo. Isso se reflete na qualidade de sua cognição. Ao atender a uma situação, centram-se em características concretas, ações, declarações e atores envolvidos. Dão sentido a esses elementos ao reconhecer os vínculos ativos e concretos que se observam ou se informam que existem entre eles. O conhecimento resultante consiste em centrar-se em um ator ou uma ação de ancoragem concreta e logo reconhecer como outras ações, declarações e atores estão vinculados a eles. Dessa forma, constroem-se categorias simples, relações causais lineares e hierarquias. O conhecimento de uma específica ancoragem concreta cresce ao aprender-se mais das coisas com as quais está vinculada e, portanto, mais de seus atributos causais categóricos e lineares.

O conhecimento que os indivíduos constroem dessa maneira tem uma série de atributos distintivos. Primeiro, o conhecimento não é integrativo, senão uma lista incipiente de conhecimentos específicos que pertencem ao ator, ou à ação em questão. Segundo, apesar de serem construções subjetivas, o conhecimento, para os indivíduos que pensam dessa forma, adquire uma espécie de realidade objetiva similar ao dos objetos que tenta compreender. Nisso, eles não apenas refletem sobre qual é a questão, também chegam a definir a questão. Como tal, os saberes da vida social não só constituem uma compreensão do que as pessoas fazem, a quem, e sob que circunstância, senão que também constituem regras pelas quais se pode julgar o comportamento dessas pessoas nessas circunstâncias. No processo, a compreensão subjetiva da "verdade" e o "direito" dessa situação se distinguem precariamente.

Essa forma de pensar faz uma pessoa dependente das outras. Para entender algo se deve saber como está vinculado a outras ações ou atores. Por sua vez, isso depende da observação direta ou do relato dos vínculos em questão. No geral, na vida social cotidiana, a experiência das pessoas, as ações e situações oferecem ao indivíduo múltiplas oportunidades para observar diretamente o que está ocorrendo e escutar o que os demais falam sobre o tema. Quando as observações pessoais e os relatos dos outros coincidem, os conhecimentos se constroem comodamente com certeza. O problema surge, como deve ser o caso, quando as próprias observações são inconsistentes entre si, ou com as observações dos demais. O resultado é a confusão, pois o indivíduo carece do marco cognitivo requerido para localizar esses diversos juízos ou demandas conflitivas entre si e logo decidir entre eles por algum motivo plausível. Em vez disso, o indivíduo deve confiar nos outros para determinar a veracidade do assunto. Isso somente pode ocorrer quando os outros estão de acordo. Os agentes autoritários, particularmente aqueles que encarnam o juízo do grupo e definem sua realidade, seus valores e práticas desejadas, serão particularmente influentes. Isso não implica submissão à autoridade. Tal ato de submissão implica uma construção independente de conhecimento que é relutantemente abandonada. Porém, as pessoas dependem naturalmente das figuras de autoridade para ajudá-las a saber como são realmente as coisas e, portanto, como devem ser. Então, o que os indivíduos sabem é em grande medida um produto da aprendizagem social e, portanto, um reflexo das convenções sociais e dos juízos de autoridade a que estão expostas.

O indivíduo do PD é também um ser emocional e cognitivo. De fato, como oferece uma visão degradada das capacidades cognitivas das pessoas, PD celebra sua emotividade. Com seu foco na realização da vontade nacional, e a ação que requer, valoriza-se os sentimentos dos indivíduos e sua vigorosa expressão, em detrimento dos seus pensamentos e sua inútil contemplação. O primeiro é forte, vivo e vigoroso, o último é fraco, decadente e decrescente. Um indivíduo não é tomado como um pensador, senão como um ator fisicamente saudável, emocional e motivado. As emoções que unem o indivíduo ao grupo, como a lealdade, e o levam a atuar com valor ao grupo, são consideradas as melhores. Outra emoção, estreitamente vinculada à capacidade de agir, é a agressão. Organizada a serviço da vontade nacional, também é muito valorizada. É esperada nas relações interpessoais e geralmente é tolerada.

Tal como sua atividade cognitiva, a emotividade do indivíduo o torna dependente. Em ambos os casos, a expressão de satisfação da natureza individual de alguém depende da reação dos demais. Como indivíduos, só sabem o que é verdadeiro e correto quando são validados por outros, então apenas podem se sentir seguros e bons consigo mesmos quando são aprovados pelos demais. Só, o indivíduo carece de significado, valor, orientação e força necessários para enfrentar um mundo perigoso atravessado por confusão e insegurança. Como tal, seu bem-estar depende de sua incorporação ao grupo, particularmente à nação. A nação lhes dá seu saber do que é verdadeiro e correto. Portanto, proporciona certeza e orientação. Atribui-lhes uma posição social, infundindo significado e valor. A nação lhes protege e oferece segurança. Toda essa conexão forjada é profundamente emocional. Quando latente, é um sentimento de amor e apego. Quando se manifesta na expressão ou ação coletiva, é apropriadamente autotranscendente, extática. Como esses sentimentos positivos refletem o que o indivíduo tem de virtude dessa união com a nação, outros sentimentos refletem a dependência e a vulnerabilidade do indivíduo. Por conseguinte, amor, apego e êxtase estão acompanhados de um medo e uma ansiedade na sempre presente possibilidade de rechaço por parte da autoridade e a expulsão do grupo. Inclusive isso contribui à intensidade do vínculo emocional do indivíduo com o grupo. Também assegura que, em sua relação simbiótica com a nação, o indivíduo também seja submisso.

Antes de deixar esse tema do indivíduo dependente e unido, deve-se notar como essa pessoa se orienta aos demais. Tal como sugerido anteriormente, as pessoas são orientadas ao grupo e à autoridade, e não a outras pessoas. As conexões são verticais e não laterais. Na medida em que as conexões interpessoais adquirem significado ou valor, é realizada de maneira derivada. São prescritas pela autoridade e operam a serviço da nação. Portanto, o desempenho dos deveres familiares pode se converter em uma questão de obrigação nacional, sendo valorado de acordo. Nesse processo, espera-se que marido, esposa, pai e filho se conectem, mas nunca de uma maneira que substitua ou tenha precedência sobre a conexão que cada um tem com a nação.

O indivíduo do PD, tendo essas qualidades cognitivas, emocionais e sociais, está apto a executar competentemente seus papéis na vida social e política. Como cidadãos, não são capazes de adivinhar a natureza geral da vontade nacional. Por si mesmos entendem pouco de política, da sociedade ou deles mesmos como indivíduos. No entanto, estão prontos e são capazes de aprender as coisas particulares que a expressão autoritária da vontade requer que eles saibam e valorizem. Também reconhecem a necessidade de praticar o que aprenderam e se orgulham e se regozijam de fazê-lo publicamente e em conjunto. Ao fazê-lo, reconhecem-se como parte do povo e se sentem bem sobre isso e consigo mesmos. Como cidadãos, também são seres profundamente emocionais. Baseiam-se nessa emoção para conectar-se com as pessoas e a autoridade que expressa e realiza sua vontade coletiva. Estão prontos para realizar-se participando da construção da nação. Portanto, estão prontos para agir, não por sua própria iniciativa, senão ao comando de outros. Como tais, são atores leais e valentes que devem agir como se considera necessário, alcançando honra e glória.

Em suma, o PD, como alternativa democrática, é um bloco homogêneo. Os diversos níveis em que se concretiza, no nível macro da cultura e as estruturas institucionais, o nível micro do cognitivo e emocional dos indivíduos, e o nível intermediário de comunicação e interação, são todos estruturados de maneira similar. Cada nível tem uma lógica e conjunto de qualidades formais que são paralelas às outras. Como tal, cada nível opera para apoiar os outros e é sustentado por eles. É um sistema social e psicológico coerente.

Diagnóstico de nossos tempos atuais

Com essas preliminares teóricas, podemos abordar a recente ascensão do populismo de direita, particularmente no cenário nacional norte-americano. Na minha opinião, essa ascensão é evidente no surgimento da direita evangélica na década de 1990, o *Tea Party*, que começou em 2009 e, mais recentemente, na eleição de Donald Trump à presidência em 2016. Obviamente, esses diversos movimentos são complexos e existe uma considerável variação de crenças entre as pessoas envolvidas em cada caso. Surgiram em um ambiente majoritariamente democrático e, de forma geral, incorporam os princípios característicos do PD e refletem suas tendências estruturantes.

A fraqueza estrutural da democracia. Ao reconhecer que a ascensão e a queda dos movimentos do PD refletem circunstâncias sociais e econômicas flutuantes, quero sugerir que seu desenvolvimento recente é manifestação de algo mais fundamental. Refletem uma fraqueza estrutural na democracia norte-americana, que a deixa cada vez mais vulnerável à ameaça das alternativas populistas de direita. Esta fraqueza resulta do fato de que a governabilidade democrática nos Estados Unidos (e em outros lugares) não teve êxito na criação de uma cidadania requerida. Dessa forma, deixa-se os cidadãos, que carecem das capacidades cognitivas e emocionais necessárias para assimilar suas definições e normas culturais, atuar em suas organizações institucionais e participar de sua esfera pública. A afirmação que faço aqui sobre a natureza dos cidadãos nas democracias modernas, particularmente a norte-americana, não é nova. No entanto, uma consideração de seus fundamentos e suas implicações sim.

Mesmo quando a governabilidade democrática estava institucionalizando-se pela primeira vez, os teóricos da democracia começaram a expressar suas preocupações a respeito das capacidades dos cidadãos democráticos. Em meados do século XIX, J.S. Mill reconhecia claramente que a maioria das pessoas não entendia nem dos assuntos políticos do momento, nem das complexidades da governabilidade democrática. Para Mill isso decorreu em grande medida de um problema de exposição. As pessoas não tinham a informação de que necessitavam para abordar os problemas políticos. Sugeriu duas soluções a esse problema: a educação pública massiva e a liberdade de expressão. Um século depois, os teóricos, confrontados com o aparente fracasso de ambas para produzir os níveis desejados de juízo informado, advogaram por uma maior participação na formulação de políticas. A suposição é que a exposição e a responsabilidade pelos problemas assegurariam que as pessoas acumulassem a informação necessária para a tomada de decisões informada (cf. Pateman, 1970; Barber 1984). Recentemente, os teóricos sugeriram que o problema da capacidade dos cidadãos é mais profundo que o da motivação, ou informação insuficientes, e se estende à sua capacidade de compreender e comprometer-se produtivamente na perspectiva dos demais.

Recusando a fé de Rawls (1971, 1933) na capacidade dos indivíduos de refletirem por si mesmos (inclusive com o artifício do véu da ignorância), esses teóricos sugeriram que a "mentalidade ampliada" requisitada para uma compreensão adequada poderia ser fomentada se fosse oferecida aos cidadãos a oportunidade de colaborar entre si diretamente em pequenos grupos, com a finalidade de recomendar políticas públicas (cf. Guttman & Thompson, 2004; Benhabib, 1996). Esses diversos teóricos, mesmo reconhecendo as sérias limitações a respeito da capacidade humana, mantêm sua esperança na forma com que tais limitações possam ser superadas e a democracia funcionar de maneira apropriada e estável.

Outros têm sido menos otimistas ao julgar as capacidades das pessoas. Isso claramente se refletiu nos esforços de Madison para opor-se ao otimismo de Jefferson sobre as pessoas e na estruturação do governo norte-americano de uma maneira mais republicana e menos diretamente democrática. À sombra do colapso da democracia entre as duas guerras mundiais na Europa, outros teóricos, como Schopenhauer e Arendt, ofereceram uma visão muito cética das capacidades presentes ou potenciais dos cidadãos democráticos. Sugerem que a grande maioria dos cidadãos não tem a capacidade cognitiva, ou os recursos emocionais, para agir como sujeitos reflexivos, críticos, ou autogeridos. Ao contrário, são propensos à irreflexão, insegurança e medo de uma forma que lhes deixa dependentes de uma direção externa. Portanto, as pessoas sempre são suscetíveis à influência dos demagogos populistas e aprovam os regimes autoritários que buscam criar. Apesar da ascensão da democracia no final do século XX e a concomitante ortodoxia ideológica democrática da teoria política, essa visão cética se repete nos recentes chamados a uma participação política massiva, limitada ou seletiva (cf. Brennan, 2016).

As perguntas sobre as capacidades e competência dos cidadãos democráticos também surgiram na pesquisa empírica da ciência política e da psicologia. A pesquisa sobre os níveis de informação política dos cidadãos indica que apesar da escolarização pública de várias gerações de norte-americanos, sobre a idade de 18 anos, e a ampla disponibilidade de informação política de massa, eles ainda parecem ter pouquíssima informação sobre instituições democráticas ou problemas políticos contemporâneos (Delli Carpini, 1997). Não só não estão adequadamente informados como tampouco parecem integrar a informação particular que têm em uma compreensão ou perspectiva mais ampla. Isso se reflete na pesquisa sobre ideologia política. Em uma linha de investigação que começou no final dos anos de 1950 e começo dos anos de 1960 com o eleitor norte-americano (cf. Converse, 1964), e que tem sido replicada até hoje, é evidente que as pessoas não recorrem a uma compreensão ou perspectiva geral quando do formulam suas atitudes. Pelo contrário, essas atitudes parecem independentes entre si, produto do pensamento que, nos termos de Lane, é "fragmentado", em lugar de integrado. Na medida em que estão organizados ou integrados e, assim, integrados subjetivamente, esse é o resultado das necessidades emocionais e da personalidade em lugar da reflexão racional (cf. Lasswell, 1930; Lane, 1962; Altemeyer, 1996).

Esta pesquisa política é complementada por estudos da psicologia social sobre a cognição social. A investigação da dissonância cognitiva nos anos de 1950/1960 demonstrou que as pessoas eram incapazes de deixar de lado seus preconceitos quando julgavam novas situações (Abelson et al., 1968). Por outro lado, seus juízos sobre o que sucedeu e como se avaliou eram fortemente influenciados por suas avaliações preexistentes e suas predisposições afetivas. Isso foi seguido por duas décadas de pesquisa que enfocou o lado cognitivo desse processo, particularmente como as pessoas construíram explicações e atribuíram a responsabilidade causal de ações e eventos. O trabalho sobre a atribuição causal desvelou a grande quantidade de formas em que o pensamento das pessoas era sub-racional e distorcido, inclusive quando as situações consideradas não tinham dimensão avaliativa, nem carga afetiva (cf. Kelley, 1973). Mais além dessa explicação negativa da cognição como não ou sub-racional, pesquisas mais recentes centraram-se em como os modos de pensamento das pessoas funcionam. Algumas pesquisas, como o trabalho sobre a heurística cognitiva, tentaram mapear a estrutura subjetiva do raciocínio. Proporciona evidência de como, em vez de implicar-se na reflexão e no processamento racional, confiamos em uma variedade de procedimentos simplificadores e acessos diretos fáceis para compreender uma situação e explicar os eventos (cf. o trabalho seminal de Tversky & Kahneman, 1982). Outra pesquisa se centrou em como a qualidade do pensamento das pessoas reflete sua aprendizagem. Essa investigação demonstrou que as pessoas aprendem fragmentos de associações (do tipo categórico ou causal) que se conservam como modelos mentais ou esquemas cognitivos. Novas situações são apreendidas utilizando-se um esquema relevante para coordenar os elementos a serem entendidos. Finalmente, um terceiro enfoque enfatizou que os juízos das pessoas não derivam principalmente de uma resposta cognitiva, senão do resultado de uma reação emocional (cf. Haidt, 2001, 2007). Essa linha de pesquisa sugere que as pessoas podem dar razões e argumentos para seus juízos, de modo que pareça que são o resultado de um raciocínio e de uma consideração racional. Entretanto, isso é realmente apenas uma "reflexão motivada", ou uma racionalização posterior ao juízo que se oferece quando se pede a alguém que explique seus pontos de vista (cf. Liu & Ditto, 2013).

Desenvolvidos em um contexto mais especificamente político, os temas predominantes neste trabalho são bem abordados em dois livros recentes, *The Rationalizing Voter* (Lodge & Taber, 2013) e *Predisposed* (Hibbing et al., 2013). Em ambos os casos, os autores enfatizam que os cidadãos não pensam de maneira integradora, reflexiva e racional, sugerida pela teoria democrática e as concepções associadas de governança. De modo contrário, o pensamento das pessoas é fragmentário, formado por preconceitos e conhecimentos prévios que estão guiados pelas circunstâncias presentes e logo aplicadas a elas. Para os autores de *Rationalizing Voter*, essas circunstâncias são externas e refletem o que aparecem às pessoas como as características sobressalentes do contexto em que suas reações estão sendo formadas. Os autores de *Predisposed* complementam essa orientação externa ao enfocar em sinais que emergem de dentro e refletem o que denominam de "predisposições comportamentais predeterminadas biologicamente" das pessoas. Em qualquer caso, a resposta das pessoas não é uma decisão considerada, senão uma reação circunstancial. Quando requisitada, as justificativas serão oferecidas a outros, ou inclusive a si próprio, mas inclusive essas explicações superficiais, e em grande medida convencionais, não serão mais que racionalizações do que de fato é um processo não raciocinado.

Em meu próprio trabalho, explorei a lógica subjacente ou as qualidades estruturais do pensamento das pessoas. Tentei oferecer uma visão do funcionamento da cognição que integra diversos aspectos da pesquisa psicossocial e política descritos anteriormente (cf. Rosenberg 2002; Rosenberg & Beattie, 2018). Diferenciando entre vários níveis de cognição evolutivamente distintas, sugiro que a grande maioria dos norte-americanos pensam no que denomino de forma "linear". Esse é seu foco em ações e atores concretos. Atribuem sentido a esses objetos concretos ao observar como são similares, ou se seguem uns aos outros, ou ao recorrer aos relatos de outras pessoas sobre como se conectam os objetos. Dessa forma, também podem considerar ações e atores (como deuses e intenções pessoais) não presentes (e inclusive nunca presentes), mas tendem a ser entendidos de formas bastante concretas e específicas. Isto é, as pessoas que pensam de maneira linear conhecem o mundo mediante a construção de categorias concretas simples e relações causais lineares. Os diversos conhecimentos assim construídos são específicos da matéria aprendida e tendem a isolar-se uns dos outros. Quando enfocado na vida política, esse pensamento gera uma compreensão dos grupos sociais como parte da ação governada por regras de conduta "naturais" e normativamente corretas, e como categorias de indivíduos que compartilham as mesmas características e instituições como hierarquias de *status* e poder. Devido a suas compreensões concretas e fragmentárias, as pessoas são em grande parte incapazes de considerar e refletir sobre um tema ou situação em um contexto sociopolítico e subjetivo mais amplos. Como resultado, sua orientação aos problemas e eventos tende a ser moldada por fatores circunstanciais.

Os elementos da situação em questão operam como sinais que evocam uma categoria relevante específica, causal, ou conhecimento normativo, ou uma predisposição afetiva ou emocional. Em qualquer caso, a resposta da pessoa está mais condicionada por fatores que vão além de sua plena consciência ou controle. Como resultado, ao longo do tempo e situações, é provável que os juízos dos indivíduos reflitam os esquemas disponíveis em seu entorno cultural e suas ações estejam orientadas por convenções sociais as quais estão expostos.

Implicações – Cidadãos democratas incompetentes

A teoria democrática, em sua maior parte, não se viu afetada por essa investigação. Isso reflete o isolamento das linhas de pesquisa acadêmica e, quem sabe, a ortodoxia de grande parte da teoria política anglo-americana. Não obstante, também reflete o fracasso dos cientistas políticos empíricos em considerar honesta e plenamente as implicações de sua investigação. Em sua maior parte, esses pesquisadores conservaram o otimismo resiliente de suas contrapartes que escreveram a teoria democrática. Nesse sentido, com pouca ou nenhuma base de evidência, sugeriram que, ainda que os cidadãos não pareçam ser cidadãos democráticos competentes, isto era mais uma questão de circunstância do que de capacidade. Desse modo, os comentários finais à investigação incluem frequentemente justificativas de que as pessoas tinham a capacidade necessária para serem competentes e isto se realizaria se estivessem melhor informadas, mais motivadas para considerar questões políticas, menos consumidas pelo resto de suas vidas, mais comunicativas com outros, ou se fossem criadas em entornos que fomentassem um melhor desenvolvimento emocional e da personalidade. O resultado é um reconhecimento do problema, mas que diminui ou não persegue suas implicações.

A pesquisa psicológica é menos condescendente. Durante décadas, o trabalho sobre a cognição social considerou a concepção do indivíduo como um agente reflexivo, integrador e autogerido como um "homem de palha", que foi contradito por um corpo de evidência amplo e cada vez maior. O resultado é uma visão das pessoas como inerentemente rápidas (em oposição a lentas e consideradas) e pensadoras sub-racionais que processam a informação guiadas heurística, esquema e emocionalmente. A forma como as pessoas pensam e reagem não é circunstancial e se remedia facilmente, senão que é indicativa do que realmente são. Essa é a natureza humana e, portanto, algo que certamente não é fácil, e quem sabe, nem sequer, possivelmente, mutável. Entretanto, a teoria política não é matéria da psicologia e os psicólogos sociais não consideraram as implicações desses achados para o funcionamento das instituições políticas e a condição das práticas políticas[7].

Aqui consideremos tomar essa evidência científica social seriamente e discutir suas implicações para a governabilidade democrática. Para começar, isso sugere que a grande maioria dos norte-americanos será incapaz de atribuir sentido a uma forma democrática de política e participar dela da maneira requisitada. Como cidadãos de uma democracia, é apresentada uma definição cultural do mundo que não podem compreender. Naturalmente, pensam na nação como um lugar concreto habitado por indivíduos que estão vinculados entre si por rituais, crenças, práticas, aparência e origens que compartilham. Não obstante, elas são demandadas que reconheçam que a totalidade da qual fazem parte está composta por um conjunto potencialmente diverso de indivíduos que podem variar em todas as formas concretas em que as pessoas esperam que sejam iguais. Do mesmo modo, as pessoas são solicitadas a compreender que o que as vincula não são seus atributos concretos compartilhados, senão sua definição legal e integração em um complexo sistema de relações. Cidadãos democráticos também são demandados a considerar a si mesmos como sujeitos, autores de seu próprio significado e diretores de sua própria ação. Porém, a maioria dos norte-americanos focaliza-se em conhecer fatos específicos, procedimentos a seguir e objetivos que devem ser valorizados. As pessoas são o que fazem e dizem. Esses atos e os indivíduos agindo são julgados de acordo com normas objetivas e compartilhadas. Não consideram nem compreendem o significado da subjetividade, nem compartilham as preocupações associadas à autenticidade e verdadeira autogestão. Do mesmo modo, não podem entender a moralidade em termos de uma concepção de justiça com

---

7. Talvez uma exceção significativa é a pesquisa sobre o racismo. Mas inclusive aqui há pouca consideração das ramificações mais amplas para uma apreciação da competência básica dos cidadãos democráticos.

equidade e, portanto, uma política que se orienta ao valor de proteger a integridade dos indivíduos envolvidos. A moralidade da vida social é inerente em crer e fazer coisas que todos sabemos que são apropriadas e corretas.

Do mesmo modo, a governabilidade democrática apresenta aos norte-americanos acordos institucionais que são difíceis de compreender. O governo dos Estados Unidos é complexo, com uma intrincada divisão de poderes entre legislativo, executivo e judiciário, no qual cada poder se influencia tanto lateral como verticalmente. Isso é muito difícil de compreender a partir da perspectiva da maioria dos cidadãos que pensam nas organizações como entidades hierárquicas, nas quais o poder flui simplesmente de cima para baixo. Ao olhar o próprio governo, ficam confusos. O que entendem é que existe um conflito aparentemente desnecessário dentro das instituições e entre elas, e a conseguinte incapacidade para simplesmente agir segundo o requisitado. Do mesmo modo, não entendem a função de coordenação e orquestração do governo, em que é regulador e árbitro. Para eles, o papel do governo é de exercer um controle autoritário e agir de uma maneira que efetue os objetivos nacionais. Nesse contexto, não se compreende, nem se valoriza a centralidade da lei como instituição, que não apenas controla os indivíduos, senão a própria autoridade. De modo similar, o valor de um poder judicial independente do controle direto do executivo tem pouco sentido. As pessoas veriam felizmente a lei e o poder judicial comprometidos se assim exigissem as demandas de uma ação executiva efetiva e autoritária. Para eles, a governança é uma questão de tomada de decisões e controle autoritários, e a cidadania é uma questão de lealdade e submissão. Quando o governo ou os cidadãos não atuam em concordância, serão considerados incompreensíveis e julgados negativamente.

Da mesma forma que o governo democrático confronta as pessoas em um contexto político que é difícil de compreender ou valorar, também demanda que participem de uma esfera pública de forma que não possam entender, ou então, que não possam atuar de maneira apropriada. Para ingressar na esfera pública é necessário que abandonem pressuposições sobre a verdade e o correto: que existem demandas morais e verdadeiras, ações e fins, fatos conhecidos por todos. Requer a compreensão de que as pessoas entram na esfera pública com diferentes entendimentos culturais e subjetivos que os levam a formular de maneira razoável diferentes afirmações sobre o que é bom e verdadeiro. Não apenas estão obrigadas a reconhecer este fato, como também a valorar as demandas alternativas expressas e respeitar a integridade da pessoa que as pronuncia. Finalmente, pronuncia que as pessoas colaborem com as outras, para conectar as diferenças com o objetivo de construir uma compreensão compartilhada do que é a verdade e o correto da situação que estão considerando e as metas que deveriam aspirar. Em suma, demanda-se que valorem as reivindicações que conhecem que são incorretas ou ruins e que respeitem as pessoas que, ao fazer essas afirmações, revelam que são pessoas estúpidas ou más. Além disso, demanda-se que integrem essas pessoas equivocadas e suas más reivindicações para construir uma visão compartilhada das coisas. Para a grande maioria dos norte-americanos, tudo isso não é apenas incompreensível e confuso, mas claramente equivocado. Assim, se retirarão da esfera pública. Se podem participar, farão expressando o que sabem que é verdadeiro e correto, comprometendo-se com outros para estabelecer solidariedade com os que compartilham de seu ponto de vista e para derrotar os que não compartilham.

Finalmente, há a questão de como os indivíduos supõem entender e sentir sobre si mesmos. Demanda-se que sejam livres e autogeridos, que recusem a direção da autoridade e tradição convencionais e, em seu lugar, "descubram" quem são, no sentido global ou subjacente. Ao invés de confiar na aprovação conferida por outros, supõe-se que devem gerar seu próprio sentido interno de seu valor. Logo, equipados com a compreensão necessária e os meios emocionais, supõe-se que devem agir deste modo. Para a maioria dos norte-americanos, isso novamente não tem sentido e cria uma demanda impossível. O que eles conhecem e valorizam está constituído pela autoridade e pela convenção que se supõe que devam rechaçar. De modo similar, confiam na aprovação dos demais para saber que estão corretos e que são bons. Não têm outros recursos a recorrer para fazer seus juízos, basear seu sentido de autoestima ou dirigir sua ação. Na medida em que tentam ser críticos e autogerir-se, simplesmente recusarão suas autoridades e tradições atuais a favor de outras novas, tal como os adolescentes que se rebelam contra seus pais. Igualmente aos adolescentes que se libertam das certezas do controle parental, é provável que seu sentido de identidade e valia se torne menos seguro. Assim, a confiança que requer para a ação independente acaba se reduzindo.

Ao mesmo tempo, demanda-se que se considerem como sujeitos independentes e atores autogeridos, mas que também se sintam conectados com quem os rodeia. Ao tentá-lo, não podem fazê-lo em termos que possam entender, isto é, sobre a base de elementos comunais concretos de crenças e ações específicas. Ao invés, a conexão deve basear-se em sua diferença e relações de mútua interdependência. O último consiste em como cada companheiro em uma relação proporciona um lugar para que o outro fale e atue de uma forma que lhes permita explorar quem são e podem ser para o outro. Isso é negociado através da reflexão pessoal e comunicação sobre a subjetividade e personalidade de um e do outro, e como se elaboram e possivelmente se transformam no contexto de sua interação. Para os norte-americanos essa é uma tarefa impossível e incompreensível. Na medida em que se sentem impelidos a tentá-lo, buscarão uma diretriz autoritária, cuja necessidade foi satisfeita no mercado com a proliferação de livros de autoajuda como *Getting to Yes* ou *Mars y Venus*, que proporcionam receitas concretas sobre como agir para alguém se "realizar" e se "conectar" satisfatoriamente com outros. No entanto, em geral, demanda-se que se conectem de formas que não possam deixar as pessoas sós em um mundo com outras pessoas que são estranhas e estão distantes. A única forma de relação é a competição, já que cada um busca realizar objetivos egoístas. O resultado é a solidão, autoidentidade fraca e insegurança.

Em resumo, de uma forma que vai muito além das preocupações iniciais dos teóricos democráticos, parece que a maioria dos norte-americanos não pode compreender nem valorizar a cultura, instituições, práticas ou cidadania democráticas da forma solicitada. Eles interpretarão o que se requer de maneira distorcida e inadequada. Como resultado, interagirão e se comunicarão de forma prejudicial ao funcionamento das instituições e ao significado das práticas e valores democráticos. Se sua inadequação se torna evidente, não serão capazes de corrigi-la da maneira necessária. Ao contrário, simplesmente ficarão confusos, incertos e inseguros. Isso pode simplesmente levá-los a se retirarem da esfera pública da vida democrática. Retirando-se à vida privada, ou atividades econômicas, podem ignorar e/ou rechaçar a política e evitar qualquer forma de participação política. Assim, podem buscar uma direção política e modos de interação alternativos, mais compreensíveis e satisfatórios.

A atração contínua do autoritarismo de direita

É nesta perspectiva que podemos entender melhor as tensões inerentes na realização da governabilidade democrática. Ao pedir às pessoas que adotem tanto uma definição da nação como um todo e a si mesmos como indivíduos, eles não podem compreender e internalizar um conjunto de valores orientadores, não podem aceitá-los. Portanto, a governabilidade democrática desafia seus cidadãos como indivíduos e os faz se sentir inadequados, confusos e inseguros. De forma recíproca, os indivíduos que operam na esfera pública de forma desviada ou deficiente enfraquecem o significado e a legitimidade do funcionamento das instituições e imperativos culturais democráticos. Diante disso, é mais fácil apreciar a atração persistente do populismo de direita e o potencial para sua realização num Estado democrático estruturalmente contraditório e, portanto, instável.

O PD proporciona às almas perdidas, solitárias, alienadas e assustadas da democracia uma visão e prática alternativas que são facilmente compreensíveis, moralmente sensíveis e pessoalmente satisfatórias. Ao invés das complexidades conceituais dos valores e definições culturais democráticos, o PD oferece uma definição clara e simples do que é verdadeiro e correto. Os fatos são objetivos, certos, definidos autoritariamente e construídos de uma forma que servem ao interesse nacional e, portanto, a si próprio. Valores como a lealdade unem os indivíduos ao povo e a liderança e os códigos de boa conduta proporcionam uma direção concreta do que alguém deve fazer e quando.

Ademais, os indivíduos não são abandonados à tarefa impossível de entender as coisas e emitir juízos por si próprios, senão que lhes é oferecida a direção autoritária necessária. O PD também proporciona uma organização da vida política mais facilmente compreensível e simples. As complexidades amplamente incompreensíveis da divisão do poder democrático, a regulação justa e a representação adequada são substituídas por estruturas hierarquizadas de controle administrativo facilmente entendíveis. O poder emana desde cima, um topo que encarna e promove o interesse nacional, um interesse que os cidadãos individuais, abandonados a seus próprios recursos, não sabem ou entendem como buscar. O PD também oferece a definição concreta de nós, o povo e a nação (e quem são, e outros não) em termos de características e comportamentos compartilhados, o tipo de definição que ressoa com a forma com que as pessoas pensam e se compreende facilmente.

O populismo de direita também oferece uma esfera pública na qual a maioria das pessoas pode participar facilmente e de maneira apropriada e satisfatória. A tarefa incompreensível e difícil de tomada de perspectiva para colaborar com outros na construção de significado e valor político na esfera pública é invalidada, pois é uma tarefa que deixa as pessoas que não podem entendê-la ou realizá-la confusas, alienadas e sozinhas. A esfera pública do PD somente requer que as pessoas atendam e internalizem as consignas autoritárias expressas pela liderança e que reflitam a vontade delas. Logo, é solicitado a elas que ensaiem essas ações e crenças aprendidas quando se relacionam com outros e durante os eventos massivos ocasionais. Essas demandas são facilmente entendidas e cumpridas. Ademais, a participação nesses termos confere a aprovação e a validação que asseguram o significado do mundo dos indivíduos, dirige sua ação e os vincula entre si de maneira emocionalmente satisfatória. Já não estão perdidos, confusos, inadequados e sozinhos.

Ao mesmo tempo, o PD também valida qualquer insegurança, ansiedade e medo que as pessoas que vivem em um mundo globalizado e democrático estão sentindo. Também oferece uma solução. O PD reconhece o mundo fragmentado em nações ou grupos que diferem em sua compreensão do mundo e dos valores que sustentam. Porém, este não é o incompreensível mundo democrático de múltiplas interpretações, compromisso colaborativo e benefício mútuo. É o mundo facilmente compreensível de nós e eles, no qual estamos corretos e, eles, errados. É o mundo onde o compromisso é um jogo de soma zero, no qual os interesses necessariamente colidem e o resultado é que alguns ganham e os outros necessariamente perdem. Neste mundo conflituoso, as pessoas estão corretas em se sentirem ansiosas e inseguras. Não obstante, a solução é clara. Quando compreendem facilmente, as pessoas podem alcançar uma clara identidade concreta e uma relação segura com outros através do duplo processo de adesão à nação e a aceitação da autoridade e sua liderança. Ao mesmo tempo, a nação e a liderança protegerão o "nós", facilmente identificados como membros da nação, de um também facilmente identificados "eles".

Em resumo, a governabilidade democrática é estruturalmente frágil, e isto a debilita por dentro. É necessário que os cidadãos que participam de sua esfera pública operem em suas instituições e compreendam sua cultura. O resultado é a distorção da cultura, de suas instituições e de sua esfera pública. Ao mesmo tempo, esses cidadãos são parte do sistema democrático e são conduzidos a internalizar e adotar definições, valores e práticas que não podem compreender. Então, ficam alienados, sem direção e inseguros. Assim, o funcionamento democrático é enfraquecido por sua própria cidadania. A natureza dessa condição fragilizada também sugere a maior ameaça externa que a democracia enfrenta. É aquela que oferece às pessoas a necessidade de uma visão e uma direção que possam compreender, valorar e adotar. Como se argumenta aqui, o PD oferece precisamente essa visão e direção.

A persistência da governabilidade democrática – Reforços estruturais e controle da elite

Iniciamos com a tentativa de compreender por que o populismo de direita está em ascensão nos países democráticos, em particular nos Estados Unidos. Agora está claro que essa pergunta coloca uma anterior. Dada sua fragilidade estrutural, como os governos democráticos funcionaram, ainda que de maneira abaixo da expectativa? A resposta está no impacto das forças estruturais mais amplas e no papel particular que as elites democráticas exercem. Passando primeiro às considerações estruturais, é importante reconhecer como a governança democrática se sustenta no que se denominou forças da Modernidade ou Pós-modernidade. Ao operar em arenas tais como a economia e as relações internacionais, essas forças estruturam esses diferentes âmbitos da vida em termos que são paralelos ao da governabilidade democrática. Ao fazê-lo, organizam e definem as condições econômicas, técnicas e internacionais da vida política doméstica de tal forma que reforçam a estruturação democrática da política.

Possivelmente, o efeito da organização capitalista da economia é o mais importante. De modo igual à governabilidade democrática, o capitalismo também opera como um sistema, ainda que seja econômico, que regula e responde aos atores econômicos individuais. Como participantes em um sistema econômico capitalista, os indivíduos se constituem como atores racionais e autodirigidos. Como tais, são sistemas de autorregulação independentes entre si e do sistema capitalista mais amplo de que formam parte. Apesar de independentes e autodirigidos, os indivíduos se integram ao mesmo tempo no sistema econômico, e sua forma de interação se regula de acordo com isso. Desse modo, sua capacidade de ação autodirigida é limitada pelas regras do campo em que jogam. Assim, ainda que sejam entidades independentes, os atores econômicos individuais necessariamente dependem uns dos outros e do sistema do qual fazem parte. A relação interdependente resultante é multidimensional e complexa. É competitiva na medida em que os atores econômicos lutam para cumprir seus objetivos individuais, numa relação de competição. Também é colaborativa na medida em que a interdependência dos atores individuais, na tentativa de moldar o sistema, organiza-os a alcançar os objetivos que compartilham em comum. A forma econômica da vida assim construída é complexa e fluida. Recusa a autoridade e a tradição a favor da inovação e da adaptação flexível, de uma forma que emancipa e empodera os indivíduos. O paralelismo com a estruturação democrática da vida política é claro. A globalização e a migração em massa também proporcionam suporte estrutural para a governabilidade democrática. A globalização insere um país num sistema complexo de relações internacionais que coordena as relações entre independentes, ainda que interdependentes, nações. Essa interdependência, e como penetra a vida doméstica, é evidente através de uma variedade de formas em que os países estão entrelaçados.

Com a integração dos mercados através do comércio internacional, ficou claro que o que fazemos aqui depende do que fazem ali. Essa interdependência não somente tem uma dimensão competitiva. Compramos os produtos dos demais e dependemos deles, não apenas para o consumo direto, mas também para a incorporação no que produzimos em nível nacional, muito do qual podemos vender em mercados estrangeiros. Também é evidente na interconexão de culturas. Fragmentos de cultura estrangeira são atrativos e se tornam parte da vida doméstica. Isso também ressalta a multidimensionalidade dessas relações internacionais, já que podemos desaprovar a política externa ou o domínio econômico de um país, mas assistimos ansiosamente seus filmes e adoramos seus ícones culturais. Em resumo, a globalização nos situa em um mundo no qual há atores nacionais autodirigidos que geram suas próprias culturas e economias, mas que ao mesmo tempo estão inextricavelmente entrelaçados e dependem das culturas e economias dos outros. É um sistema de relações que reflete a governabilidade democrática.

O impacto externo da globalização nas condições domésticas é complementado por mudanças estruturais fomentadas desde dentro. Isso resulta das migrações massivas do século passado. As nações, especialmente os Estados Unidos, estão povoadas por populações cada vez mais diversas. Os cidadãos diferem cada vez mais em sua aparência (raça), suas práticas tradicionais, crenças e origens sociais e religiosas. Apesar dessa evidente heterogeneidade, são cidadãos. Portanto, são identificados abstratamente como participantes legalmente identificados no sistema político compartilhado, e de uma forma que reconhece a legitimidade de suas diferenças, que reflete a compreensão e as preferências individuais. Assim, a realidade concreta que as pessoas enfrentam no dia a dia reflete os tipos de definição cívica de cidadania que a democracia promove.

Finalmente há o efeito da força de estruturação da ciência e tecnologia. Isso também contribui para o contexto objetivo da interação política que complementa as definições e práticas democráticas. A ciência estrutura o conhecimento como algo que é construído intersubjetivamente através de práticas comunicativas, de apresentação de evidências e argumentos, que está protegido do exercício do poder e reconhece a autonomia dos participantes individuais. O conhecimento resultante é sistêmico, uma integração de relações no contexto de um marco teórico interpretativo e organizativo. Também define as dimensões do conhecimento, como o saber da verdade e do correto, como independentes entre si. Como a estruturação do conhecimento científico e a comunicação são paralelas e reforçam a estruturação democrática desses domínios, a aplicação prática da ciência como tecnologia também reforça as práticas democráticas. Por sua natureza e particularmente como se articula em um sistema econômico capitalista, a tecnologia guiada pela ciência prioriza a inovação. Como tal, desautoriza a tradição e a conformidade. Ao mesmo tempo, reconhece e promove a criatividade e a imaginação das pessoas. Portanto, emancipa o indivíduo de forma muito similar como faz a democracia.

Em suma, as forças tecnológicas, globais e econômicas operam na estruturação do mundo das relações interpessoais de um modo paralelo à construção da governabilidade democrática. Reforçam a concepção da realidade e modos de prática que a democracia impõe à cidadania. Pode faltar aos cidadãos democratas os meios cognitivos e emocionais para compreender e valorar a visão democrática que se impõe. No entanto, a natureza das dimensões econômica, globalizada e tecnológica da vida cotidiana, ainda que também bastante confusa, parece validar essas definições e fazê-las inevitáveis.

Dessa forma, essas condições estruturais favorecem a persistência das estruturas democráticas, mas em si mesmas não são suficientes para assegurar o compromisso requerido e o cumprimento das práticas institucionais democráticas. Nas democracias como os Estados Unidos, isso se alcança ironicamente através do controle da elite.

Além de manter as estruturas democráticas por sua própria participação nelas, a elite também exerce seu poder político para assegurar que a massa de pessoas participe de formas que, ao menos, pareçam adequadas. Isso inclui proporcionar interpretações autoritárias da cultura e instituições democráticas que traduzem essas entidades mais complexas e orientações abstratas em termos mais simples e concretos. Por exemplo, um valor político abstrato como a justiça se reduz a tratar as pessoas da mesma maneira específica. Do mesmo modo, conceitos abstratos como a integridade do eu e a noção associada de autenticidade se reduzem à liberdade de fazer ou dizer o que alguém quer. A direção para a ação também é oferecida em termos mais concretos e específicos. Nesse sentido, a colaboração na esfera pública para a tomada de decisões coletivas se reduz a expressar sua opinião pessoal e emitir um voto para as várias alternativas proporcionadas no momento de eleições ocasionais. Nesse processo, a elite reduziu a necessidade de que os cidadãos individualmente pensem por si mesmos ou dirijam sua ação, o que num sentido é autêntico, enquanto que, ao mesmo tempo, lhes dá a direção requerida para que pareçam (para eles mesmos e para os outros) compreender seu contexto político e desempenhar adequadamente seu papel democrático.

As elites exercem esse controle de diversas maneiras. Em parte, trata-se de regular o comportamento da massa de cidadãos. Isto é alcançado, em parte, através do controle das instituições que orquestram como as pessoas interagem entre si, e inclui instituições políticas como o Congresso, os tribunais e a lei, as administrações estatais e municipais, a polícia e as instituições econômicas como bancos e grandes corporações. A partir dessas instituições, a elite pode gerir a interação dos cidadãos através de recompensas que reforçam o comportamento correto e castigam as condutas violadoras para que se aproximem, ainda que inadequadamente, às práticas democráticas. Ainda mais importante, a elite pode exercer sobre a massa o controle dos discursos que dominam a esfera pública. Pode determinar os conhecimentos e preferências que os indivíduos utilizam na medida em que reagem às circunstâncias da vida cotidiana. Essa dominação cultural se assegura mediante o controle dos meios que difundem esses discursos, principalmente sobre os meios de comunicação de massas, mas também as instituições de socialização, como as escolas e universidades. Isso permite às elites promulgar os valores e verdades de orientação da cultura democrática, inclusive se são transformados em meros lemas reproduzidos pela cidadania que não compreende completamente o que está dizendo. Igualmente importante, esse controle cultural também permite às elites democráticas excluir e deslegitimar discursos contrários ou ameaçadores ao sistema (como estúpido ou mal) e invalidar quem os defende (como fanáticos, ignorantes, desequilibrados e geralmente "deploráveis"). Uma vez mais, a cidadania não compreenderá realmente por que esses discursos alternativos estão errados ou incorretos, mas com certeza o recusarão. Dessa forma, as elites democráticas podem manipular a massa de cidadãos para que imitem, ainda que de forma inadequada, entendimentos e práticas democráticas. Nos casos em que esta manipulação falha, a parte recalcitrante da cidadania pode ao menos ser marginalizada e considerada ineficaz. Nesse sentido, enquanto a democracia está marcada por uma cidadania inadequada, o exercício de poder da elite pode sustentar o sistema democrático e manter potencialmente alternativas atrativas, como o PD, a distância.

Por que a democracia vacila agora – Fragilizada por seu próprio êxito

A partir da compreensão da fragilidade estrutural dos sistemas democráticos e das condições de sua persistência, podemos finalmente abordar nossa questão central: Por que as democracias vacilam agora, quando nos deparamos com o desafio do PD como alternativa? Como destacado no início, os cientistas políticos e sociólogos sugeriram algumas das condições que mudaram no cotidiano das democracias ocidentais que podem estar contribuindo para esse estado de coisas. Ressaltam o declínio econômico, a crescente desigualdade econômica e mudanças demográficas como tendências que, para a população, enfraqueceram a legitimidade das elites e, com elas, as instituições que administram e a visão da vida econômica, social e política que defendem. Creio que esses fatores são influentes, mas seus

81

efeitos devem ser entendidos como sintomas da condição estrutural subjacente que tratei de descrever. Num contexto de um forte sistema estrutural de governabilidade, essas flutuações desestabilizadoras não gerariam ameaças ao sistema. Uma cidadania verdadeiramente democrática naturalmente consideraria as temáticas antes mencionadas como problemas importantes a serem abordados, mas de uma maneira consistente com as concepções e práticas democráticas. Entretanto, inclusive quando a cidadania é inadequadamente democrática, uma elite democrática poderosa e autoritária poderia controlar as percepções das pessoas sobre esses problemas e a variedade das formas possíveis de abordá-los, fazendo com que políticos ou práticas políticas em particular sejam rechaçadas, ao invés do sistema de governo democrático. Inclusive em democracias fortes e bem-estabelecidas como a dos Estados Unidos, historicamente tem sido este o caso. Assim, mesmo declínios econômicos ainda mais severos, níveis equivalentes de desigualdade econômica e períodos de imigração em grande escala não ameaçaram a viabilidade da democracia.

Nas últimas décadas, algo mais básico ou fundamental parece ocorrer. Nas sociedades industrializadas avançadas do Oeste e particularmente nos Estados Unidos, as forças estruturais da Modernidade descritas anteriormente, como da economia, ciência, tecnologia e globalização, conjuntamente à governabilidade democrática, tiveram cada vez mais êxito em suplantar formas mais tradicionais de organizar a vida social cotidiana. Isso implicou o desmantelamento cada vez maior das estruturas hierárquicas e uma deslegitimação da autoridade convencional. Um resultado crucial desse processo contínuo é a perda cada vez maior do controle da elite sobre a esfera pública.

Em parte, a diminuição do poder cultural da elite é uma questão prática do desmantelamento das tecnologias centralizadas de comunicação de massas que facilitou à elite o controle das mensagens que circulavam na esfera pública. Estruturados pelas forças democráticas e capitalistas, a internet, o computador e o smartphone se desenvolveram de tal forma que oferecem aos indivíduos uma gama cada vez maior de opções e uma maior capacidade para expressar suas preferências de forma bastante pública. Agora, um "caipira alienado", inculto e da classe trabalhadora que vive no leste do Texas tem acesso não apenas à informação difundida pelos principais canais de televisão ou pelos jornais nacionais controlados pelas elites, mas também a uma miríade de fontes menores, diversas e menos sancionadas culturalmente. Agora ele ou ela pode escolher que mensagens prefere receber. De modo similar, o norte-americano "comum", que alguma vez teve pouca voz política, agora pode transmitir suas crenças sobre acontecimentos e políticas de forma tão ampla como qualquer jornalista sênior do *New York Times*, ou professor de economia, política ou ciência ambiental da Universidade de Yale. Com essa democratização dos meios através da qual a massa se comunica na esfera pública, as elites se tornam menos capazes de controlar a mensagem que se difunde e, portanto, menos capazes de assegurar o domínio dos pontos de vista democráticos e a exclusão das alternativas antidemocráticas.

A perda do controle da elite é também um assunto cultural que reflete como as estruturas da vida moderna diminuíram a legitimidade daqueles a quem convencionalmente se atribuía autoridade nas diversas esferas da vida cotidiana. Desde os lugares de governo formal ao mercado, lugar de trabalho, escolas, universidade e lar, as hierarquias de poder se reduziram e as práticas comunicativas de comando cederam espaço à negociação e à colaboração. A autoridade conferida institucionalmente a líderes políticos, empregadores, chefes, *experts*, mestres e inclusive a pais se vê enfraquecida. Nesse processo, a expressão se tornou cada vez mais livre e todas as vozes têm sido cada vez mais equalizadas. Desse modo, nosso texano do leste não só pode transmitir suas crenças de forma tão ampla como os jornalistas e professores, como seus pontos de vista têm o mesmo direito de validade que suas contrapartes mais favorecidas institucionalmente.

Dessa forma, existe uma confluência de forças de reforço similares e mútuas que estão movendo a vida política na mesma direção. A penetração estrutural cada vez maior da vida cotidiana pelas forças dos mercados capitalistas, a política democrática e a globalização tornaram cada vez mais evidentes as complexidades da vida social e a necessidade dos indivíduos em depender de si mesmos ao negociar essas complexidades. Devido às insuficientes capacidades cognitivas e emocionais para participar das maneiras requisitadas, as pessoas que vivem nesse mundo mais livre, igualitário e culturalmente diverso ficam mais confusas, sem rumo, solitárias e inseguras. Sentem uma crescente necessidade de uma definição autoritária do mundo e delas mesmas, e uma direção autoritária de como devem agir para assegurar seu lugar, como indivíduos e como povo, nesse mundo.

Ao mesmo tempo em que a necessidade por uma direção autoritária se intensifica, a capacidade das elites democráticas a proporcionar a direção requisitada diminui. As mensagens que oferecem sobre as concepções e práticas democráticas não são, em si mesmas, convincentes. Em parte, isso se deve, pois, a essa visão, inclusive quando se reformula em termos mais simples e concretos para que as pessoas possam compreender melhor, e é fundamentalmente incompatível com a forma com que a maioria dos cidadãos pensam e sentem. A mensagem oferecida simplesmente não ressoa com as habilidades e inclinações naturais daqueles destinados a aceitá-la. Ao mesmo tempo, a capacidade para requisitar essa aceitação está se reduzindo. A estrutura mutante das tecnologias de comunicação fez com que seja praticamente mais difícil para as elites exercer o controle sobre as mensagens que circulam amplamente na esfera pública. Já não podem assegurar o predomínio de sua mensagem e a exclusão das alternativas. Ademais, nesse campo mais aberto houve um achatamento da autoridade convencional e uma equalização proporcional da influência. Portanto, a elite democrática tem cada vez menos capacidade, simplesmente, em virtude de sua posição ou experiência, para conferir legitimidade a suas verdades, valores e práticas que defende.

Em resumo, as condições cada vez mais democráticas da vida cotidiana e da estruturação da esfera pública debilitaram o poder e a autoridade essencialmente antidemocráticos das elites democráticas para gerir a fragilidade estrutural da governabilidade democrática, uma cidadania que carece das capacidades cognitivas e emocionais para pensar, sentir e agir da forma requisitada. Ao invés, na esfera da vida pública cada vez mais aberta, livre e igualitária, característica das democracias ocidentais contemporâneas como os Estados Unidos, as elites democráticas se vêm obrigadas a competir com oponentes, principalmente populistas de direita, que oferecem uma mensagem que é intrinsecamente mais compreensível e satisfatória a um público receptor ávido de significado, segurança e direção. O resultado provável é claro. Nesse contexto cada vez mais democrático, é provável que triunfe a visão autoritária e nacionalista do populismo de direita. Nesse sentido, a democracia parece estar preparada, como sempre, para devorar a si mesma.

Post mortem

Ao considerar as condições atuais e a trajetória da política democrática, nossa conclusão é clara. Inclusive, ou talvez particularmente em democracias bem-estabelecidas como os Estados Unidos, a governabilidade democrática continuará seu inexorável declínio e eventualmente falhará. A alternativa que substituirá a democracia, o populismo de direita, também é claro. Oferece as compreensões que as pessoas podem compreender, os valores que podem apreciar e a direção de fala e ação que podem seguir facilmente. Esse triunfo do populismo de direita sobre a democracia foi evitado no início do século XX devido a uma feliz combinação de distribuição circunstancial de poder entre as nações e, ironicamente, a forma de vida insuficientemente democratizada de qualquer uma delas. No entanto, um resultado feliz é pouco provável agora.

Para concluir, podemos perguntar se essa trajetória e os resultados prometidos são inevitáveis. Creio que a resposta é provavelmente sim. Contudo, há outra possibilidade, um pouco provável. Antes que seja demasiado tarde, as democracias podem abordar diretamente sua própria vulnerabilidade crítica, a insuficiência de seus cidadãos. Pelas razões esboçadas neste capítulo, a estratégia *Madisoniana* de administrar cidadãos inadequados com instituições menos democráticas e mais republicanas já não é uma opção viável. A alternativa é criar a cidadania que tenha as capacidades cognitivas e emocionais que requisita a democracia. Isso implicaria uma iniciativa educativa massiva, que teria que se basear no reconhecimento da dramática falha dos esforços anteriores nessa linha. Talvez, desse modo, as formas democráticas de governança ainda possam prevalecer.

Referências

Abelson, R.P., Aronson, E., McGuire, W.J., Newcomb, T.M., Rosenberg, M.J. & Tannebaum, P.H. (orgs.) (1968). *Theories of Cognitive Consistency –* A Sourcebook. Chicago: McNally.

Adorno, T., Frenkel-Brunswick, E., Levinson, D.J. & Sanford, N.R. (1950). *The Authoritarian Personality*. Nova York: Harper and Row.

Altemeyer, B. (1988). *Enemies of freedom* – Understanding of right-wing authoritarianism. San Francisco: Jossey-Bass.

Arzheimer, K. (2016). Electoral Sociology: Who Votes for the Extreme Right and Why – and When? In C. Mudde (org.). *The Populist Radical Right* – A Reader. Nova York: Routledge, p. 277-289.

Barber, B. (1984). *Strong Democracy* – Participatory Politics for a New Age. Berkeley: University of California Press.

Benhabib, S. (1996). Toward a deliberative model of democratic legitimacy. In S. Benhabib (org.). *Democracy and Difference* – Contesting the Boundaries of the Political. Princeton: Princeton University Press, p. 67-94.

Bokhari, A. & Yiannopolous, M. (2016). An establishment conservative's guide to the alt right. *Breitbart News website* [Disponível em http://www.breitbart.com/tech/2016/03/29/an-establishment-conservatives-guide-to-the-alt-right/].

Bonikowski, B. (2017). Ethno-nationalist populism and the mobilization of collective resentment. *The British Journal of Sociology* (68), 180-213.

Brennan, J. (2016). *Against Democracy*. Princeton: Princeton University Press.

Converse, P.E. (1964). The nature of belief systems in mass publics. In D. Apter (ed.). *Ideology and Discontent*. Nova York: Free Press.

Delli Carpini, M. (1997). *What Americans Know about Politics and Why It Matters*. New Haven: Yale University Press.

Dunn, K. (2015). Preference for radical right-wing populist parties among exclusive-nationalists and authoritarians. *Party Politics* 21(3), 367-380.

Gentile, G. (1928). The philosophic basis of fascism. *Foreign Affairs*, 6(2), 290-304.

Giddens, A. (1984). *The Constitution of Society*. Berkeley: University of California Press.

Guttman, A. & Thompson, D. (2004). *Why Deliberative Democracy*. Princeton: Princeton University Press.

Habermas, J. (1984/1987). *The Theory of Communicative Action*. Vol. 1 e 2. Boston: Beacon.

Haidt, J. (2001). The emotional dog and its rational tail – A social intuitionist approach to moral reasoning. *Psychological Review* 108(4), 814-834.

Haidt, J. (2007). The new synthesis in moral psychology. *Science* 316 (5.827), 998-1.002.

Hibbing, J.R., Smith, K.B. & Alford, J.A. (2013). *Predisposed* – Liberals, Conservatives and the Biology of Political Differences. Nova York: Routledge.

Jost, J.T., Glaser, J., Kruglansky, A.W. & Sulloway, F.J. (2003). Political conservatism as motivated social cognition. *Psychological Bulletin* 129, 339-375.

Kegan, R. (1994). *In Over Our Heads* –The Mental Demands of Modern Life. Cambridge, MA: Harvard University Press.

Kelley, H.H. (1973). The Processes of Causal Attribution. *American Psychologist* 28(2), 107-128.

Kohlberg, L. (1981/1984). *Essays on Moral Development*. Vol. 1 e 2. Nova York: Harper & Row.

Lane, R.E. (1962). *Political Ideology* – Why the American Common Man Believes What He Does. Nova York: Free Press.

Lasswell, H. (1930). *Psychopathology and Politics*. Nova York: Free Press.

Levitsky, S. & Ziblatt, D. (2018). *How democracies die*. Nova York: Crown.

Liu, B. & Ditto, P.H. (2013). What dilemma? Moral evaluation shapes factual belief. *Social Psychological and Personality Science* 4, 316-323.

Lodge, M. & Taber, C.S. (2013). *The Rationalizing Voter*. Cambridge: Cambridge University Press.

Mead, G.H. (1930). *Mind, Self and Society*. Chicago: University of Chicago Press.

Molnar, V. (2016). Civil society, radicalism and the discovery of mythic nationalism. *Nations and Nationalism* 22(1), 165-185.

Mudde, C. (2007). *Populist Radical Right Parties in Europe*. Nova York: Cambridge University Press.

Muller, J.W. (2016). *What Is Populism?* Philadelphia: University of Pennsylvania Press.

Pateman, C. (1970). *Participation and democratic theory*. Cambridge: Cambridge University Press.

Piaget, J. (1970). *Genetic Epistemology*. Nova York: Columbia University Press.

Rawls, J. (1971). *A Theory of Justice*. Cambridge, MA: Harvard University Press.

Rawls, J. (1993). *Political Liberalism*. Nova York: Columbia University Press.

Rosenberg, S.W. (2002). *The Not So Common Sense* – Difference in How People Judge Social and Political Life. New Haven: Yale University Press.

_____. (2003). Theorizing political psychology – Doing Integrative Social Science under the condition of postmodernity. *Journal of the Theory of Social Behaviour* 33(4), 427-460.

Rosenberg, S.W. & Beattie, P. (2018). The cognitive structuring of national identity: Individual differences in identifying as American. *Nations and Nationalism* 24(2).

Tversky, A. & Kahneman, D. (1982), *Judgment under Uncertainty* – Heuristics and Biases. Eugene, Oregon: Oregon Research Institute.

Vygotsky, L.S. (1978). *Mind in Society* – The Development of Higher Psychological Processes. Cambridge, MA: Harvard University Press.

—4—
A renovação neopopulista da Frente Nacional na França

Alexandre Dorna
Universidade de Caen/França

Prólogo – A arte de fazer o novo com o velho

A presença do extremismo mudou com o tempo, da esquerda para a direita e vice-versa. Por isso, há uma certa confusão na apreciação de nosso objeto de estudo: a Frente Nacional (FN) francesa. O extremismo nunca diz seu nome, prefere rastejar, flutuar e apresentar-se como um rinoceronte que avança titubeando. E, de repente, um dia qualquer emerge no meio do povo. E então é demasiado tarde para evitar sua mandíbula e seu chifre poderoso. Assim, em sua dimensão última, o extremismo em alguns casos se torna fascismo.

A nova onda populista que percorre a Europa reforça a impressão de uma inexorável ascensão extremista. Essa nova impulsão resulta da crise mundial que se expressa desde 1973 ligada à crise do petróleo e, em 2008, assume forma financeira e tem efeitos que desestabilizaram a confiança na capacidade das democracias ocidentais de resolver os problemas da mundialização e que nos levaram a questionar o modelo liberal proposto pela União Europeia. Basta observar que, na maioria dos países europeus, as antigas forças de extrema-direita aumentam sua influência e seus ganhos eleitorais se tornaram espetaculares, chegando em alguns casos a obter porcentagens nunca antes vistas. Não podemos nos esquecer de que o fenômeno é mundial. Fato novo: os grupos de extrema-direita (nacionalistas e neofascistas) se transformam lentamente em partidos políticos como os outros e aspiram um reconhecimento e um trato similar às outras tendências ideológicas, adotando um discurso mais moderado em sua forma, devido às novas circunstâncias atuais, principalmente as sociais. É uma fórmula letal para a saúde da ideia liberal de democracia europeia.

O caso italiano é um paradigma *sui generis* (Ignace, 2011) de uma extrema-direita que se torna neopopulista até o ponto de servir de fonte de inspiração a um novo modelo de análise em ciências políticas e, em especial, para a psicologia política do populismo. Há anos a figura ambígua e carismática de Sílvio Berlusconi, apesar de seus múltiplos erros de governo e de seus excessos pessoais, conseguiu não só fragmentar a esquerda italiana e acelerar a destruição do antigo e poderoso Partido Comunista, mas ao mesmo tempo precipitou a mutação de seus aliados nacionalistas e fascistas, que mudam de pele ideológica quando chegam ao poder.

Desde outra perspectiva, a renovação da FN na França, mais profunda ideologicamente, constitui um caso singular, na medida em que incorpora em sua plataforma ideológica e programática o discurso e os valores tradicionais das tendências "republicanas" de direita, mas também em grande parte da esquerda. E entre esses valores: a laicidade. Assim, paradoxalmente, a FN não faz mais que celebrar a missa ecumênica e reforçar suas posições políticas para obter uma dose suplementar de respeitabilidade.

Trata-se de uma nova alquimia política que transforma a Frente Nacional em um verdadeiro protótipo da recomposição das forças da extrema-direita na França. A FN, fundada e dirigida por quase 40 anos por Jean-Marie Le Pen, se encontra no ponto de reabrir um novo capítulo de sua história de polo de extrema-direita e de jogar provavelmente um papel inesperado nos próximos anos. Mais ainda: um novo ciclo político neopopulista capaz de criar as condições para uma ascensão ao poder por meio das novas alianças ou diretamente. A nova onda de promoção midiática e eleitoral se deve a sua nova presidenta eleita em 16 de janeiro de 2011, Marine Le Pen, filha do velho líder do nacionalismo extremo. Ela não só é capaz de assumir a herança política de seu pai, mas vai mais além, propondo uma estratégia voluntarista e moderna, cujo objetivo sem dúvida consiste em preparar a conquista do poder, fruto da longa marcha da "lepenização dos espíritos" iniciada por seu pai e pelos quadros intelectuais que há trinta anos fundaram as bases ideológicas da "nova direita" francesa.

A postura "new look" e neopopulista de Marine Le Pen, dentro do palco político francês, pode provocar uma aceleração e uma mudança nas táticas dos futuros candidatos presidenciais e nas estratégias em longo prazo. Tudo indica que a nova direção da FN pretende ultrapassar seu *status* de partido de contestação para assumir como força aglutinante a adesão ideológica de uma massa majoritária de cidadãos que se separam animicamente de uma direita governamental, hoje rachada, e de uma esquerda que busca desesperadamente uma nova identidade pragmática. As pesquisas predizem um aumento de voto na FN e, eventualmente, dados os diversos cenários eleitorais propostos, o crescimento das intenções de voto a Marine Le Pen.

Neste capítulo nos propomos a traçar em grandes linhas uma visão histórica e da situação atual, o itinerário e as novas formas que assume a FN, sua atual metamorfose ideológica, as peripécias que conduziram Marine Le Pen a postular a sucessão de seu pai na presidência do partido e as perspectivas que se preveem na agenda política.

Uma ascensão feita de herança e de premeditação

A vitória de Marine Le Pen no congresso da FN, na cidade de Tours nos dias 15 e 16 de janeiro de 2011, constitui um evento geracional e ideológico. A surpresa vem do fato de que há alguns anos seria inconcebível imaginar que uma jovem mulher pudesse converter-se na figura líder de um partido tradicionalista e extremo como a FN. Nesse sentido, sua ascensão é a consequência lógica de sua trajetória pessoal e apenas em parte pela confirmação da autoridade carismática que ainda exerce J.-M. Le Pen entre os militantes de seu partido. A outra surpresa consiste em considerar que a filha do chefe histórico da extrema-direita francesa conseguiu em pouco tempo colocar-se em plano de presidenciável: as pesquisas de opinião prediziam 24% das intenções de voto já nas eleições presidenciais de 2012. A impressão geral transmitida pelas pesquisas mostra que uma nova "vague bleu marine"[8] na cabeça da máquina eleitoral da FN pode fazê-la avançar ainda mais rápido. Porém há mais: coloca-se em evidência a refundação da "base" da ideologia frentista tradicional.

Reconhecida por seu caráter duro, seu perfil popular e sua independência de juízo em relação a seu próprio pai, Marine Le Pen, de 51 anos, advogada e parlamentarista europeia, consegue incorporar uma FN que, sem entrar em ruptura com sua história, inicia uma mutação. Os fatos demonstram que uma vontade de renovação se manifesta sobre a base de um momento favorável eleitoralmente, através de um discurso mais moderado que incorpora elementos até então quase completamente inexistentes na doutrina frentista. A saber: a referência dos valores da República, a reivindicação de um Estado forte e a defesa da laicidade. Essas noções que atravessam a esquerda e a direita francesas permitem a Marine Le Pen consolidar a ideia que a FN deve ser considerada um partido democrático igual a todos os outros. Um partido que rejeita ser a vítima de uma simbolização construída por seus inimigos sobre as bases de seus antepassados e as reiteradas provocações físicas e verbais do próprio J.-M. Le Pen.

Assim, os novos hábitos discursivos, que nunca provocam uma mudança radical nem na natureza nem nas posturas de fundo, puderam modificar a opinião de uma grande massa de eleitores decepcionados com os partidos clássicos, apesar de a postura frentista manter sua oposição à imigração de trabalhadores estrangeiros, especialmente de árabes e africanos, a visão nacionalista da identidade francesa e a reivindicação do princípio de "preferência nacional". Ao qual deve-se agregar: a hostilidade ao projeto de uma entidade europeia supranacional, a reivindicação do protecionismo econômico e a vontade de uma "cruzada" anti-islâmica.

Alguns comentaristas políticos, não sem argumentos, veem em Marine Le Pen a versão feminina do italiano Gianfranco Fini que, em 1995, transformou a imagem de seu partido fascista (MSI) em uma respeitável organização nacionalista e democrática, digna de desempenhar um papel nos governos italianos. Em suma: uma manobra

---

8. Trocadilho de "onda azul Marine" com "onda azul-marinho".

tática que ocultaria a presença dos herdeiros arcaicos do velho fascismo à francesa? No entanto, algumas tensões entre a filha e o pai, particularmente desde 2005, fazem pensar que Marine Le Pen representa uma alternativa política com personalidade própria, desejosa de conquistar e exercer poder sobre a base de um partido "normalizado", além da retórica eleitoral, apoiada por una nova geração política nascida no seio da FN, mas também de origens diversas (incluindo intelectuais e ex-militantes de esquerda) em idade de aspirar a postos de responsabilidade e guiados por uma mística de aficionados que aspiram a transformar-se em profissionais.

Isso se torna mais claro quando a própria Marine Le Pen se liberta das obsessões negacionistas de seu pai ao declarar que o holocausto foi o auge da barbárie e ao explicar seu desejo de ampliar as bases de adesão de seu partido a todos os republicanos patriotas. São posturas que reforçam sua vontade de separar-se das ideias da geração de seu pai, a fim de (re)criar um partido respeitável. Recurso retórico e manipulatório ou a busca de uma nova identidade moral? Pouco importa: a refutação não é simples, pois contentar-se com boas intenções não apaga o passado nem garante o futuro, posto que só o futuro nos dará a resposta.

É impossível ignorar o contexto atual: a sociedade cibernética impôs às elites no poder o comportamento conformista e o raciocínio oportunista. As pesquisas de opinião pública paralisam as decisões críticas e tornam obsoletas as disposições sobre a soberania popular. Os meios de comunicação de massa criaram as condições para a usurpação da opinião pública e facilitaram o surgimento de uma casta política baseada na notoriedade da mídia. A política dentro da estrutura imposta pela Quinta República na França se encontra envolvida em um jogo hegemônico duplo representado por duas posições que em substância se assemelham perigosamente: uma esquerda mais democrática do que liberal e uma direita mais liberal do que democrática. A dinâmica das alternâncias cria um espaço exclusivamente ocupado pelas forças parlamentares e pelas máquinas eleitorais. A soberania do povo desaparece por trás da muralha de rivalidades e cumplicidades da classe política.

Parênteses – A lógica neopopulista e a brecha política. Façamos um breve parêntese interpretativo. A lógica utilizada pelo neopopulismo é simples e permutante, capaz de seduzir os eleitores populares através de uma afirmação ingênua, mas com forte senso comum: o povo tentou todas as fórmulas políticas da direita e da esquerda sem grandes resultados. A única alternativa política que ainda não foi tentada, dentro das condições do caso francês, é a proposta da FN!

Terrível resumo de uma lógica argumentativa que interpela a realidade ressentida e desloca o significado moral em termos fáticos. A habilidade desta fórmula retórica está em sua capacidade emocional de introduzir dúvidas no coração dos eleitores sem sugerir argumentação conceitual ou uma proposição sobre um programa.

Somente a afetividade e o vivido. Como podemos esquecer as promessas dos governantes e apagar suas práticas vis e corruptas? Quando a espera tem sido longa demais e as decepções repetidas, é inútil fingir desculpar as elites que abriram mão de seu papel como exemplo moral. A lacuna através da qual a crítica neopopulista penetra as massas foi aberta por aqueles mesmos que criticam sua legitimidade. Nada mais desconfortável para os democratas e os verdadeiros republicanos do que a denúncia dos erros dos governantes incapazes. Cair nas redes do neopopulismo nessas circunstâncias corre o risco de ser inevitável, apesar de suas consequências e versões perversas. A vocação de ruptura assumida pelos antigos e novos movimentos populistas recupera para o bem e para o mal a desesperança das massas e, em muitos casos, para os fins pessoais dos líderes. Assim, o fascínio da virtude desejada por todos os populismos passa pelas qualidades humanas e morais de seus líderes, uma vez que são em grande parte o "médium" (Dorna, 1999, 2003; Dorna et al., 2008) que estabelece os laços entre as aspirações impopulares e o poder político.

A ambiguidade do populismo e seu magnetismo é o resultado da combinação de vários fatores: a profundidade da crise, a deterioração anímica e o desapontamento das massas, a presença de uma liderança carismática, a força de seus discursos e a impotência das elites no poder.

Fechamos os parênteses. Voltemos à descrição da situação da FN.

A força potencial de penetração da nova FN nas massas populares situa-se em um espaço ideológico deixado pela esquerda de inspiração marxista-leninista e sua prática oportunista de tipo social-democrata. A incorporação progressiva das elites de esquerda nas instituições parlamentares e a participação no jogo político das direitas políticas afastaram-lhes progressivamente de suas reflexões e de suas referências ideológicas significativas: os símbolos da própria esquerda, a ideia de nação e a necessidade de participação ativa do povo no controle dos aparatos que controlam o poder real. A dissociação entre a razão e os afetos tornou as elites de esquerda mais ou menos insensíveis às demandas das massas, de modo que os discursos e projetos eleitorais, bem como as práticas de governo, se tornaram meros artefatos tecnocráticos e técnicas de manipulação. Em termos mais precisos: o papel crítico da crise na sociedade francesa passou concretamente da esquerda para os setores da nova FN, que sob uma sensibilidade neopopulista incorpora seus temas e práticas de adesão, a partir de um discurso de interpelação transclassista e de contestação.

Nos anos anteriores à transformação da FN, por outro lado, grupos de intelectuais decepcionados com o discurso da direita parlamentar iniciaram uma reconversão intelectual silenciosa a partir dos anos de 1980 e incorporaram vários fragmentos do antigo pensamento crítico da esquerda europeia. Provavelmente o trabalho de Antonio Gramsci desempenhou um papel subliminar efetivo no reposicionamento ideológico de alguns dissidentes da direita clássica baseado na atualização de teses nacionalistas, neofascistas e de um neopaganismo que põe em questão o modelo democrático, concepções liberais e "contistas" do racionalismo moderno, as teorias do poder republicano e noções laicas de moralidade pública.

As fontes de renovação ideológica do neopopulismo de massas encarnado na nova FN

Vejamos, *grosso modo*, as sete fontes ideológicas que inspiraram a renovação política da FN e suas aspirações estratégicas:

• **A primeira**: a necessidade de articular a contestação "antissistema" e a defesa sutilmente conservadora da ordem estabelecida.

Ser insubordinado contra o domínio das elites políticas que praticam a cumplicidade oligárquica e a "alternância" pseudodemocrática do poder.

• **A segunda**: demonstrar que a postura neopopulista (encarnada hoje pela nova FN) corresponde a uma verdadeira alternativa viável, além do liberalismo conservador e nacionalista da velha FN. A nova geração dentro da qual se localiza Marine Le Pen opta por uma crítica social e antimundialista contra um liberalismo econômico e político hegemônico e dominante. Isso coincide com a percepção de setores amplos de esquerda, operários e de classe média, que se identificavam com a luta contra a exploração capitalista e a postura de soberania nacional.

• **A terceira**: a defesa da identidade nacional ameaçada em grande parte pelos interesses econômicos de uma Europa dependente da política expansionista norte-americana e pelos riscos de "invasões bárbaras" provocadas pelo processo econômico de mundialização. Os perigos de ver "a" França absorvida pela hegemonia norte-americana via União Europeia.

• **A quarta**: um discurso nacional capaz de recuperar os valores tradicionais, incluindo a visão republicana e laica, suprema capacidade retórica que permite captar ao mesmo tempo os setores de esquerda e direita que se definem como tal. Perspectiva que pode adotar uma posição central dentro do território político atual.

• **A quinta**: a formulação em termos ideológicos ofensivos da defesa da cultura (ocidental) e da religião (cristã), a fim de criar fortificações políticas e legais em face da penetração estrangeira, começando com os imigrantes, mas também com o capital. A islamofobia como ponta de lança de um processo de designação de bodes-expiatórios potenciais. A astúcia consiste em criticar com grande dissimulação as posturas racistas, fazendo um chamado aos valores espirituais comuns.

• **A sexta**: a habilidade de utilizar a questão da vitimização em benefício próprio. Marine Le Pen transformou-se em uma figura respeitável de uma mulher sensível que nunca deixa de criticar o "cordão de isolamento" que faz da FN uma vítima, e que a condena ao "ostracismo" decretado pela classe política para defender suas próprias posições.

• **A sétima**: um amplo apelo aos que sofrem, ao povo da França, às classes médias desorientadas, aos recém-formados sem trabalho e a todos que se sentem ameaçados pela decadência. Em suma: um discurso dirigido aos autênticos patriotas que ainda acreditam no destino generoso de seu país de origem. Discurso forte, no sentido de reunir a opinião da maioria, audível para todos, e especialmente eficaz em seus efeitos de culpa contra a classe política que se desinteressa de suas responsabilidades para com o povo e seus deveres nacionais.

Em suma, a direita, com suas vitórias pragmáticas e, a esquerda, com suas inconsistências políticas, esquivaram-se do tratamento moral e ideológico do impasse que a sociedade moderna está vivenciando. Ambas perderam a batalha da renovação de ideias. Consequentemente, uma hipótese básica que destaca a importância da renovação doutrinária da FN, cuja longa trajetória política e eleitoral, dentro de um processo crônico de crise, provocou uma profunda decantação de elementos de doutrina extraídos de diferentes fontes de inspiração. É a cristalização, portanto, de uma posição ideológica hegemônica que se expande entre seus quadros políticos emergentes e os diversos círculos concêntricos da nova direita que atinge seu período de maturidade política.

A virada estratégica da FN – de J.-M. Le Pen a Marine Le Pen

A força eleitoral da FN não corresponde somente à imagem carismática de seu fundador, J.-M. Le Pen. Sua presença sinuosa e sua consistência se encontram nas raízes profundas de uma situação de deterioração moral e de crise econômica, muito mais que em um retorno aos postulados da antiga direita nacionalista que desde o final do século XIX fazem parte da história francesa: Drumont, Maurras, Barres, Daudet e muitos outros que nos momentos da colaboração de Pétain com o nazismo escreveram uma página negra e desfocaram o fundo ideológico que as correntes atuais da FN preferem manter em silêncio público, mas que respeitam em privado. Digamos simplesmente que a ideologia recomposta e heterogênea da nova FN se inscreve na continuidade de uma memória vergonhosa que remonta à tradição contrarrevolucionária do antijacobinismo de 1789. Em suma: sem remover as águas estagnadas da ideologia veiculada por J.-M. Le Pen e seus companheiros de viagem, é preciso analisar suas peculiaridades e a lenta transmutação que se percebe nos quadros dirigentes da nova geração da FN e da massa que os segue.

A borrada figura carismática de J.-M. Le Pen

Carisma e vontade caracterizam desde o início a presença e a ação política da FN sob a autoridade de J.-M. Le Pen. Seus discursos impõem uma visão de contracorrente. Seu autoritarismo e seu ego hiperdimensionado são reveladores de uma personalidade narcisista e dominadora. Em uma de suas intervenções chega a traçar sua própria caricatura: "Eu, como todos sabem, sou a ordem, o homem, o soldado, a regra [...]". E, em outra ocasião, declara: "Estou orgulhoso de ser super-Dupont, de ser o Zorro dos franceses, o Robin Hood". Consciente de si mesmo, arrogância de uma natureza desmedida e provocador de talento, J.-M. Le Pen se transforma com o passar dos anos em uma referência obrigatória para descrever um líder totalitário coberto com um manto de populismo.

A imagem de líder carismático, mescla de Cesar e de tribuno da plebe, capta seus aderentes de maneira transversal nas diversas camadas da sociedade. Seu tom agressivo provoca temor nos setores moderados e entusiasmo nos extremos. Seu olhar é agressivo e irônico, e seu deslocamento pelas diversas tribunas passa uma imagem de força e um halo de energia assombrosa. Sua capacidade de provocar com sua retórica percussiva levou-o a excessos (amplificados pela mídia), cujos efeitos garantiram a primeira página da imprensa escrita e da mídia audiovisual por anos. No entanto, seu pensamento é barroco, uma mistura estranha e surpreendente de tribuno da plebe, de anarquista monárquico, de um romântico extrovertido que, de uma maneira sarcástica e outras vezes sob a influência da sinceridade comunicativa, se entrega a um hedonismo da palavra e faz em seu discurso um ato de equilíbrio com seus lapsos linguísticos habilidosamente calculados. Seu racismo disfarçado é feroz, mas seletivo. Seu antissemitismo latente abrange uma série de estereótipos e preconceitos que se encontram no campo do ressentimento de classe, e não na negação racial. Le Pen sabe astutamente que, em uma República modesta e crente, dotada de um arsenal legal consistente, a linha de demarcação entre o neofascismo e o populismo constitui um terreno acidentado. No entanto, devido aos cálculos do instinto e da mídia, aludiu repetidamente a situações dolorosas da história da Segunda Guerra Mundial.

2005 – O ano da virada estratégica da FN

Para compreender os eventos do Congresso de Tour que celebra a vitória de Marine Le Pen e esboça a renovação da FN nos parece útil voltar aos episódios que durante o ano de 2005 prefiguraram os acontecimentos de hoje e permitiram dar sentido à "onda azul Marine": fórmula usada nos cartazes da campanha interna que levam-na à eleição da presidência da FN.

A aceleração da virada da FN, sem que necessariamente haja uma relação de causa e efeito entre eles, se produz durante o ano crucial de 2005. A própria Marine Le Pen fala desses episódios de tomada de consciência e de definição de uma alternativa a partir da renovação da imagem da FN e de sua transformação em um partido não estigmatizado, nem racista nem potencialmente fascista, e de massas em sua forma neopopulista.

Primeiro evento revelador: Naqueles anos, a simbolização de J.-M. Le Pen e da FN havia diminuído sensivelmente após a marginalização dos dirigentes da FN, marcados por uma visão xenófoba agressiva e portadores de uma hegemonia virulenta. Inclusive o próprio J.-M. Le Pen parecia disposto a adotar um perfil menos provocador. Portanto, quando ninguém esperava, e em condições anódinas, em uma entrevista com um jornal semanal de extrema-direita, *Rivarol*, uma frase atualiza sua atitude antissemita e desencadeia uma nova simbolização. Nessa entrevista ele diz que "a ocupação alemã na França não havia sido particularmente inumana, apesar de algumas faltas inevitáveis". A esquerda, as igrejas, as organizações de resistência e de direitos humanos e algumas vozes de direita reagem com indignação. E a opinião pública retém essas declarações como uma demonstração de que no fundo o líder da FN não tinha mudado suas opiniões e suas apologias sobre a Segunda Guerra Mundial.

Um jornalista (*Le Monde*, 18/01/2011) revela que Marine Le Pen criticou seu pai duramente em âmbito privado. Na discussão, a questão de fundo em termos políticos é a seguinte: A FN progride graças a seus comentários fascinantes e suas frases de (mau) gosto antissemita, ou melhor, apesar de tais declarações? Evidentemente, Marine afirma com veemência a segunda tese. Mais tarde, ela reconhecerá nesses momentos que tomara a decisão de candidatar-se abertamente à sucessão de seu pai e propor uma renovação profunda das posições políticas da FN mantendo a tradição e suas raízes, incluindo os sucessos e erros de seu pai. Vale lembrar que, em 2004, J.-M. Le Pen tinha defendido arduamente Bruno Gollnisch quando este declarou que "não há nenhum historiador sério que adere integralmente às conclusões do Processo de Nuremberg". A posição política que demonstrava a proximidade entre J.-M. Le Pen e Bruno Gollnisch se manifestava em termos de uma convergência estereotipada sobre a questão judaica que marcava a convivência com a tradição ideológica do frentismo.

Marine Le Pen assumiu sua independência de julgamento com redobrada energia e demonstrou sua própria legitimidade, removendo a imagem de ser "a filha do papai". Em 2006, ela publicou um livro, *À contre flots*, em que faz uma espécie de biografia e escrita política que já contém as principais linhas de seu próprio projeto.

Curiosamente, a FN muda lentamente sua imagem e provoca menos medo e rejeição moral. Um segundo evento político nacional mostrara que diversas forças transversais conseguem superar sua rejeição e aceitar certas posições políticas da FN. A discussão a propósito do Referendo sobre a ratificação da Constituição Europeia, fortemente apoiada pelo governo de direita de Jacques Chirac, com o apoio de Nicolas Sarkozy e os grandes nomes do partido da maioria de direita e uma parte considerável do Partido Socialista.

Segundo evento revelador: O Referendo sobre a Constituição para a Europa é uma consulta popular, rara na legislação francesa, e que provoca uma longa e febril campanha na qual setores da esquerda e da direita se dissociam da posição dos dirigentes dos grandes partidos.

A população francesa foi convocada em 29 de maio para pronunciar-se a favor ou contra a seguinte questão: "O(a) senhor(a) aprova o projeto de lei que autoriza a ratificação do tratado estabelecendo uma Constituição para a Europa?"

Para surpresa geral, o voto francês foi de 54,68% contra a adoção. Pela primeira vez, um tratado europeu foi rejeitado por uma maioria surpreendente por causa de sua diversidade, bem como sua força nos votos.

O debate foi cansativo, uma vez que os setores da Constituição pró-europeia mobilizaram todos os tipos de meios para influenciar a votação: o recurso a figuras de autoridade europeias e de líderes políticos. A mídia teve um papel de propaganda governamental de primeira ordem. As transmissões de rádio e televisão foram amplamente utilizadas. O argumento oficial foi mantido dentro de quadros tecnocráticos e sob a ameaça velada de uma verdadeira catástrofe, caso a resposta fosse negativa. Um retorno ao ponto de partida que significaria destruir o futuro comum e semear o caos político.

No quadro seguinte pode-se ver os resultados da resposta massiva e amplamente representativa da oposição (certamente heterogênea) frente à manobra manipuladora dos defensores da Europa federal, dos socialistas e da direita do governo. Opinião nunca antes expressa no campo dos euroexcepcionais, apesar da pressão psicológica e de uma campanha de propaganda cara.

	Votantes	% de inscritos	% de votantes	% de sufrágios emitidos
Sim	12 808 270	30,65	44,18	**45,33**
Não	15 449 508	36,97	53,30	**54,67**

Fonte: http://www.france-politique.fr

Trata-se de uma derrota espetacular para todos os partidários de uma Europa supranacional e contra o modelo liberal que os governos europeus tinham aprovado amplamente. Derrota para Nicolas Sarkozy e sua maioria política, assim como para a direção política do Partido Socialista.

A maioria heterogênea e circunstancial dos partidários do "não" ao projeto europeu (FN, Partido Comunista e diversos grupos de esquerda e de direita), apesar de não conseguir criar uma nova dinâmica e das interrogações que provoca, introduz no seio da FN uma reflexão de que os grupos de intelectuais e os jovens quadros que cercam Marine Le Pen começam a conceber uma mudança de estratégia em médio prazo e abertamente independente das políticas de aliança planejadas ou de propostas.

Alain de Benost, figura intelectual da ex-nova direita, conta em uma entrevista (www.voxnr.com) há algum tempo: "A FN parece ter demorado muito para entender que a cultura de seus eleitores não é a mesma de seus militantes. O futuro da FN dependerá de sua capacidade para compreender que seu 'eleitorado natural' não é o povo de direita, mas sim o povo de 'abaixo'. Sua alternativa não é se trancar no *bunker* dos 'puros e duros', mas, ao contrário, procurar 'popularizar-se' ou 'des-demonizar-se'. A alternativa a que hoje se confronta de maneira aguda é sempre a mesma: querer encarnar a 'direita da direita' ou radicalizar-se na defesa dos estratos populares para representar o povo da França em sua diversidade".

Marine Le Pen – Um neopopulismo pragmático e nacionalista

Às vezes as perguntas têm mais sentido do que as respostas. Quem é Marine Le Pen? O que representa? Quem são seus colaboradores? Mais que a filha de seu pai, ela representa provavelmente o surgimento de uma nova geração política que, apesar de ter sido alimentada de uma velha ideologia de extrema-direita, possui um senso aguçado da perspectiva histórica de mudança geracional que a situação demanda.

Mulher moderna, divorciada, mãe de três filhas que, apesar de seu catolicismo notório, consegue contemplar o todo e se declara a favor da manutenção da lei sobre o aborto e outras conquistas sociais. Seu espírito de independência e seu caráter conseguem superar as tensões da formação heterogênea que ela atualmente dirige. É combativa, guerreira, de acordo com a imprensa. Sua maneira de lidar com a mídia permite que fale mais facilmente de sua disposição para quebrar a carapaça que a rodeia e mostrar-se como é. Em algumas entrevistas ela revela um aspecto feminino e uma modéstia sensível que suas intervenções públicas pouco permitem imaginar. E apresenta capacidade de tomar decisões, como foi o caso quando ela ficou irritada com seu pai e decidiu se candidatar ao cargo de presidente da FN para impulsionar sua própria estratégia de poder. Possui conhecimento do manejo de situações e de homens sem fazer uso de seus encantos femininos. Seu objetivo é re-situar a FN como um partido semelhante aos outros.

Sua carreira política começou aos 18 anos, quando se apresentou à eleição legislativa de 1993. Em seguida, ela voltou aos 24 anos como candidata em Paris, onde obtém 11,1% de votos. Mas é em 1998 que sua carreira é definida: torna-se conselheira regional do *Nord Pas de Calais* em um território de grande influência socialista e um dos bastiões do movimento operário francês desde o final do século XIX. No ano de 2000, ela foi escolhida como a chefe da associação "Geração Le Pen", cujo objetivo era eliminar a imagem diabólica da FN.

Sua ascensão nas instâncias dirigentes foi feita passo a passo, mas seu lançamento na mídia ocorreu em 5 de maio de 2002, quando participou de uma transmissão de TV. Sua imagem é muito melhor recebida do que a de outros políticos da FN. E, de transmissão em transmissão, conseguiu ser capaz de tomar um lugar dentro do círculo fechado de políticos da mídia. Em junho de 2002, obteve 32,30% de votos na região Norte. Câmeras de TV a seguem com interesse. Suas declarações são muito mais flexíveis, mas, ao mesmo tempo, quando fala sobre o aborto e o islamismo, ela também perturba certos líderes tradicionais da FN. No congresso da FN em Nice, sua candidatura ao Comitê Central foi relegada à 34ª posição. Seu pai conseguiu nomeá-la vice-presidente.

Em 2004, foi eleita para o Parlamento Europeu e votou muitas vezes de acordo com as posições da maioria dos eurodeputados franceses longe da posição de auto-ostracismo praticada pela FN até então. Mas manteve e defendeu as posições históricas de seu partido sobre imigração e a preferência nacional. Sua participação na campanha pelo "não" ao Referendo de 2005 foi observada com interesse pelos neurolépticos da esquerda e da direita.

Analistas políticos murmuram que algo está mudando na FN. Isso é confirmado rapidamente. Nomeada diretora da estratégia de campanha de seu pai em dezembro do mesmo ano, ela apresenta as principais linhas e seis cartazes que provocaram um efeito interno e externo. Um cartaz que criou polêmica representa Jean-Marie Le Pen cercado por um grupo de pessoas de todas as origens com o *slogan*: "Com Le Pen, todos juntos, vamos levantar a nossa França". Outro pôster corresponde à imagem de uma jovem de origem árabe. A ala católica tradicionalista da FN julgou a fotografia severamente. Marine Le Pen defendeu seu projeto que visa modernizar a imagem de seu pai. Ela diz: "Esses cartazes evocam a nacionalidade, a assimilação, a ascensão social, a laicidade, que são os domínios em que a direita e a esquerda fracassaram completamente. Uma centena de franceses imigrantes de origem, conscientes desta falha, esperam obter uma resposta. Muitos se voltam para o candidato Jean-Marie Le Pen para obtê-la". O tom é firme e o sorriso expressivo. Há uma mudança de atitude na maneira de "vender" a FN. Um militante de 33 anos ilustra essa nova posição: quando fomos "demonizados" obtivemos 10%, enquanto Sarkozy venceu falando sobre a limpeza de bairros com um "Karcher".

No congresso da FN em Bordeaux em 2007, ela conseguiu ficar em segundo lugar, atrás de Bruno Gollnisch para a nomeação no comitê central. Foi nomeada vice-presidente responsável pelos assuntos internos: formação de dirigentes, comunicação interna e externa e propaganda partidária.

A quase derrota de Jean-Marie Le Pen nas eleições presidenciais (apenas 10,44%), quando seus próprios partidários pensavam em um segundo 2002, provocou críticas dentro do partido. Marine Le Pen foi acusada por seus adversários internos de querer afastar o partido das suas tradições e de abri-lo à influência de novos setores sem experiência. Em suma: a estratégia de evitar a "demonização" seria vã e inútil. No entanto, Marine Le Pen foi praticamente a única líder capaz de vencer nas eleições legislativas seguintes (junho de 2007, 41% dos votos em um segundo turno contra um candidato socialista em um território controlado por esse partido). Sua imagem se tornou mais e mais midiática, mesmo no exterior.

Sua decisão de se estabelecer eleitoralmente no território dos trabalhadores está correta. Como, por exemplo, a pequena comuna de Hénin-Beaumont, de 26.000 habitantes, localizada nas antigas jazidas de mineração de carvão, em grande dificuldade econômica e vítima do fechamento de múltiplas empresas. Steeve Briois, gerente local da FN e conselheiro municipal, desenvolveu um trabalho importante e frutífero de implantação da FN nesse setor. Os resultados das eleições progrediram de eleição para eleição. Marine Le Pen explicou sua decisão de escolher aquela região, pois representa um "símbolo dos maiores problemas da França: desemprego, insegurança, precariedade".

Quem dirige o comitê de apoio de Marine Le Pen? Daniel Janssens, ex-conselheiro socialista, que por 17 anos foi secretário da seção socialista e durante 24 anos foi vice-prefeito do município de Le Forest. Outros seguiram o exemplo. E uma revelação nos fatos: a força da campanha de Marine Le Pen corresponde bem às questões econômicas e sociais que seu discurso evoca (desindustrialização, desemprego, abandono etc.) muito mais do que às posições sobre imigração e insegurança que formam o antigo fundo da FN. Um verdadeiro laboratório para os projetos da equipe política de Marine Le Pen.

Nas eleições seguintes, Marine Le Pen confrontou a esquerda e a direita, que faziam bloco contra sua eleição. Ela perdeu, mas conseguiu demonstrar que sua imagem e métodos são válidos: 47,62% dos eleitores, em uma cidade de tradição esquerdista, votaram pela FN. Ela foi eleita novamente, alguns meses depois, deputada europeia. Essa situação permitiu-lhe aumentar seu crédito político e a capacidade da FN para se tornar uma formadora de massas.

A campanha presidencial da FN e o Congresso de Tours

A data e o local do congresso foram escolhidos de comum acordo: 15 e 16 de janeiro de 2011 na cidade de Tours. Pela primeira vez uma eleição interna foi vivida pelos militantes da FN como um evento potencial de mudança de estratégia. Havia dois candidatos e duas estratégias: Marine Le Pen, a renovação, e Bruno, defensor da tradição. Mas a diferença real estava inscrita não tanto no terreno comum ideológico, mas na estratégia. Gollnisch propunha-se de maneira realista a reforçar a base eleitoral da FN e a criar as condições para recuperar alguns quadros políticos provinciais da direita em troca de apoio eleitoral. Por outro lado, Marine Le Pen queria forçar o direito de negociar com uma FN vitoriosa contra todos, para criar uma poderosa dinâmica de avalanche. E assim, provocar uma implosão de Sarkozy para desintegrar a direita parlamentar e carcomer o sistema desde dentro. Hipótese delicada, porque o risco é gerar uma nova frustração.

Os preparativos para o congresso foram amplamente evocados pela mídia audiovisual e pela imprensa escrita. J.-M. Le Pen especificou que não seria candidato à reeleição interna nem à candidatura presidencial de 2012. Por conseguinte, aumentou a importância do Congresso de Tours: a presidência da FN determinaria a candidatura presidencial.

Os resultados foram anunciados na tarde de 15 de janeiro: Marine Le Pen foi eleita com 67,65% dos votos, enquanto Bruno Gollnish obteve uma votação razoável de 33,35%. E sem esquecer que J.-M. Le Pen permaneceu como presidente honorário do partido. Após as ovações, Bruno Gollnish parabenizou a vencedora e expressou sua lealdade ao partido e seu desejo de deixar as mãos livres para a nova equipe, para a qual ele declinou do cargo de vice-presidente que lhe foi proposto.

As palavras de "adeus" do pai

A tonalidade do discurso de "adeus" de Jean-Marie Le Pen foi de grande fidelidade às suas convicções e crenças clássicas: a denúncia do mito e da resistência, o papel das guerras de descolonização, um lembrete da figura (relacional e antissemita) de François Duprat, seu companheiro na fundação da FN em 1972.

Em seu discurso introdutório ao Congresso (sábado de manhã), Jean-Marie Le Pen fez um paralelo entre o ressurgimento da FN e a emergência política de Marine Le Pen. De fato, suas palavras mostram que ele decidiu apoiar com todo o seu peso a candidatura de sua filha. Assim, lembrou-se que em 2007, em um campo anteriormente ocupado pela esquerda, Marine Le Pen obteve 40% dos votos. E se congratulou com o sentimento de que os patriotas franceses veem nela um sinal de sua tenacidade. Por outro lado, ele não se esquivou de ironizar o papel de Bruno Gollnisch – sem nomeá-lo – como diretor da campanha eleitoral e dos problemas financeiros do partido, assim como de sua falta política de não ter feito uma campanha de campo.

O velho líder (82 anos) voltou a ter a palavra em um verdadeiro discurso de "adeus" no sábado à tarde. Por mais de uma hora ele fez um balanço de sua longa carreira política (55 anos) sem se arrepender de nenhuma de suas ações ou de suas palavras. Pelo contrário, ele se declarou vítima do sistema e celebrou seu partido como a última esperança de mudança em face do declínio do regime dos partidos políticos. Recordou com paixão, um após o outro, os muitos incidentes que marcaram sua lenda negra. E disse: "A todo momento temos sido implicados, em maior ou menor grau, e declarados ignominiosamente como culpados". Concluindo: "Todos os meus propósitos foram distorcidos de seu significado real, a fim de julgar-me como um bruxo, porque rejeitei me submeter à ditadura da polícia do pensamento".

A voz renovadora de Marine

Muito mais surpreendente foi o discurso de Marine Le Pen, que definiu uma orientação social cuja tônica é a defesa da classe média e popular contra os "super ricos" e o "reino do dinheiro", a injustiça generalizada, juntamente com uma vontade de reabilitar o Estado protecionista.

A questão da imigração foi notavelmente marginalizada, enquanto a questão da islamização foi evocada nos seguintes termos: "A Europa não é um califado, a França não é um califado". Ao mesmo tempo, os valores da República e da laicidade adquiriram uma ressonância quase sem precedentes num congresso da FN.

De maneira quase insólita, Marine Le Pen citou o art. 2º da Declaração dos Direitos Humanos de 26 de agosto de 1789: "O objetivo de qualquer associação política é a preservação dos direitos naturais e imprescritíveis do homem. Esses direitos são liberdade, propriedade, segurança e resistência à opressão". E pediu a restauração do Estado-nação "protetor e eficaz, a serviço da comunidade nacional, garantidor da laicidade, da prosperidade e das liberdades". E acrescentou: "Para nos salvar do arbitrário, das feudalidades e do comunitarismo". Mais adiante, cita o art. 2º da Constituição de 1958: "O poder do povo, pelo povo e para o povo" como afiançador dos direitos fundamentais dos cidadãos.

Os ataques à política da direita estão misturados com críticas a "associações supostamente antirracistas" que usam censura abusiva. Denunciou em termos claros uma fratura étnica e multicultural assegurando que a FN deseja "tudo para os cidadãos, nada para os comunitarismos", e prometeu inscrever na Constituição que:"a República não reconhece nenhuma comunidade". E no topo da retórica da sedução, permitiu-se citar Jaures, o líder socialista assassinado em 1914 às vésperas da Primeira Guerra Mundial, assim como Nicolas Sarkozy em seu discurso e candidatura presidencial em 14 de janeiro de 2007.

No final do discurso, formulou a proposta de fazer contato com os partidos da nova direita popular nacional (o termo populista não é usado) de Geert Wilders (Holanda) e Oskar Freeysinger (Suíça), que oferecem um exemplo da linha política de des-demonização suscetível de interessar à FN.

A força do caráter de Marine Le Pen se expressa sem sofisticações: "Na eleição do presidente uma linha política será escolhida. E é o essencial. Aqueles que não concordam com esta linha política ou se submetem à vontade dos adeptos da FN, ou se retirem". E acrescenta:

"Acredito que a síntese é nula [...] a política se encarna" (*Le Monde*, 16/07/2011).

Apesar de sua vontade de incorporar outra linha, Marine Le Pen continua tributária do fundo ideológico xenofóbico de seu partido, com uma visão contestatória e uma rigidez mental introduzida por J.-M. Le Pen. As questões básicas são as mesmas. Mas uma diferença sutil no discurso pode introduzir dúvida e confusão em um eleitorado infinitamente cansado das promessas de uma classe política cínica sem perspectivas ou honra. E é evidente que se a nova imagem não a levar diretamente ao poder, certamente pode desempenhar um papel na nova recomposição política nos anos seguintes.

Seu ambiente é formado por homens e mulheres militantes há muito tempo e pertencentes a uma geração na flor da idade. Eles são uma mistura de intelectuais e políticos, cuja articulação é feita em torno de um forte desejo de poder, uma revanche para ganhar e uma lógica de combate.

Um novo aparato político – Os homens de Marine

Marine Le Pen integra às instâncias da FN, sem proceder a um expurgo, as principais figuras de sua equipe de campanha e outras que se encontram em sua linha política. Uma característica comum: ter mais de 20 anos de militância e ser jovens políticos no terreno, mas também com uma sólida cultura ideológica obtida nas escolas de quadros e nas várias estruturas de pensamento em torno dos intelectuais da nova direita e/ou pertencentes ao grupo de B. Megret, que rompeu de forma brutal com a maioria lepenista há alguns anos. E em outros casos ter sido militantes de grupos ou partidos de esquerda.

Louis Aliot foi nomeado vice-presidente. Homem de Marine no sentido próprio e figurado do termo. Figura pensante e negociador habilidoso. Membro de uma família de esquerda que se converteu à direita depois da Guerra na Argélia. Doutorado em Direito pela Universidade de Toulouse. Antigo chefe de gabinete de J.-M. Le Pen.

Marie-Christine Arnautu foi nomeada vice-presidente encarregada dos assuntos sociais. Membro do Diretório Nacional desde 2003 e conselheira regional.

Steeve Briois, militante desde 1988. Titular responsável na Comuna de Hénin-Beaumont, membro do diretório político e nomeado recentemente secretário-geral da FN.

Laurent Ozon fez sua entrada diretamente no diretório político. Ex-membro de uma das mais fortes formações de extrema-direita: o bloco identitário. Fundador de uma revista de ecologia. Encarregado da nova ecologia do Grece. Ideólogo que colabora nas revistas da nova direita. Um personagem próximo a Ozon é Kienne de Mongeot, iniciador do naturalismo e do esporte pró-ativo de sabedoria do corpo.

Outro recruta do diretório político é David Mascré, doutor em Matemática, Filosofia e História da Ciência. Professor de Geopolítica na Escola de Altos Estudos Internacionais (HEI) e na Escola de Altos Estudos Comerciais (HEC). Interessa-se por diversos temas: geoestratégia, análise prospectiva de novas formas de violência e de criminalidade.

Também integra este grupo intelectual Alain Soral, ex-comunista convertido à FN sob influência direta de J.-M. Le Pen. Por certo, sua atitude independente e egocêntrica o levam a afastar-se da FN, embora permaneça próximo ao grupo de intelectuais de Marine Le Pen, com quem aparentemente coincide em linha política.

Outros conselheiros têm um papel importante no círculo próximo à Marine Le Pen, embora não ocupem postos precisos no novo organograma da FN. A saber: Philippe Olivier, Frédéric Chatillon, Christian Bouchet e Phillipe Péninque. Trata-se de uma série de figuras de extrema-direita que são conhecidas como ideólogos agitadores de ideias nacionalistas extremas. A participação de Phillipe Olivier marca uma certa reconciliação com os interesses político e familiar. Em ruptura com as orientações de J.-M. Le Pen, na companhia de sua esposa (Caroline Le Pen), decide fazer uma aliança com Bruno Megret, mas romperá com esse grupo no ano de 2000. Outro caso é Phillipe Péninque, conservador neoliberal, próximo de posições outrora radicalmente anticomunistas. A incorporação de Christian Bouchet, ex-membro do Movimento Revolucionário Nacionalista, constitui outro exemplo das diversas tendências da extrema-direita que foram assimiladas à nova orientação da FN. Sua produção intelectual está ligada aos seus estudos universitários em Etnologia, Direito, Economia e História. É membro de várias revistas políticas, como *Resistencia, Lutte du Peuple* e *Círculo Ernest-Renan*. Frédéric Chatillon aparece ligado à nova direção da FN como chefe de uma empresa de comunicação. Ex-chefe do Grupo Sindical de Direito (GUD), movimento estudantil que desde 1980 se localiza numa perspectiva de nacionalismo revolucionário e depois uma espécie de reagrupamento de tendências extremistas periféricas à FN: regionalismos, apoios anti-imperialistas, antiamericanismo, antissionismo, neopaganismo e elementos católicos tradicionalistas. É conhecido por suas relações com o humorista Dieudonné, cujas posições antissionistas e pró-palestinas o levaram a vários processos na justiça.

Em suma: uma nova geração de nacionalistas de todas as cores, sem complexos, bem formados ideologicamente, que podem controlar o aparato do partido e fortalecer as opções estratégicas de Marine Le Pen e que possuem uma experiência política intelectual e um terreno comum sem comparação com os camaradas de armas de J.-M. Le Pen e os antepassados do nacionalismo revolucionário. A longa marcha do lepenismo está em sua fase de expansão e conquista, como mostram os números de uma pesquisa recente (Ifop – Marianne-Europe 1). Retenhamos três resultados significativos:

Em primeiro lugar, os eleitores da FN se feminizaram: passando de 14% em 2010 para 20,5% em 2011. Depois, há um avanço espetacular nas categorias populares: em um ano, a FN ganhou 12,5% e totalizou 37%, tornando-se um partido de trabalhadores, longe de 17% da esquerda e 15% da direita. E, finalmente, a progressão da FN concentra-se nos setores ativos: 25% dos jovens (20 a 34 anos) e meia-idade (35 a 54 anos) com 29,9%. Sem esquecer que a FN possui reservas de votos entre os abstencionistas que representam mais de 50% do eleitorado.

Impossível negar que a FN é persuasiva além da simples contestação e que sua posição representa um novo populismo crítico e ambicioso que corresponde a um eleitorado que, votando pela FN, adere às suas bases ideológicas tanto quanto à sua atitude de protesto popular.

A postura e os dilemas do porvir

A estratégia atual da FN está destinada a dinamitar os debates políticos clássicos. As fronteiras fechadas entre a extrema-direita e a direita republicana voltam a ser porosas. A irrupção de Marine Le Pen é uma nova peça no xadrez político. Impossível considerá-la como a extensão pura e simples das ideias de seu pai. Há uma ruptura geracional e um mundo de referências que os separam: a colaboração durante o regime de Vichy, a sombra do fascismo, o gosto pela guerra, o desprezo pela democracia e seus cânones políticos, assim como pelos políticos. A propósito, a FN está preparada para mudar sua imagem, mas para manter seu fundo ideológico a fim de quebrar o cordão de isolamento em torno de si e romper a coluna vertebral da direita.

Nesse sentido, a direita entende que corre o risco de ser absorvida, enquanto o medo da esquerda é ser despojada de seu discurso popular. A "lepenização dos espíritos" pode ser feita mais facilmente com a atrativa Marine que permite uma distância menor, menor suspeita e pouca rejeição. As razões são simples: a defesa de Marine Le Pen dos direitos humanos e os valores da República desarmam os argumentos sobre o potencial fascista da FN. Os tabus ideológicos tendem a diminuir sem desaparecer. Sua aceitação do princípio da laicidade aparece como um teste de normalidade. Chega a ponto de proibir nos desfiles da FN símbolos duvidosos (nazistas ou racistas) e a presença (tradicional) nas manifestações frentistas dos agressivos *skinheads*. Um exemplo de medida disciplinar: a expulsão de um jovem conselheiro regional da FN (apoiante de Bruno Gollnish) cuja fotografia executando uma saudação nazista foi publicada na imprensa local. Ao qual outra importante medida simbólica foi adicionada: proibir a dupla militância. Como o "Obra francesa", pequeno grupo que reúne a nostalgia do período de colaboração acusado de "centrismo".

Sem dúvida, para a FN o jogo fica mais difícil. Se a estratégia da FN consiste em transformar-se num partido "respeitável e responsável", deve optar por uma ou outra variante da sua estratégia de renovação. Sua posição a leva a estabelecer alianças e acordos eleitorais com outras forças políticas de direita. Sua outra opção é tornar-se e se comportar como um partido popular e realmente se apropriar dele, isto é, se tornar o porta-voz dos setores populares atualmente vítimas da crise, e capturar as classes médias que se encontram precarizadas e empobrecidas. Sem falar – por enquanto – da necessária posição do governo em relação à política internacional e ao projeto europeu.

As profundas tendências históricas que se cristalizam em uma necessidade de ruptura são aceleradas por uma FN que lidera os insubmissos e a potencial revolta frente à ordem defendida pela esquerda e pela direita. A porta da ruptura institucional pode fazer que, contra o *status quo* e o pensamento conformista, a FN possa aparecer como a única opinião que aborda os verdadeiros problemas cotidianos sem tabus ou mentiras. Pior ainda, que essa razão política extrema busque bodes-expiatórios e aqueles designados como responsáveis por todos os males da situação: imigrantes, estrangeiros e outras categorias de marginalizados.

É difícil prever os eventos que estão sendo preparados dentro da sociedade francesa em um momento de crise extrema e perda de valores de coesão social. O perigo singular de uma força política crescente como a FN é expresso em uma dupla conjectura. Por um lado, uma primeira hipótese benigna: representar um movimento neopopulista que provocaria um choque da democracia parlamentar sem destruir seus valores essenciais e uma mudança de pessoal político que acabaria voltando às suas práticas de origem. Por outro lado, a segunda hipótese, muito mais preocupante, é a brecha através da qual se estabeleceu um projeto político de tipo autoritário e discriminativo que provocaria um corte na continuidade democrática e nos valores republicanos.

No caso do populismo, lembremo-nos de que não é necessariamente uma expressão política nem de extrema-direita nem de extrema-esquerda, mas uma sensibilidade de inspiração popular contra o *status quo* e o conformismo ambiente. Sua rejeição das elites e dos governos oligárquicos, da falsa democracia e do aparato político profissional, representa menos uma ideologia ou programa definido do que uma série de sintomas patológicos que corroem o sistema político como um todo. A atitude populista constitui a busca de um meio de abordar as raízes profundas de um mal social e a vontade ainda indefinida de criar as condições para uma mudança de sociedade. Uma expressão de descontentamento e uma reivindicação social inaudível por políticos e responsáveis técnicos no poder. É necessário ver o populismo como algo além de um fenômeno de massas manipuladas por um líder carismático ou por um partido contestador. A noção de populismo pode paradoxalmente designar tanto uma atitude de confiança no povo e em valores comuns, através de uma ruptura que busca raízes nacionais para sua própria razão de ser.

Em um projeto autoritário e nacionalista, a perspectiva é completamente diferente. Pode produzir um deslize institucional no qual a condição de cidadão pode ser transformada em servidão humana. O estabelecimento de um regime ditatorial com uma forte conotação neofascista e inimigo dos princípios e valores democráticos inscritos nas declarações históricas do homem e do cidadão.

Neste duplo cenário, as próximas eleições presidenciais podem ser um barril de pólvora que pode atingir toda a classe política, incluindo a FN "normalizada" após sua longa marcha. Marine Le Pen o expressa de forma taxativa: "Estamos na última etapa: reunir os franceses e alcançar o poder".

À guisa de conclusão provisória

A paixão ou o excesso de cálculo cega os atores políticos e os torna autistas a ponto de impedi-los de um excesso de abstração e insensibilidade emocional diante de perspectivas futuras. A percepção do momento será delicada em um país onde as tensões são exacerbadas, as aspirações populares profundamente frustradas e a raiva contida, mas à flor da pele. As posições políticas atuais de direita ou esquerda – no momento – não fazem senão aumentar o sentimento de mal-estar geral que paralisa a razão e estimula reações emocionais.

Que podem fazer as forças políticas clássicas diante da popularização (aparente ou real) da FN encarnada na figura de Marine Le Pen?

Talvez a primeira tentação seja opor ao neopopulismo da FN um neopopulismo de direita ou de esquerda. Ou ambos. Um contrafogo para deter a progressão das chamas. Uma segunda seria a busca de uma frente republicana que reúna a direita e a esquerda. As chances de um chamado à razão patriótica têm uma longa história na política francesa, mas nem sempre funcionou. Pétain é um triste contraexemplo. Finalmente, há a busca, primeiramente tímida, por uma aliança da direita com a FN, que pode ser iniciada por parlamentares que desejam continuar sendo eleitos graças aos votos da FN, e depois a tática de integrar alguns dirigentes neopopulistas às tarefas de um governo aberto às novas forças políticas em ebulição. Infelizmente, um e outro só podem retardar uma radicalização se ninguém tomar as medidas necessárias para erradicar as causas que fazem os extremos demandarem emocionalmente um expurgo total da classe política e uma decapitação das oligarquias.

Consequentemente, para todos os partidos, os desafios políticos do momento são dar um novo significado à ação e às ideias políticas: gerar uma refundação das instituições políticas e do papel do Estado, recrutar um novo pessoal político, por meio de procedimentos já propostos, mas nunca utilizados, como, por exemplo, eliminar o acúmulo de funções eletivas, estabelecer o voto proporcional, utilizar o recurso de referendos de iniciativa popular e, por fim, retornar aos princípios da democracia participativa capazes de gerar mudanças por deliberação coletiva.

Apesar de sua vontade de incorporar outra linha, Marine Le Pen continua tributária do fundo ideológico xenofóbico de seu partido, da visão contestatória e de uma rigidez mental introduzida por J.-M. Le Pen. As questões básicas são as mesmas. Mas uma diferença sutil no discurso pode introduzir dúvida e confusão em um eleitorado infinitamente cansado das promessas de uma classe política cínica, sem perspectiva ou honra. E é evidente que a nova imagem pode levá-la diretamente ao poder, certamente desempenhando um papel na nova recomposição política: daí, duas armadilhas internas se apresentam à onda marinista: a primeira é a sombra de J.-M. Le Pen, que aparentemente quer "morrer de botas" e defender seus postulados; a segunda são os efeitos da demissão de Philippot e a fundação de seu novo partido: "os patriotas".

115

Referências

Dorna, A. (1999). *Le Populisme*. Paris. PUF.

_____. (2003). *Crisis de la democracia y liderazgo carismático*. México: Ediciones Coyoacán.

Dorna, A. et al. (2008). *La propagande* – Images, paroles et manipulations. Paris: L'Harmattan.

Ignace, A.C. (2011). Le mythe de la régénération italienne. *La Vie des idées* (17/03/2011) [Recuperado de http://www.laviedesidees.fr/Le-mythe-de-la-regeneration.html].

Le Pen, M. (2006). *A contre flots*. Paris: Grancer.

— 5 —
Psicologia Política da polarização e extremismos no Brasil
Neoliberalismo, crise e neofacismos

Domenico Uhng Hur
Universidade Federal de Goiás/Brasil
Salvador Sandoval
Pontifícia Universidade Católica de São Paulo/Brasil

Após doze anos de um governo de centro-esquerda no Brasil, surgiram muitos posicionamentos políticos contrários ao Partido dos Trabalhadores (PT) e à esquerda política em geral. Protestos nas ruas, pressão nos meios de comunicação e articulações políticas no congresso culminaram no *impeachment* da ex-presidenta Dilma Rousseff em 2016. Não obstante, o que surpreendeu a opinião pública foi a intensidade da agressividade expressa nas manifestações. Cartazes e frases de ódio contra a esquerda clamavam pelo retorno da ditadura civil-militar, a expulsão dos socialistas (para Cuba), a defesa da família, ou contra o marxismo nas escolas e a diversidade sexual. No início de 2018, agressões e até disparos de armas de fogo foram dirigidos à caravana da campanha eleitoral do ex-presidente Luiz Inácio Lula da Silva. A violência, os discursos polarizados, extremistas e de ódio tomaram o espaço público e a internet.

Concomitante a este cenário, houve o crescimento do então candidato Jair Bolsonaro nas pesquisas eleitorais à presidência do país, um ex-militar que tem posturas políticas conservadoras, polêmicas e agressivas. Publicamente já emitiu posições racistas, machistas, homofóbicas e xenofóbicas. Inclusive de incitação à violência sexual contra a mulher. Mas mesmo com essa postura, e contradizendo as previsões de muitos comentaristas políticos, ele venceu as eleições de

2018. Anteriormente já era o deputado federal, e candidato à presidência, com mais interações nas redes sociais, como o Facebook®.

Desse modo, o objetivo do presente capítulo é discutir as variáveis psicopolíticas que levaram à emergência, ressonância e intensificação da polarização e dos extremismos na população brasileira. Qual é a dinâmica psicopolítica que faz com que a adesão a discursos extremistas ganhe força na atualidade?

Apreender teoricamente as polarizações políticas e contemporâneas implica uma série de instâncias e dimensões. Como método, utilizamos os aportes teóricos de uma Psicologia Política referenciada pela Esquizoanálise (Hur, 2018) e pela psicanálise de grupos para refletir sobre o fenômeno. Nestes marcos teóricos, os fenômenos psicopolíticos são analisados nos agenciamentos que se formam entre indivíduos, grupos e formações sociais, em um cofuncionamento. Para apreender de forma didática esses agenciamentos, pode-se dividi-los em três níveis de análise articulados: o intrapsíquico, o intersubjetivo e o transubjetivo (Kaës, 1997). A primeira refere-se aos mecanismos cognitivos e afetivos do indivíduo. A segunda aos mecanismos que operam enquanto se está em grupo, que fazem com que se assuma condutas determinadas. E a terceira relaciona-se às variáveis que transpassam o imediatismo do tempo e espaço do indivíduo e do coletivo, como as formações institucionais, sociais, históricas, políticas e culturais.

Para visibilizar esse fenômeno, selecionamos algumas notícias e entrevistas publicadas nos principais meios de comunicação do país, que contêm fragmentos dos discursos eleitorais e entrevistas de Jair Bolsonaro. Fizemos uma análise de discurso, visibilizando sua função ilocutória e de performatividade, demonstrando como está estruturado e seus efeitos pragmáticos (Deleuze & Guattari, 1995).

Dividimos o capítulo em três partes. Na primeira, discutimos o cenário social de crise, gerada a partir da intensificação da lógica neoliberal. Na segunda, citamos fragmentos das posições políticas extremistas de Bolsonaro publicadas nos meios de comunicação brasileiros, discutindo como esses discursos são um sintoma da situação vivida. E, para finalizar, propomos um modelo psicopolítico dos distintos posicionamentos grupais, para refletir sobre o funcionamento dos coletivos polarizados e extremistas.

Cenário contextual – Neoliberalismo e crise

Costuma-se afirmar que vivemos, no plano da trans-subjetividade, num cenário sociopolítico com uma espécie de anomia, a qual faz com que as pessoas se deparem com uma situação de crise, psíquica e social. Muitos autores sustentam que há uma crise das instituições (Kaës, 2005; Moreras, 2015) que traz uma modalidade de desamparo psicossocial. E devido a essa sensação de perda das referências, os discursos e ações extremistas e autoritários ganham mais espaço, pois figuram como mecanismos de contenção e defesa ao mal-estar.

Sim, realmente há uma experiência de crise, mas não pela perda do antigo modelo, senão pelo fracasso em adaptar-se ao novo modelo. Não é a mera ausência das referências, dos valores e das antigas instituições que é desorganizadora. Não há anomia, senão um novo *nomos*, conjunto de regras. Este novo modelo pode ser visibilizado com a metamorfose dos diagramas de forças, com a transição do diagrama da disciplina ao de controle-rendimento (Deleuze, 1992; Han, 2012), ou seja, de um capitalismo industrial à intensificação do neoliberalismo.

Fromm (1941) compreende que o capitalismo é o contexto social que traz este sofrimento, por fomentar isolamento e um sentimento de impotência e insignificância ao indivíduo. Deleuze e Guattari (1976) desenvolvem um pensamento que converge com os efeitos desta proposição, mas nos oferecem outra perspectiva de análise. Eles fazem uma cartografia dos vetores de forças envolvidos no capitalismo, denominando seu diagrama como a *axiomática do capital*. Propõem que essa axiomática funcione de dois modos: com a desterritorialização dos fluxos sociais instituídos e com sua modulação a partir de sua fórmula de funcionamento. Isto é, descodifica os códigos instituídos, ao mesmo tempo que os substitui por uma modalidade de movimento: da produção incessante. Nesse sentido, os fluxos sociais não estão livres após a descodificação, pois passam a mover-se de acordo com o ritmo da produção do capital. Instaura-se um novo imperativo que não segue mais os códigos ou disciplinas das instituições, pois se atua no funcionamento incessante da mais-produção, que busca sempre o máximo rendimento. Portanto, esta lógica não opera somente no âmbito econômico e político, senão é um diagrama de forças que se atualiza em múltiplas instâncias, seja nas relações sociais, na subjetividade, no corpo etc., constituindo-se como um capitalismo imaterial que se materializa de distintas formas.

Desse modo, o capitalismo é um sistema instável que opera no desequilíbrio e na produção incessante e sem fim em diversos âmbitos. Nunca se termina as atividades, pois sempre se tem que produzir e render mais. A promessa da produção maximizada, da riqueza e felicidade não se cumpriu (Han, 2012). Além do isolamento social, o resultado desse processo é de um esgotamento e cansaço generalizados. Ou seja, não são apenas os que ficam excluídos do sistema de produção que sentem o "sofrimento neoliberal", mas também os que aparentemente são bem-sucedidos. Estes também estão esgotados e em dívida com sua própria *performance* produtiva (Lazzarato, 2013). Portanto, o neoliberalismo não foi capaz de criar uma nova modalidade subjetiva que contivesse o próprio mal-estar que produz (Lazzarato, 2014).

O fracasso da felicidade e do bem-estar via neoliberalismo tem dois sintomas diretos: a interiorização e a exteriorização do mal-estar. No primeiro caso, surge uma autoculpabilização por não corresponder aos imperativos do capitalismo, assim o indivíduo se sente fracassado por suas supostas falhas e deficiências. Esse mal-estar pode ter como correlatos físicos a somatização em enfermidades, como a depressão, a síndrome do pânico, o absenteísmo no trabalho etc. Há uma sensação de crise, com um sentimento de ameaça e confusão generalizada, sem formações e processos intermediários que possam oferecer uma continência (Barus-Michel, 2002; Kaës, 2005).

No segundo caso, o mal-estar e a angústia se tornam em um ressentimento contra a vida (Deleuze, 1976). São deslocados para fora por meio da agressividade, depositados num elemento exterior, um bode expiatório (Pichon-Rivière, 1982). Então, os problemas em não conseguir seguir o ritmo da axiomática do capital e a incerteza devido à crise não são atribuídos a traços individuais ou conjunturais, mas sim à existência de um inimigo, diferente do endogrupo. Constitui-se um imaginário coletivo no qual as vicissitudes que se vivem são causadas por um determinado agrupamento social, sejam os judeus na Alemanha nazista, os imigrantes e muçulmanos na Europa, ou os políticos de esquerda no Brasil. Portanto, há uma crença compartilhada, uma ilusão grupal (Anzieu, 1991) de que sua eliminação resolveria os problemas que se enfrenta. O imperativo se torna destruir o outro, como se fosse um paradigma imunitário. Eliminar os corpos externos para garantir a vida do coletivo (Deleuze, 2014). Assim, os afetos predominantes mudam de frustração e tristeza para ódio e agressividade. Ira, ódio e agressividade que fazem com que a impotência sentida se torne uma vontade de destruição do outro.

Por tais razões é que compreendemos que emergiu com tamanha intensidade a insatisfação direcionada aos políticos, ao Estado e inclusive ao conjunto de instituições públicas brasileiras. A população de votantes perdeu a confiança no discurso retórico de suas elites políticas (Dorna, 2006), resultando numa desconfiança generalizada e a crise do sistema público e democrático. Nesse sentido, o cenário social de crise é propício à adesão da população a discursos de líderes com personalidade carismática. Pois a crise reativa antigos fenômenos de massa como o nacionalismo, o populismo e o neofascismo (Dorna, 2006, 2012). Assim se busca consignas imperativas e um "homem forte" que imaginariamente poderá resolver os problemas vividos.

Cartografias do populismo – Jair Bolsonaro, um homem providencial?

O capitão da reserva e presidente do país, Jair Bolsonaro, chama a atenção da opinião pública por ter um discurso conservador, muito agressivo, recheado de posições preconceituosas. Surgiu como uma surpresa nas eleições presidenciais de 2018, pois, desde a condenação do ex-presidente Lula, ocupou a primeira colocação nas pesquisas eleitorais, vencendo-a. Como citado na introdução, era o candidato com mais interações nas redes sociais, tendo mais de cinco milhões de seguidores no Facebook®, mais de um milhão no Twitter® e no Instagram®[9]. Conta com apoio público de alguns artistas, cantores e atletas jovens. Tem o apelido de BolsoMito e sua imagem provoca ao mesmo tempo risos, aceitação de parte do eleitorado e extrema aversão da outra parte.

Alguns comentaristas políticos o consideram como um *outsider*, um aventureiro, devido à sua inexperiência em cargos políticos executivos e pelo fato de estar filiado em seu 9º partido político, que é pequeno e sem tradição política[10]. Ele não teve alianças com nenhum dos grandes partidos, e teve pouco tempo de exposição no horário político da televisão, cerca de 9 segundos. Assim, investiu intensamente no *marketing* em redes sociais virtuais. Porém Bolsonaro não é um *outsider*, cumpriu 7 mandatos como deputado, ou seja, esteve 28 anos na vida política institucional e inclusive se candidatou 3 vezes para a presidência da Câmara dos Deputados[11]. Por outro lado, tem pouquíssimos projetos de lei aprovados pela Câmara. E quase todas as propostas que apresentou ao congresso referem-se "a temas como a ampliação da autorização para o porte de armas, interesses de militares em questões de aposentadoria e do trabalho e o aumento das penas para crimes específicos" (Felitte, 2017). Então, a amplitude de temas que vem discutindo e propondo é bastante limitada.

De qualquer forma, o discurso de Bolsonaro é muito eficaz, pois encarna o que a Psicologia Política denomina de discurso populista. Esta é uma modalidade discursiva que cria uma união, um laço

---

9. Dados de 01/04/2018. Todos os dados referentes a sites neste capítulo referem-se a essa data.

10. Desde a redemocratização do país, as eleições são decididas na disputa entre dois partidos: o PT contra o PSDB (Partido da Social Democracia Brasileira). Apenas uma vez antes um político de um partido pequeno venceu as eleições presidenciais, Fernando Collor de Mello em 1989. Bolsonaro conseguiu repetir esse acontecimento, mesmo com grande parte dos comentaristas políticos acreditando que não seria possível.

11. Na última vez que concorreu recebeu apenas 4 votos, de um total de 513 deputados.

imaginário entre população e líder, constituindo um *nós contra eles*, que são os adversários geralmente representados pelas elites políticas (Mudde, 2004). A adesão ao discurso populista faz com que os eleitores se mobilizem em prol de determinado candidato, mesmo que a princípio pareça que esse candidato não tenha tantos atrativos para a gestão da vida e do Estado.

Em nossa análise, encontramos no discurso de Bolsonaro as seguintes características do discurso populista e que desenvolveremos abaixo: o manejo do ideal de mudança, um posicionamento conservador, a nostalgia com a ditadura civil-militar, a imagem de um homem forte, a construção das minorias sociais e da esquerda política como inimigos e um discurso calcado em ação e emoção, e não na razão. Ressaltamos que em seu histórico há um volume enorme de declarações polêmicas e preconceituosas, assim só citaremos algumas para exemplificar seu discurso.

O discurso populista parte de um terreno fértil, que é de uma situação de crise e insegurança social. Somente germina se há esse cenário de crise. Como supracitado, há uma situação de crise econômica, das instituições e dos valores, provenientes da intensificação do neoliberalismo que vivemos atualmente, seja na Europa, Estados Unidos, ou no Brasil. Soma-se ainda as denúncias de corrupção que levam o país a uma espécie de "crise moral". Desse modo, Bolsonaro manejou muito bem a questão do *(a) ideal da mudança*. Ele coloca que sua candidatura encarna a mudança frente ao que está aí, e que é considerado como ruim. Como todo discurso populista, combate as consideradas "elites políticas" (Dorna, 2012). Assim, coloca-se como uma grande mudança frente a um sistema que está corrompido, como o *Messias* que resolverá os problemas do país. Vale ressaltar que é curioso que um candidato que já estivesse há 28 anos na vida política, que não aprovou quase nenhum projeto de lei, não exerceu liderança em bancadas, nem comissões, encarne esse ideal de mudança. Mas isso funcionou na lógica eleitoral. Bolsonaro se colocou como o representante da mudança, como alternativa e o povo aderiu a essa ideia. O ideal de mudança sempre está presente no discurso populista, e funcionou tanto com Donald Trump como com Jair Bolsonaro, ou outros líderes populistas.

O site oficial do ex-militar Bolsonaro (2018a) tem pouco conteúdo e informações. Uma breve biografia, suas redes sociais e uma parte que conta sua versão de situações em que é acusado de estar envolvido em casos de corrupção e de um suposto atentado a bomba. Não há um plano programático do que faria na presidência, nem um resumo. As poucas informações em seu site oficial portam claramente um *(b) perfil conservador*. Ele é descrito como alguém que tem "[...] posições em defesa da família, da soberania nacional, do direito à propriedade e dos valores sociais do trabalho e da livre-iniciativa" (Bolsonaro, 2018a). Igualmente, na capa de sua página no Facebook®, há o lema "Brasil acima de tudo, Deus acima de todos" (Bolsonaro, 2018b). Assim, o ideal da mudança de Bolsonaro não se refere à produção da diferença, ou da autonomia, mas sim à tentativa de restituição, de conservação, das instituições tradicionais.

Constata-se que os termos utilizados por Bolsonaro são as categorias clássicas que remetem ao discurso conservador de direita (Klandermans & Mayer, 2006). Expressa a defesa às instituições tradicionais sempre aludidas pelo discurso conservador, como a família, uma nação soberana, a propriedade e o trabalho. Prega a restituição das tradições, dos valores, da moral, por isso que se defende a questão da família heteronormativa. E também traz uma certa condensação entre discurso nacionalista e fé religiosa, na medida em que opera esta aproximação entre Deus e nação acima de todos. A defesa à nação, de um país unificado e homogêneo, é uma ideia muito comum no discurso populista, por isso se preza uma identidade nacional vestida de verde e amarelo.

Este nacionalismo é muito evidente em seu *website*. Mesmo na parte intitulada "Um novo rumo para o Brasil", não há uma plataforma de governo, mas posições que se referem a um viés ideológico e nacionalista. Nele está escrito: "Nossos valores, crenças e cultura não podem ser deturpadas (sic) para que se atinjam propósitos estranhos ao povo brasileiro. Somos um país que tem orgulho de nossas cores e não desejamos importar ideologias que destruam nossa identidade" (Bolsonaro, 2018a). Como se percebe, esta citação não descreve diretrizes de governo, apenas ressalta e positiva a importância de uma identidade nacional única, endógena. Essa identidade, que tampouco é definida, apenas tem que ser protegida de elementos alheios que podem em alguma medida ameaçá-la. Então, não há um programa de governo, somente o apelo à conservação de uma identidade coletiva fictícia. Ressaltamos que o significante *identidade* cumpre a mesma função psicossocial de gerar uma modalidade de estabilidade (Rolnik, 1997), tal como a religião, a família, a propriedade e a nação. Portanto, esse posicionamento conservador é uma característica que traz bastante eficácia ao seu discurso, pois em períodos de crise estes são os significantes-mestres que podem gerar às pessoas um tipo de estabilidade e continência às angústias geradas pela crise social.

Além do uso dos significantes que remetem a um posicionamento conservador clássico e dicotômico, com um perfil nacionalista e religioso, Bolsonaro se posiciona publicamente em defesa da ditadura civil-militar brasileira (1964-1985). Ele sustenta um discurso nacionalista, de soberania nacional, diante do mercado estrangeiro, de maneira semelhante ao defendido pelos militares no período do estado de exceção[12]. Alude a este período com um certo sentimento de *(c) nostalgia*, considerando-o como uma referência ao país, pois supostamente era mais ordenado do que a crise que se vive na atualidade. Assim, a campanha de Bolsonaro associa a nostalgia com o período da ditadura, no qual supostamente havia menos violência, não havia corrupção, e muitos eleitores acreditaram nisso. Entretanto, na literatura acadêmica encontra-se registros históricos relacionados a práticas de corrupção no governo da ditadura militar e um grande empobrecimento e endividamento da população. Mas a nostalgia e seu ideal de um tempo passado não vivido, que seria melhor que o presente, é algo muito utilizado pelo discurso populista para manejar a população na adesão de sua crença.

Um momento muito polêmico de apologia à ditadura civil-militar foi quando Bolsonaro expressou seu voto a favor do *impeachment*

---

12. Na ditadura poderia haver um discurso de soberania nacional, mas foi o período em que o país mais se endividou com banqueiros norte-americanos. E Bolsonaro tem um histórico de votar em projetos que remetem a um livre-mercado transnacional, e não por uma suposta soberania do país.

da ex-presidenta Dilma Rousseff em 2016. Aproveitou as câmeras de todo o país para homenagear o Coronel Carlos Alberto Brilhante Ustra, conhecido por ser um dos torturadores mais sanguinários do período da ditadura civil-militar brasileira, sendo atribuído a ele muitas ações de tortura aos presos políticos de esquerda (Gorender, 1998). Ressalta-se que a ex-presidenta Dilma, devido a seu ativismo político de esquerda, foi uma presa política durante a ditadura. No final de 2017, Bolsonaro também elogiou o discurso do General Hamilton Mourão a favor de um golpe militar contra o Presidente Michel Temer[13], devido às acusações sobre atos de corrupção.

Em entrevistas passadas já afirmou que, sendo presidente, perpetraria um golpe militar e fecharia o Congresso no primeiro dia no poder (Bolsonaro, 1999). Sustenta uma postura muito agressiva e radical, com posições polêmicas, tal como a seguinte: "Através do voto você não vai mudar nada nesse país. Nada! Absolutamente nada. Você só vai mudar, infelizmente, quando um dia nós partirmos para uma Guerra Civil aqui dentro. E fazendo um trabalho que o regime militar não fez, matando uns trinta mil, começando pelo FHC. Não vamos deixar ele para fora não, matando!" (Bolsonaro, 1999). Esta postura de defesa à execução do ex-presidente Fernando Henrique Cardoso foi repetida diversas vezes, inclusive em entrevista posterior (apud Carneiro, 2011), na qual descreve como poderia ser executado tal crime.

Dessa forma, Bolsonaro desenvolve um discurso com alto perfil conservador, agressivo, curto, violento, sem definições das proposições que maneja e que atribui valoração positiva ao período da ditadura civil-militar. A intervenção militar assume a significação de ordem, contra o mal-estar da crise social e a desconfiança em relação às instituições públicas tradicionais. Compreendemos assim que adota a ditadura civil-militar como um "mito fundador" (Kaës, 1980), um período positivado, em contraposição à crise social que se enfrenta na atualidade, situação negativada e que se deve evitar.

---

13. Após suas declarações, este militar, General Mourão, foi aposentado e teve que passar para a reserva. Posteriormente tornou-se o candidato a vice-presidente, na chapa de Bolsonaro.

O quarto ponto destacado do populismo é a presença de um *(d) homem carismático, providencial e forte*. A equipe publicitária de Bolsonaro se preocupa em transmitir a imagem de um homem forte que tem a solução para combater o problema da violência, que é a maior preocupação dos brasileiros nas últimas duas décadas. A população deseja um *homem forte* que vá resolver os problemas vividos. Não é coincidência, mas Lula também ocupa esse lugar de homem forte no imaginário das pessoas. Esta é uma dimensão fundamental do populismo, pois se analisamos as figuras dos líderes populistas na história mundial, praticamente todos encarnam esta figura de homens fortes e carismáticos. No pleito eleitoral houve a presença de líderes que não são carismáticos, como Geraldo Alckmin, que recebeu irrisórios 4,76% dos votos no primeiro turno, e o próprio Haddad, que também não ocupa o lugar imaginário de homem forte. Assim há essa migração dos votos ao candidato que ocupa esse lugar e atualiza essa postura. Obviamente, o fato de ser militar acaba trazendo um *plus* a mais nessa figura de homem providencial. Pois há o imaginário de que se a mudança não é trazida pela via política, pode ser trazida pela via militar, via armas, da força direta. Muitas pessoas acreditam que as instituições militares podem resolver o mal-estar e a crise atual.

Dessa forma, a campanha de Bolsonaro escolheu a pauta da segurança pública como uma das mais importantes. Contudo, sua proposta não é a de trabalhar no campo de uma reforma das estruturas das distintas polícias, geração de emprego, espaços de lazer, ou na formação e educação. Planeja combater a violência com mais violência. Pode-se dizer que suas posições para a segurança pública remetem a uma atualização da Lei de Talião. Ele justifica a tortura em algumas situações, como para traficantes, sequestradores e como forma de conseguir informações de crimes. Defende que: "Um traficante que age nas ruas contra nossos filhos tem que ser colocado no pau-de-arara imediatamente. Não tem direitos humanos nesse caso. É pau-de-arara[14], porrada. Para sequestrador, a mesma coisa. O objetivo é

---

14. *Pau-de-arara*: Conhecido método de tortura utilizado por alguns policiais em delegacias do país como forma de extrair informações. Seu uso foi visibilizado nas sessões de tortura durante a ditadura civil-militar.

fazer o cara abrir a boca. O cara tem que ser arrebentado para abrir o bico" (apud Carneiro, 2011). A violência e contundência em seu discurso se atualizam na defesa a punições mais severas para diversos crimes, como a pena de morte em alguns casos e a castração química para os estupradores.

Seu *website* também descreve: "Em seus mandatos parlamentares, destacou-se na luta [...] pela redução da maioridade penal, pelo armamento do cidadão de bem e direito à legítima defesa, pela segurança jurídica na atuação policial e pelos valores cristãos" (Bolsonaro, 2018a). Desse modo, focaliza o combate ao crime atuando sobre questões individuais e não sociais. Por isso defende punir duramente os indivíduos infratores e que a população possa ter o "direito" de se defender da criminalidade por seus próprios meios (e com armas de fogo), mas contraditoriamente em nome dos valores cristãos. Portanto, defende a redução da maioridade penal para que adolescentes possam ser punidos tal como adultos. E defende que se deva garantir o direito ao considerado "cidadão de bem" de poder ter o porte de armas de fogo, para que supostamente possa se defender individualmente dos criminosos. Assim, posiciona-se contrariamente ao Estatuto do Desarmamento, atualmente em vigor. Considera que as práticas de desarmamento deixam a população vulnerável aos criminosos, por mais que os dados provem o contrário. Com essa mesma lógica defende um combate direto contra as práticas de corrupção, outro tema que assume bastante importância para o eleitorado. Critica praticamente todos os partidos políticos como corruptos, posicionamento convergente com o da opinião pública. Constatamos que esse posicionamento violento e contundente tem uma boa difusão com o público, pois visibiliza uma saída imediata, concreta. É um programa palpável e que a cada dia ganha mais adesão da população. Mesmo eticamente reprovável, é considerado como um discurso propositivo que parece ter eficácia imediata, em contraposição aos planos de segurança pública que têm uma execução que leva anos e com efeitos pouco visíveis, visto que seus resultados não são imediatos. Assim, Bolsonaro busca criar um discurso pautado na ação, sendo mais um aspecto que pode dar continência ao mal-estar da população.

Na imagem construída de homem forte, desenvolveu para si o estereótipo do "macho", com todas as conotações positivas e negativas que esse termo possa ter. Com esse estereótipo são comuns suas narrativas de desprezo à mulher, mesmo que seja de sua família. Por exemplo, em uma fala emitiu que: "Eu tenho 5 filhos. Foram 4 homens, a quinta eu dei uma fraquejada e veio uma mulher" (apud *Revista Fórum*, 2017), como se a geração de uma filha mulher fosse uma debilidade e não uma virtude. Também defende que as mulheres tenham um salário menor, já que engravidam.

Em outra ocasião, em 2014, utilizou-se do discurso de agressão sexual à mulher para intimidar a ministra de Direitos Humanos daquela época: "Há poucos dias (na verdade a contenda começou em 2003) você me chamou de estuprador no Salão Verde, e eu falei que não estuprava você porque você não merece" (apud Balloussier, 2018). Ressaltamos que esta discussão tinha mais de dez anos e ele a retomou voluntariamente. Posteriormente foi entrevistado sobre o ocorrido e reafirmou seu enunciado, adicionando que a ex-ministra não merece ser estuprada por ser "muito feia". Este fato lhe rendeu uma condenação judicial por apologia à violência sexual, mas, diferente do caso de Lula, não se tornou inelegível. Consideramos que essa figura do macho foi construída como forma de se apresentar como um homem forte, viril, patriarcal, que tem o poder de mudar a situação das coisas. Também pode-se adicionar que exaltar a figura do macho é uma forma de governo que visa manter o conservadorismo entre os gêneros. Então, é uma maneira de atrair os votos de setores do eleitorado, homens e mulheres, que se sentem ameaçados pelo crescimento do feminismo e do discurso da diversidade sexual na atualidade. Como não se quer mudar as relações instituídas entre os gêneros, a agressão e o desprezo à figura da mulher são expressos com intensidade.

A dimensão mais trabalhada por Bolsonaro em suas comunicações é o ataque e a *(e) construção de um inimigo*. A Psicologia Política clássica sabe há muito tempo que a melhor tática para fortalecer a vinculação interna de um grupo é a criação de um inimigo externo. A campanha política de Bolsonaro maneja muito bem essa ideia de que há inimigos que se devem combater. O nazifascismo alemão também criou essa ideia de que a Alemanha estava em crise por culpa dos judeus. Em realidade, a Alemanha estava em crise pela espoliação que sofreu após a Primeira Guerra Mundial pela França e pela Inglaterra com o Tratado de Versalhes. Mas o nazifascismo criou um inimigo, um bode expiatório, na figura dos judeus. Portanto, a culpa pela crise na Alemanha não era dos judeus, mas o nazifascismo criou esse inimigo, esse bode expiatório (Pichon-Rivière, 1982), resultando nessa biopolítica mortífera, uma necropolítica (Mbembe, 2014), de constituição de campos de concentração, de extermínio, num dos momentos mais trágicos da história ocidental atual. No caso brasileiro, Bolsonaro constrói como inimigos a esquerda política que esteve no governo do Brasil por muitos anos e as minorias sociais. Em suas narrativas ocupa lugar central a construção desse oponente e seu conseguinte combate. Seu discurso sempre está dividido em dois polos, entre um positivo e um negativo. A retórica da produção de um inimigo tem como função a fabricação de uma cisão e polarização, entre um endogrupo, positivo, e um exogrupo, negativo (Tajfel & Turner, 2004).

Inclusive nas redes sociais de seus admiradores encontramos essa mesma tendência. Uma das páginas com mais seguidores, como a "Bolsonaro Zuero 3.0", ao invés de haver diretrizes ou o apoio a um programa de governo, cerca de 70% das mensagens referem-se a conteúdos contra a esquerda, seja o rechaço ao socialismo, ofensas e críticas ao PT e a Dilma e declarações antiesquerda (Ribeiro, Lasaitis & Gurgel, 2016)[15]. Então, percebemos neste caso que o posicionamento contrário ao outro é um discurso utilizado para gerar adesão.

Porém Bolsonaro não fica somente no ataque à esquerda; deprecia também distintos segmentos das minorias sociais, como mulheres, negros, indígenas, quilombolas, imigrantes e a população LGBT. O seu adversário não está depositado somente na esquerda política,

---

15. Este estudo foi realizado no final de 2015 e a página tinha mais de 500.000 curtidas. Na data de 23/04/2018, ela se chama "Direita vive 3.0" e tem 673.854 curtidas. Também nessa data, antes de sua vitória eleitoral, a página no Facebook® "Jair Messias Bolsonaro" já tinha 5.379.263 seguidores.

mas também nas minorias sociais. Opera com uma depreciação e uma desumanização do outro diferente, conforme relata em inúmeras entrevistas e palestras. Citamos alguns exemplos emblemáticos.

Em 2011, um caso famoso que ocupou os meios de comunicação foi a declaração racista que fez no programa humorístico CQC, de um canal aberto da televisão. Ao ser entrevistado pela artista "Preta Gil", Bolsonaro respondeu da seguinte forma sobre o que faria se um de seus filhos tivesse como namorada uma garota negra: "Preta, não vou discutir promiscuidade com quem quer que seja. Eu não corro esse risco, e meus filhos foram muito bem-educados e não viveram em um ambiente como, lamentavelmente, é o teu" (apud G1, 2015). Constata-se que Bolsonaro associa ter relação afetiva com uma moça negra com os termos promiscuidade, falta de educação familiar e vivência em um ambiente ruim. Também utilizou essa pergunta para ofender diretamente a apresentadora do quadro do programa, que é uma mulher negra. Mas surpreendentemente não foi julgado como culpado neste processo na Justiça.

Outro caso polêmico de depreciação às minorias sociais foi na palestra que deu no Clube Hebraica no Rio de Janeiro em 2017. O Hebraica é um clube tradicional de judeus da classe média alta no Brasil. A realização da fala gerou grande controvérsia, pois houve grupos de judeus que organizaram protestos contra a presença de Bolsonaro em seu espaço. Contudo, a fala foi realizada em um auditório cheio de pessoas e foi ainda mais violenta. Proferiu um discurso muito agressivo em relação às minorias sociais que contam com algum tipo de auxílio do governo, nas denominadas políticas de ação afirmativa[16]. Disse que, na presidência do país, tiraria todas as terras dos indígenas e dos quilombolas[17], pois considera-os como segmentos

---

16. Bolsonaro também tem uma posição contrária às cotas na universidade para minorias sociais como negros, quilombolas e indígenas.

17. O termo quilombola se refere aos descendentes dos escravos que fugiam e constituíam comunidades de resistência para não serem capturados e escravizados novamente. As comunidades de quilombolas, em sua grande maioria, estão localizadas em regiões rurais e são pouco assistidas pelo governo, tendo assim uma situação de precariedade nos serviços básicos, como saúde, educação, acesso à tecnologia etc.

sociais preguiçosos e improdutivos. Inclusive em seu discurso desumanizou os quilombolas, comparando-os a animais, utilizando termos próprios ao que se usa para referir-se ao gado bovino. Ele disse: "Eu fui num quilombo. O afrodescendente mais leve lá pesava 7 arrobas. Nem pra procriador ele serve mais" (apud *Revista Fórum*, 2017). E surpreendentemente foi aplaudido pelo público presente, que é parte de uma população que recebeu tratamento semelhante há mais de 70 anos pelos nazistas.

Outro preconceito explicitamente expresso por ele é a crítica à homossexualidade e ao casamento *gay*. Bolsonaro se posiciona contrariamente às discussões de diversidade sexual nas escolas e a qualquer tema que venha a defender os direitos humanos da população LGBT (Lésbicas, *Gays*, Bissexuais e Transgêneros). Tem um discurso muito preconceituoso e inclusive foi condenado por danos morais por sua narrativa homofóbica.

Seu preconceito também atinge os imigrantes que vêm chegando ao país. Em uma entrevista a um meio de comunicação afirmou: "[...] mas, caso venham reduzir o efetivo (das Forças Armadas) é menos gente nas ruas para fazer frente aos marginais do MST, dos haitianos, senegaleses, bolivianos e tudo que é escória do mundo que, agora, estão chegando os sírios também. A escória do mundo está chegando ao Brasil como se nós não tivéssemos problema demais para resolver" (apud Vitor, 2015). Então, em uma sentença, coloca os militantes do MST, Movimento dos Trabalhadores Sem Terra, e todos os imigrantes, como criminosos, "escória do mundo", os quais, ao invés de receber auxílio em políticas de inclusão, devem ser combatidos como inimigos pelas Forças Armadas. Portanto, para sua retórica política, a criação de um inimigo, do conflito entre grupos, canaliza o mal-estar, o ódio na diferença, e acaba tendo eficácia para angariar mais votos da população.

O sexto ponto refere-se à característica de seu discurso que remete *(f) à ação e emoção*, e não à racionalização. O discurso de ação tem bastante eficácia com o público, pois a população de certa forma está cansada dos políticos que falam muito e supostamente fazem pouco. Seu discurso oferece ações concretas, como o combate à violência e a inimigos sociais. Não fica em abstrações semânticas, ou na promessa que o povo já não mais confia que os políticos irão cumprir. Entretanto, esse discurso de ação remete a uma semântica de exclusão, às práticas de criminalização e de mais punição, que se sabe há muito que não irão resolver o problema da violência e da insegurança social. Defende o porte de armas, contra o Estatuto de Desarmamento, e já sabemos de acordo com muitas pesquisas que a liberação do porte de armas apenas aumentará a violência e não protegerá o cidadão comum. Outro discurso de ação é a retirada de terras de indígenas e quilombolas, inclusive desumanizando-os.

E seu discurso mobiliza muito mais a emoção do que a razão. Obviamente o *marketing* político prioriza o manejo dos afetos, das paixões, das emoções no comportamento eleitoral, ao invés de transmitir um discurso racional mais consistente. Entretanto, Bolsonaro mobiliza o ódio e a destrutividade da população em direção às minorias, o que está resultando em eventos catastróficos, como o aumento da violência sobre as minorias, seja sobre as mulheres, as travestis, o assassinato do Mestre Moa da capoeira etc. Ele mobiliza a ira frente a uma situação de injustiça, por exemplo, da corrupção, mas não de uma forma para resolver o problema da injustiça, de acabar com a corrupção. Mas sim de canalizar a ira na depreciação (Bisquerra, 2017) e destruição do outro, nesse ódio ao outro. Então a questão do microfascismo na retórica populista é como se mobiliza a destrutividade dirigindo-a ao outro diferente (Hur, 2018), compreendendo que ela está difusa por aí em todos. E que todos nós portamos um *quantum* desse ódio e destrutividade. Mas do ponto de vista ético, o ideal é que essa destrutividade seja reprimida, represada e controlada, mas Bolsonaro realiza o movimento inverso, fomentando, incitando esse ódio para que as minorias sejam punidas. Por isso consideramos que a depreciação das minorias e o discurso violento que Bolsonaro está incitando é muito perigoso.

Assim, a pergunta é: Por que mesmo com este discurso intensamente preconceituoso houve a vitória eleitoral de Bolsonaro? Ele aproveita o atual momento de crise e de tendência à polarização para se colocar como o homem providencial que resolverá os problemas.

Utiliza uma estratégia retórica clássica do populismo, mas ao invés de produzir um perfil populista tradicional latino-americano, leva seu discurso a um extremismo que o aproxima de um neofascismo. Com seus poucos enunciados, ele maneja de forma eficaz as principais dimensões do fascismo: biopolítica racial, reivindicação do espaço vital e denúncia do inimigo (Deleuze, 2014). Ele é o porta-voz (Pichon-Rivière, 1982) do discurso preconceituoso e de desprezo e ódio às minorias sociais que é cotidianamente expresso por milhões de brasileiros no espaço privado, mas que é proibido no espaço público pelo discurso considerado como "politicamente correto". Bolsonaro manejou tais afetos como estratégia para ganhar votos. Por isso que nossa hipótese é que seu discurso agressivo e desrespeitoso às diferenças, por mais que pareça ser emitido por alguém desarrazoado, é calculadamente concertado e planejado para ter esses efeitos de adesão que acabou ganhando em tempos de crise. E tal posicionamento o levou à vitória nas eleições presidenciais de 2018.

Mecanismos psicopolíticos de adesão ao extremismo político

Após análise do contexto sociopolítico, do neoliberalismo, que gera a sensação de crise social, e das dimensões discursivas de Bolsonaro, que expressam a necessidade de defesa de uma identidade nacional e o ataque a um inimigo, neste tópico buscamos discutir os mecanismos psicopolíticos intersubjetivos que levam os coletivos sociais à adesão aos discursos polarizados e extremistas.

Diferente da crença do senso comum, no início de 2018 ele não tinha ampla adesão da população pobre, a qual vota em Lula. A parte do eleitorado em que Bolsonaro é hegemônico é a população rica e de classe média, inclusive a que ganha mais de dez salários mínimos por mês, conforme pesquisa do Instituto Datafolha (Magalhães, 2018). Neste segmento populacional ele vence todos os outros candidatos, inclusive Lula. Este dado é convergente com a literatura sobre extremismos políticos, a qual revela que as pessoas que aderem a posições extremistas não são as mais pobres. Por exemplo, os terroristas islâmicos não pertencem às camadas mais pobres e com pouca formação educacional (Sunstein, 2009). Outra característica de seu eleitorado é que, como constatado pelo Ibope (Instituto Brasileiro de Opinião Pública e Estatística), é composto pela população jovem, 60% de seus eleitores têm entre 16 e 34 anos. E 90% dos eleitores de Bolsonaro têm acesso cotidiano à internet, enquanto a média geral é de apenas 68% (Machado, 2017).

Esses dados chamam a atenção, pois rompem com o pressuposto de que as classes pobres e sem formação é que apoiariam com maior intensidade um discurso calcado na violência e na punição. Também rompe com a ideia de que condutas extremistas sejam adotadas por pessoas pertencentes a uma multidão irracional. Ao contrário, parte significativa é de pessoas jovens, com boas condições materiais de vida, acesso à tecnologia e às informações. Isso nos leva a propor que a adesão ao discurso extremista de Bolsonaro, além do contexto sociopolítico, tem a ver com mais dois pontos: os modos atuais de socialização e participação política e o funcionamento psicopolítico dos grupos.

Socialização política. Hoje em dia, o jovem de quase 30 anos, que nasceu após o fim do bipolarismo mundial, não teve sua socialização política por meio da participação em grêmios estudantis, partidos ou outros tipos de associações civis. Sua socialização política se deu, em grande parte, através da recepção dos conteúdos dos meios de comunicação de massas e atualmente por meio de sua interação com a internet. Houve assim a transição de um enquadramento coletivo presencial para um individual e digital. Consideramos que essa mudança de agenciamentos é uma variável fundamental para os modos de ativismo político da atualidade.

Os intelectuais que abordam a utilização das redes sociais de internet na mobilização social apresentam uma perspectiva otimista de como elas podem potencializar a ação política, pois aumenta a participação e autonomia dos ativistas (Castells, 2012; Espelt, Rodríguez-Carballeira & Javaloy, 2015). Concordamos com essa posição, principalmente nos casos em que o sujeito que utiliza as redes virtuais já tem uma formação política anterior. Mas quando as redes sociais são seu agente de formação política, percebemos outra configuração. No enquadramento político presencial, a socialização política se efetuava no meio de um coletivo, no qual se devia escutar e, quando possível, expressar as distintas propostas. Hoje em dia, na internet, ela se realiza de modo isolado e diante do computador, ou do telefone celular, em que não se escuta o outro, e às vezes nem o lê. Essa nova disposição elimina o que Kaës (1997) denomina de mecanismos paraexcitatórios de grupo. Sua proposição é de que na situação presencial em um coletivo há forças grupais que têm como efeito a diminuição da intensidade das pulsões individuais, como, por exemplo, a sexualidade e a agressividade. Nesse sentido o indivíduo aceita o contrato grupal e se contém, seja no âmbito consciente ou inconsciente. Porém, isolado em seu quarto, sem o contato imediato com um outro que possa lhe interpelar, há, em certa medida, a suspensão desses mecanismos paraexcitatórios que um grupo presencial mobiliza. Dessa forma, não se instaura um pacto de conduta grupal e o jovem atualiza uma conduta narcísica e onipotente. Protegido pelas paredes de seu quarto, sente-se no direito de expressar todas as suas opiniões e condutas agressivas na *web*. Preocupa-se mais em expressar sua posição do que ler e compreender o que o outro está expressando. Estabelece-se uma lógica da negatividade, e não da complementaridade. Para manter o imaginário narcisista, o outro é visto como oponente, adversário, já que se pode negá-lo. Assim, a opinião do outro deve ser contradita, antes que a minha seja. Essa conformação é favorável aos fenômenos de *groupthink* (Janis, 1972), pois assim as pessoas que pensam de determinada forma tendem a se agrupar, bloqueando novas associações e informações. Por isso são muito comuns as intensas brigas que se desenrolam nos fóruns e comunidades de internet, mesmo que os interlocutores muitas vezes não tenham opiniões substancialmente distintas. Esta disposição isolada de socialização é muito semelhante ao que denominamos como o "efeito do motorista de carro". Quando entramos no carro para dirigir, de uma forma automática, passamos a buzinar e ofender aos outros condutores, ou a pedestres, de forma muito diferente do que faríamos em uma relação face a face, sem a mediação do carro. Nesses espaços é como se houvesse uma suspensão da repressão.

O discurso de Bolsonaro aborda esses processos de desejo de aniquilamento do outro inimigo e da diferença, entrando em um regime de convergência aos anseios individuais de destrutividade. Ele encarna e corporifica o ódio e a exclusão ao outro. Dessa forma, emerge espontaneamente e de forma celular e difusa o apoio de admiradores a Bolsonaro. É como se o ódio e a destrutividade entrassem em um regime de ressonância e contagiassem as pessoas em focos descentralizados na imensidade do território nacional. Assim as moléculas de ódio vibram na mesma ressonância, atingindo cada vez mais uma amplitude maior, tal como ondas de *wi-fi*.

Seus admiradores e ativistas políticos optam por uma modalidade de participação política individual e digital. Alugam *outdoors* para fazer sua divulgação, propagam suas posições, vídeos e inclusive produzem notícias falsas (as *fake news*) na *web*. Seguindo a lógica das ondas de *wi-fi*, o ativismo digital, impessoal e isolado é o mais difundido, cumprindo um papel bastante eficaz para a transmissão de seu discurso e o combate à esquerda política e às minorias sociais. Por outro lado, por ser um tipo de participação política individual e digital, e não coletiva no sentido presencial, poucos de seus ativistas se mobilizavam em protestos e comícios. Desse modo, não é raro que Bolsonaro teve que cancelar eventos políticos por falta de público, como o ato que organizou para criticar Lula em março de 2018 em Curitiba (Rossini, 2018). Portanto, o Bolsonaro-candidato, com seu discurso de ódio, não arrastava as massas nas ruas, senão arrancava *likes* nas redes digitais de pessoas isoladas diante de seus computadores e celulares. Seguramente emerge uma nova forma de participação política, que definiu e definirá o futuro do país.

Funcionamento psicopolítico dos grupos. Muitos teóricos da psicologia de grupo sustentam que geralmente há duas modalidades de funcionamento grupal que podemos denominar de: o sofisticado e o primitivo. É como se fossem duas polaridades, em que em um extremo há a polaridade de um grupo racional, produtivo, e, no oposto, um grupo regressivo, antiprodutivo, sendo duas posições móveis. Estas duas configurações recebem uma diversidade de denominações, como grupo-sujeito e grupo-sujeitado (Guattari, 1972), polo homomórfico e polo isomórfico (Kaës, 1997), grupo de trabalho e grupo de pressupostos básicos (Bion, 1975) e grupo em tarefa e grupo na pré-tarefa (Pichon-Rivière, 1982). Obviamente os distintos autores realizam diferentes teorizações acerca do fenômeno. Porém, um eixo comum é que o movimento de progressão-regressão do grupo está mediado pelos processos cognitivos-afetivos do coletivo. Por exemplo, Pichon-Rivière (1982) sustenta que todo grupo passa por um movimento de indiferenciação, de uma regressão cognitiva-afetiva, que é natural e comum a todos os coletivos sociais e não tem nada de psicopatológica. Desse modo, pode-se estabilizar os afetos e realizar a tarefa, ou ficar em estados primitivos, nos quais as ansiedades têm prevalência. Isto é, pode atingir uma capacidade produtiva, ou ficar na paralisia ou antiprodução. Contudo, ressaltamos que no par cognitivo e afetivo, conforme Sabucedo et al. (2006), o primeiro termo não está diretamente relacionado ao racional e o segundo ao irracional. Ambos se entrelaçam e muitas vezes os afetos potencializam a produção da mobilização coletiva.

Para visibilizar esse processo, em trabalho anterior (Hur & Sabucedo, 2019) elaboramos uma cartografia psicopolítica dos distintos posicionamentos dos coletivos sociais, mediante sua relação entre cognição e afetos. Na figura 5.1 localizamos a atual situação brasileira. Se supomos que o ponto inicial de um grupo é o encontro entre os dois eixos, ele estaria na dobra entre a progressão e a regressão coletiva. Nos casos em que há uma prevalência de ansiedades e sentimentos como o medo e a ira, consideramos que haverá redução dos processos de cognição mais sofisticados, havendo um deslocamento para a direita do diagrama. Assim sendo, o grupo se encontra em uma zona de impotência, adotando uma conduta serial e de repetição, de forma semelhante à descrição de Sartre (1963). Na medida em que as ansiedades se intensificam, o grupo busca construir saídas de sua situação de quase paralisia, do campo prático-inerte (Sartre, 1963). Se não adota um processo de elaboração afetiva e racionalização, que o levaria à esquerda do diagrama, como um potencial à constituição do grupo de trabalho, ele poderá assumir condutas primitivas e reducionistas, polarizando-se contra um inimigo. Nesse sentido, se deslocaria da posição de grupo serial para o de grupo polarizado, localizando-se mais à direita do diagrama. Nessa posição, ao invés de buscar conciliar as diferenças e a mediação com o outro, visa sua dominação. Portanto, consideramos que é uma situação com alta tendência ao autoritarismo, hierarquização e dominância social (Sidanius, 1993).

Figura 5.1 Situação psicopolítica no Brasil no modelo dos posicionamentos de grupo, referidos ao gradiente cognição/afetos

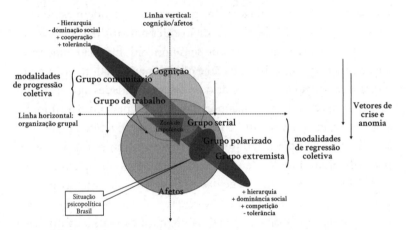

Compreendemos que o cenário psicopolítico brasileiro se encontra no quadrante inferior direito. A crise e as ansiedades generalizadas sentidas fomentam uma regressão aos grupos, diminuindo suas capacidades de racionalização rebuscada. Desse modo, a atividade grupal não segue a lógica do grupo de trabalho, sendo mais primitiva, levando assim à emergência da polarização e dos conflitos políticos. Os coletivos sociais, em sua maioria, estão na posição de grupo polarizado, mantendo o debate em uma conformação dicotômica, com alto grau de competição e intolerância. Nesse sentido, o diálogo entre as diferenças não é possível. Todavia, consideramos que ainda não se chegou à posição de grupo extremista, por mais que haja a emergência de alguns movimentos extremistas, que por enquanto são minoritários.

Porém, se a polarização se intensificar e não se reduzir, é possível que haja a prevalência de mais ansiedades primitivas e se chegue ao grau máximo de regressão, do grupo extremista, que opera por um funcionamento agressivo e destrutivo, semelhante ao pressuposto básico de ataque e fuga (Bion, 1975), atualizando as forças de abolição (Deleuze & Guattari, 1996) e de desprezo ao outro (Bisquerra, 2017).

Ressaltamos que essa forma primitiva de conduta política, de agressividade e destrutividade dirigidas ao outro, não deve ser discutida pela perspectiva de questões psicopatológicas, como, por exemplo, Fromm (1941), que explica a adesão a movimentos autoritários por um suposto sadomasoquismo; senão por posições de grupo (cf. Figura 5.1). Consideramos que as pessoas que defendem as polarizações e extremismos políticos não estão enfermas ou alienadas por uma ideologia, pois elas têm clareza de suas posições. Elas não estão sendo enganadas por Bolsonaro, ele não é o líder manipulador, senão o porta-voz e expressão dos anseios de ódio e destrutividades das massas. Ele não engana as multidões, fala por elas. É o receptáculo que amplifica a agressividade e o ressentimento desses grupos. Evidentemente, com seu discurso de ódio e agressividade, ele incita a população ao extremismo. Porém, independente dele, consideramos que qualquer outra personalidade carismática, e neofascista, poderia cumprir esse papel de líder. O interessante de nossa época é que esse tipo de funcionamento primitivo não é disparado apenas na presença da massa, como defendia Le Bon (1895); há uma nova forma de contágio e ressonância de afetos primitivos via *web*. Desse modo, mesmo em um espaço isolado, um indivíduo solitário pode sofrer estes mesmos mecanismos de regressão, atuando de forma polarizada, agressiva e extremista.

Considerações finais

Neste capítulo fizemos uma cartografia psicopolítica do cenário social no Brasil. Articulamos os âmbitos sociopolíticos, intersubjetivos e cognitivo-afetivos do fenômeno dos extremismos políticos. Na instância trans-subjetiva, abordamos como a crise social é uma expressão da desterritorialização dos códigos sociais, fomentada pela intensificação da lógica neoliberal. A sensação de crise e desagregação provoca uma espécie de regressão intrapsíquica, na qual as ansiedades se intensificam e os processos cognitivos se tornam menos sofisticados. Desse modo, na dimensão intersubjetiva, a produção grupal se paralisa e pode converter-se em antiprodução, atualizando um funcionamento polarizado e agressivo (cf. Figura 5.1). Sua posterior intensificação pode dar lugar ao radicalismo (Stekelenburg, 2017). Nesse sentido, há uma relação em ascensão formada pela tríade crise-polarização-extremismos. Portanto, compreendemos que as polarizações e extremismos políticos surgem como a resultante do diagrama do capital, como sintoma do funcionamento dos coletivos submetidos a uma espécie de regressão afetiva e cognitiva.

A emergência da figura e do discurso agressivo de Bolsonaro nas eleições presidenciais expressa uma forma de contenção e direcionamento do mal-estar sentido. Como vimos, seu discurso não é propositivo no ponto de vista de um plano programático de governo. Sua retórica, além de utilizar categorias clássicas do populismo, como o conservadorismo, a ideia de nação, e a construção de um inimigo, focaliza uma ação violenta e extremista como resolução dos problemas sociais. Bolsonaro condensa os sentimentos de injustiça e mal-estar sobre os inimigos construídos, intensificando assim o ódio e a ira sobre esses grupos. Compreendemos que seu discurso diretivo traz uma proposta de ordem, funcionando como um mecanismo defensivo e de contenção diante da crise e das incertezas sentidas pelos grupos sociais. Os posicionamentos neofascistas oferecem respostas concretas que supostamente atacam a origem imaginária do mal-estar e sustentam o ideal de que tudo se cambie.

Hipotetizamos que a adesão ao discurso de Bolsonaro expressa o surgimento de outra modalidade de ativismo político. Percebemos que há um novo ator político que passou por outro tipo de socialização política. No processo de sua formação política, teve mais influência dos meios de comunicação e das informações da *web*, ao invés dos tradicionais espaços coletivos de politização. Esse ator político não participa dos protestos na rua e no espaço público, senão desenvolve um grande ativismo diante de seu computador em seu espaço privado. Estabelece-se assim uma nova forma de participação política.

Tal como ocorre com o populismo, parte significativa das classes médias corresponde ao eleitorado de Bolsonaro (Dorna, 2012). Porém, não consideramos que as classes médias sejam mais suscetíveis à sedução do líder populista, sendo manipuladas por ele ou por sua ideologia. É como se esta classe esperasse por um líder que expressasse publicamente tal discurso extremista e agressivo contra os coletivos que imaginariamente podem ameaçá-la e tirá-la de seu lugar constituído. O líder neofascista não é anterior aos anseios da massa, é sua expressão e sintoma. Por isso que o discurso da construção do inimigo está funcionando e tem eficácia para ganhar o eleitorado, pois apresenta grande convergência com a opinião de parcela significativa da população.

Por isso que as manifestações contra Dilma Rousseff e o PT foram muito maiores que os protestos contra a corrupção do governo de Michel Temer. Não se lutou contra a corrupção, senão contra o inimigo produzido pelos meios de comunicação: um governo de esquerda política. Não se buscou lutar contra a injustiça, senão eliminar o inimigo do espaço público de poder. De tal forma que podemos afirmar que se na América Latina a alienação e a ideologização eram os principais traços que marcavam os povos, hoje em dia houve um giro, em que não é mais a figura do "latino indolente" (Martín-Baró, 1987) que simboliza os grupos oprimidos vítimas da alienação, senão o "indivíduo excepcional", mas que está isolado, arrogante, destrutivo e supostamente autossuficiente.

Não se deve horrorizar-se com este quadro, concluindo que a barbárie e a violência são onipresentes, ou depreciar aos que aderem a movimentos extremistas. Devemos compreender suas dimensões sociopolíticas, cognitivas e afetivas para planejar modos de intervenção e políticas públicas que reduzam esse grau de conflitos e incomunicabilidade. Deve-se utilizar as ferramentas da Psicologia Política para constituir espaços de mediação e elaboração, nos quais se possam trabalhar as ansiedades e os processos de cognição, para assim produzir novos quadros possíveis de convivência.

Referências

Anzieu, D. (1991). *O grupo e o inconsciente*. São Paulo: Casa do Psicólogo.

Balloussier, A.V. (2018). Mais segurança e "menos privilégios para as minorias": Eleitores de Bolsonaro dizem por que votam nele. *Jornal Folha de São Paulo*, 25/03/2018 [Recuperado em 01/04/2018 de https://www1.folha.uol.com.br/poder/2018/03/mais-seguranca-e-menos-privilegios-para-minorias-eleitores-de-bolsonaro-dizem-por-que-votam-nele.shtml].

Barus-Michel, J. (2002). Considérations psycho-politiques sur une actualité de crise: le 11 septembre 2001. *Les Cahiers Psychologie Politique* 1 [Disponível em http://lodel.irevues.inist.fr/cahierspsychologiepolitique/index.php?id=1659].

Bion, W.R. (1975). *Experiências com grupos* – Os fundamentos da psicoterapia de grupo. Rio de Janeiro/São Paulo: Imago/Edusp.

Bisquerra, R. (2017). *Política y emoción* – Aplicaciones de las emociones a la política. Madri: Pirámide.

Bolsonaro, J. (1999). Entrevista. *Programa Câmera Aberta* [Recuperado em 01/04/2018 de https://www.youtube.com/watch?v=PGTtIGmOY24].

_____. (2018a). *Jair Bolsonaro*. Site oficial [Recuperado em 01/04/2018 de https://www.bolsonaro.com.br/].

_____. (2018b). *Jair Messias Bolsonaro*. Página do Facebook [Recuperado em 01/04/2018 de https://www.facebook.com/pg/jairmessias.bolsonaro].

Carneiro, C. (2011). Eu defendo a tortura (entrevista com Jair Bolsonaro). *IstoÉ Gente* [Recuperado em 01/04/2018 de https://web.archive.org/web/20130531142150/http://www.terra.com.br/istoegente/28/reportagens/entrev_jair.htm].

Castells, M. (2012). *Redes de indignación y esperanza* – Los movimientos sociales en la era de internet. Madri: Alianza.

Costa, A.C. (2017). A ameaça Bolsonaro. *Revista Veja*, n. 2.551, 11/10/2017.

Deleuze, G. (1976). *Nietzsche e a filosofia*. Rio de Janeiro: Rio Sociedade Cultural.

_____. (1992). *Conversações*. São Paulo: Ed. 34.

_____. (2014). *El poder* – Curso sobre Foucault (Tomo 2). Buenos Aires: Cactus.

Deleuze, G. & Guattari, F. (1976). *O Anti-Édipo*. Rio de Janeiro: Imago.

_____. (1995). *Mil Platôs* – Capitalismo e esquizofrenia. Vol. 2. São Paulo: Ed. 34.

_____. (1996). *Mil Platôs* – Capitalismo e esquizofrenia. Vol. 3. São Paulo: Ed. 34.

Dorna, A. (2006). La psicología política – Un enfoque heurístico y un programa de investigación sobre democracia. *Liberabit* 12(12), 21-31 [Disponível em http://pepsic.bvsalud.org/scielo.php?script=sci_arttext&pid=S1729-48272006000100003&lng=pt&tlng=es].

_____. (2012). *Fait-il avoir peur de l'homme providentiel?* Paris: Bréal.

Enriquez, E. (1990). *Da horda ao estado* – Psicanálise do vínculo social. Rio de Janeiro: Zahar.

Espelt, E., Rodríguez-Carballeira, Á. & Javaloy, F. (2015). Comportamiento colectivo y movimientos sociales en la era de las redes sociales. In J.M. Sabucedo & J.F. Morales (eds.). *Psicología Social.* Madri: Panamericana, p. 349-369.

Felitte, A. (2017). Bolsonaro adota discurso nacionalista, mas, na prática, adota velho entreguismo. *Carta Capital – Justificando,* 17/10/2017 [Recuperado em 01/04/2018 de http://justificando.cartacapital.com.br/2017/10/17/bolsonaro-adota-discurso-nacionalista-mas-na-pratica-adota-velho-entreguismo/].

Freud, S. (1921). Psicologia de grupo e análise de ego. In *Obras Psicológicas Completas de Sigmund Freud.* Vol. XVIII. Rio de Janeiro: Imago, 1976, p. 87-179 [ed. standard brasileira].

Fromm, E. (1941). *El miedo a la libertad.* Buenos Aires: Paidós, 1981.

Gorender, J. (1998). *Combate nas trevas.* 5. ed. São Paulo: Ática.

Guattari, F. (1972). *Psychanalyse et transversalité* – Essais d'analyse institutionnelle. Paris: Maspero.

G1 (2015). STF arquiva inquérito contra Bolsonaro por falas sobre Preta Gil. *G1 – Política,* 27/05/2015 [Recuperado em 01/04/2018 de http://g1.globo.com/politica/noticia/2015/05/stf-arquiva-inquerito-contra-bolsonaro-por-falas-sobre-preta-gil.html].

Han, B.C. (2012). *La sociedad del cansancio.* Barcelona: Herder Editorial.

Hur, D.U. (2018). *Psicologia, Política e Esquizoanálise.* Campinas: Alínea.

_____. (no prelo). Psicologia Política Latino-americana e psicanálise de grupo – Contribuições de Pichon-Rivière (mimeo.).

Janis, I.L. (1972). *Victims of groupthink*. Boston: Houghton.

Kaës, R. (1980). *L'ideologie* – Etudes psychanalytiques. Paris: Dunod.

_____. (1997). *O grupo e o sujeito do grupo* – Elementos para uma teoria psicanalítica de grupo. São Paulo: Casa do Psicólogo.

_____. (2005). *Espaços psíquicos comuns e partilhados* – Transmissão e negatividade. São Paulo: Casa do Psicólogo.

Klandermans, B. & Mayer, N. (eds.) (2006). *Extreme right activists in Europe* – Through the magnifying glass. Londres: Routledge.

Lazzarato, M. (2013). *La fábrica del hombre endeudado* – Ensayo sobre la condición neoliberal. Buenos Aires: Amorrortu.

_____. (2014). *Signos, máquinas, subjetividades*. São Paulo: Ed. Sesc, n.1.

Le Bon, G. (1895). *Psicología de las masas*. Madri: Morata, 2005.

Machado, L. (2017). Por que 60% dos eleitores de Bolsonaro são jovens? *BBC Brasil* [Recuperado em 01/04/2018 de http://www.bbc.com/portuguese/brasil-41936761].

Magalhães, M. (2018). Os brasileiros mais pobres são a maior resistência à candidatura Bolsonaro. *The Intercept Brasil* [Recuperado em 01/04/2018 de https://theintercept.com/2018/03/28/brasileiros-pobres-sao-a-maior-resistencia-a-bolsonaro/].

Martín-Baró, I. (1987). El latino indolente. Carácter ideológico del fatalismo latinoamericano. In M. Montero (ed.). *Psicología Política Latinoamericana*. Caracas: Panapo, p. 135-162.

Moreras, J. (2015). ¿Por qué unos jóvenes se radicalizan y otros no? *Notes internacionals* – *Cidob* 123, 1-5 [Disponível em https://www.cidob.org/publicaciones/serie_de_publicacion/notes_internacionals/n1_123_por_que_unos_jovenes_se_radicalizan_y_otros_no/por_que_unos_jovenes_se_radicalizan_y_otros_no].

Mudde, C. (2004). The populist zeitgeist. *Government and opposition* 39, 542-563 [Disponível em https://doi.org/10.1111/j.1477-7053.2004.00135.x].

Pichon-Rivière, E. (1982). *O processo grupal*. São Paulo: Martins Fontes.

Revista Fórum (2017). Bolsonaro: "Eu tenho 5 filhos. Foram 4 homens, a quinta eu dei uma fraquejada e veio uma mulher" [Recuperado em

01/04/2018 de https://www.revistaforum.com.br/bolsonaro-eu-tenho-5-filhos-foram-4-homens-a-quinta-eu-dei-uma-fraquejada-e-veio-uma-mulher-2/].

Ribeiro, L.G.M., Lasaitis, C. & Gurgel, L. (2016). Bolsonaro Zuero 3.0. Um estudo sobre as novas articulações do discurso da direita brasileira através das redes sociais. *Revista Anagrama*, 10(2), 1-16 [Recuperado em 01/04/2018 de https://www.revistas.usp.br/anagrama/article/view/118020].

Rolnik, S. (1997). Psicologia – Subjetividade, ética e cultura. *Saúdeloucura*, 6: Subjetividade. São Paulo: Hucitec.

Rossini, A. (2018). Sem público, Bolsonaro desmarca evento no centro de Curitiba. *ParanáPortal*, 29/03/2018 [Recuperado em 01/04/2018 de https://paranaportal.uol.com.br/politica/416-bolsonaro-cancela-evento-curitiba/].

Sabucedo, J.M., Durán, M., Fernández, C., Romay, J. & Dorna, A. (2006). Mouvements sociaux – Discours et action. In A. Dorna & J.M. Sabucedo (eds.). *Crisis et violence politiques*. Paris: Éditions In Press, p. 41-70.

Sartre, J.-P. (1963). *Crítica de la razón dialéctica*. Buenos Aires: Losada.

Sidanius, J. (1993). The psychology of group conflict and the dynamics of oppression. A social dominance perspective. In S. Iyengar & W.J. McGuire (eds.). *Explorations in Political Psychology*. Durham: Duke University Press.

Stekelenburg, J. van (2017). Radicalization and violent emotions. *Political Science and Politics* 50(4), 936-939.

Sunstein, C.R. (2009). *Going to Extremes* – How like minds unite and divide. Nova York: Oxford University Press.

Tajfel, H. & Turner, J.C. (2004). The social identity theory of intergroup behavior. In J.T. Jost & J. Sidanius (eds.). *Political Psychology*. Nova York: Psychology Press.

Vitor, F. (2015). Entrevista: Bolsonaro vê imigrantes como "ameaça" e chama refugiados de "a escória do mundo". *Jornal Opção*, n. 2.097, 18/09/2015 [Recuperado em 01/04/2018 de https://www.jornalopcao.com.br/ultimas-noticias/bolsonaro-ve-imigrantes-como-ameaca-e-chama-refugiados-de-a-escoria-do-mundo-46043/].

— 6 —
Neoautoritarismos e resistências sociais na Venezuela
Vida cotidiana da mitologia bolivariana

Mireya Lozada
Universidade Central de Venezuela

Introdução

A proposta de transformar a desprestigiada democracia representativa da Venezuela em uma democracia participativa e protagonista foi uma das principais promessas de Hugo Chávez ao aceder à presidência pela via eleitoral, com 56,5% dos votos em dezembro de 1998, seis anos após protagonizar um golpe de Estado.

Desde sua chegada ao poder, o marco da Revolução Bolivariana, os anseios de justiça social, mudança e destruição do instituído, vem conjuntamente com a negação do Outro, num contexto de alto conflito, no qual os adversários políticos se percebem mutuamente como inimigos e se enfrenta um processo agudo de polarização social que tem sido utilizado como mecanismo eficaz de controle e dominação sociopolítica.

A Revolução Bolivariana foi sufocando a democracia e legitimando novas formas de autoritarismo numa crescente militarização da vida social. Com uma diferença paradoxal com as experiências socialistas e revolucionárias em nível mundial, expressou formas hegemônicas de um socialismo do século XXI, confuso e incerto ideologicamente, cuja deriva messiânica caudilhista e militar esteve marcada por um esquema corrupto e clientelista que permitiu enriquecer uma nova elite política e econômica, amparada no modelo rentista do Estado venezuelano.

De modo igual à "Quarta República", a instrumentalização política da indústria petroleira e uma agressiva política exterior, que contou com elevados preços do petróleo nos primeiros anos do governo de Hugo Chávez, tiveram um papel fundamental durante a "Quinta República"[18]. Ao seu carisma e liderança se somou o valor do petróleo. Com esse ingresso financeiro, manejado com pouca transparência, segundo denúncias posteriores de ex-ministros[19], o governo iniciou programas sociais de moradia, saúde e educação e redistribuiu parte dessa renda a setores sociais antes excluídos, sem produzir transformações estruturais que favorecessem a organização política produtiva da sociedade e aprofundassem a democracia (Cilento-Sarli et al., 2015).

O "capitalismo de Estado" (López Maya, 2007) de um país com posição estratégica, no qual se desenrolam interesses econômicos e geopolíticos mundiais, que possui as maiores reservas de petróleo e uma enorme extensão de riquezas, outorgou para empresas transnacionais a exploração petrolífera e mineira em zonas indígenas com grave dano patrimonial e ecológico, alinhando-se com mecanismos de dominação internacional, controle de mercados e recursos naturais.

Em meio à diminuição dos preços do petróleo e da capacidade produtiva da petroleira estatal PDVSA, o Presidente Nicolás Maduro se nega a introduzir mudanças no modelo econômico herdado de Chávez e recusa as recomendações dos especialistas, acusando uma "guerra econômica", produto de uma conspiração nacional e internacional. Manobras desestabilizadoras, que para ele e seus porta-vozes são perpetradas por setores da "direita" para derrotar o governo

---

18. Ao aceder à presidência, Hugo Chávez convocou a Assembleia Nacional Constituinte, que a seu juízo permitiria alcançar o poder constituinte fundacional da "Quinta República", hoje "República Bolivariana de Venezuela".

19. Giordani e Navarro denunciam mal investimento de 300 bilhões de dólares durante a última década (02/02/2016) [Recuperado de https://www.lapatilla.com/site/2016/02/02/giordani-y-navarro-denuncian-malversacion-de-300-000-millones-de-dolares-durante-la-ultima-decada/]. • Justiça espanhol ainvestiga a ex-cúpula de PDVSA por lavagem de dinheiro (27/01/2018) [Recuperado de https://www.lapatilla.com/site/2018/01/27/justicia-espanola-investiga-a-ex-cupula-de-pdvsa-por-blanqueo-de-capitales/].

bolivariano e restaurar o neoliberalismo[20], enquanto seus críticos afirmam que se trata de ganhar tempo na espera de um aumento dos preços do petróleo e contornar as sanções internacionais (Martín, 2018), que o permitiria ampliar a política clientelista e manter-se no poder.

Todavia, a Venezuela enfrenta hoje sua mais grave crise estrutural e humanitária. Há grave escassez de alimentos, remédios e insumos em distintas áreas, bem como índices de inflação, violência e impunidade entre os mais altos do mundo[21]. Preso na anomia e anarquia, o país também transita na consolidação do aparato autoritário e militar em todos os âmbitos: indolência, cinismo, repressão e controle dos governantes, diante das demandas constitucionais dos cidadãos, submetidos a um profundo sofrimento psicossocial.

O exercício autoritário do governo bolivariano na Venezuela nos últimos anos é implacável, mas também é intensa a capacidade de resistência contra o poder que busca dobrar a vontade e a dignidade da população. Ao longo de quase duas décadas, diversos setores e regiões do país expressaram formas criativas de resistência social e política.

Desde a luta que se desencadeou entre seguidores e opositores da proposta governamental na chegada de Chávez ao poder, a qual incluiu ações insurrecionais que levaram ao golpe de Estado em abril de 2001, até os protestos massivos que responderam o chamado a "A saída" em fevereiro de 2014, diversos setores da oposição democrática venezuelana expressaram seu descontentamento com a política governamental e alcançaram uma nova correlação de forças que logrou uma maioria nos comícios parlamentários em 6 de dezembro de 2015.

---

20. CNN Espanhol (13/11/2017) [Recuperado de http://cnnespanol.cnn.com/video/cnnee-sot-la-sexta-tv-nicolas-maduro-entrevista-dinero-guerra-economica-sistema-de-cambo-ilegal/]. •

Arreaza denunciou na Alba ataques da direita para derrotar Maduro (14/12/2017) [Recuperado de http://minci.gob.ve/2017/12/arreaza-alba-ataques-maduro/].

21. Portafolio (21/12/2017). Venezuela termina 2017 com uma inflação de 2.000% [Recuperado de http://www.portafolio.co/internacional/venezuela-termina-2017-con-una-inflacion-del-2-000-512815].

Em abril de 2017 se produziu uma nova escalada de conflitos e extensos protestos sociais em todo o país por causa das sentenças 155 e 156 da Sala Constitucional do Tribunal Supremo de Justiça (TSJ) referentes à supressão da imunidade parlamentar, a autoatribuição do citado tribunal das competências parlamentares da Assembleia Nacional (NA) e a ampliação de poderes e faculdades constitucionais do Presidente Nicolás Maduro. Essas ações se constituíram, no juízo da procuradora-geral da República, como a "ruptura da ordem constitucional" (Ferreira, 2017). A brutal repressão policial e militar desses protestos deixou um elevado saldo de detenções, presos políticos, feridos e mortes (Foro Penal, 2018).

O tão temido caos coletivo, rastros do imaginário do *Caracazo* de fevereiro de 1989, começou a mostrar sua expressão nessas manifestações, cobiçadas ou não pela liderança de partidos da oposição, cuja credibilidade diminuiu sensivelmente após o fracasso de diversas tentativas de diálogo empreendidas pelo Vaticano e mediadores internacionais, durante os anos de 2016, 2017 e início de 2018.

Tais resistências e manifestações continuam buscando resposta aos desafios que uma transição democrática coloca. De uma parte, a mudança do modelo rentista, e de outra, a reconstrução do tecido social fragmentado pela ruptura do imaginário social-democrata e o agudo processo de polarização sociopolítica em nível nacional.

Devido à complexidade e incerteza desse contexto, e a partir de uma perspectiva psicopolítica que destaca a interação entre representações e imaginários sociais (Moscovici, 1988; Castoriadis, 1975), este capítulo aborda as tensões entre essas formas de neoautoritarismo e processos de resistência social presentes hoje na Venezuela, bem como os desafios colocados a uma transição democrática num modelo pós-rentista.

Essa problematização focaliza nossa perspectiva numa tríade: petróleo, povo e poder, fio narrativo que explora a estrutura de relações e intercâmbios econômicos, políticos, culturais, simbólicos, construídos por um modelo rentista que evitou, negou, ou afrontou de maneira avessa os conflitos sociais e ressignificou mitos que legitimam a construção heroica-caudilhista da nação e sua ação cidadã.

Conflito político e polarização social

Os dilemas do chavismo-antichavismo e a análise de fatores estruturais e oscilações conjunturais que contribuíram para intensificar o conflito e a polarização social durante quase 20 anos do governo bolivariano excedem os objetivos deste trabalho. É interessante destacar aqui alguns elementos do processo de polarização social que têm gerado a construção de representações antagônicas dos grupos em conflito e imaginários do "Outro inimigo", provocando uma profunda fratura do tecido social, distintas expressões de violência política e uma progressiva deterioração da democracia na Venezuela. A polarização social[22] (Martín-Baró, 1985; Lozada, 2004) é caracterizada por:

1) Estreitamento do campo perceptivo: o esquema dicotômico e estereotipado "nós-eles" é imposto a todos os âmbitos da existência e se sobrepõe a qualquer outro esquema perceptivo, condicionando o significado de fatos, ações e objetos.

2) Forte carga emocional: seguindo o esquema dicotômico maniqueísta, é produzida uma aceitação ou rechaço da pessoa ou grupo contrário.

3) Implicação pessoal: qualquer evento captado em termos polarizados parece afetar a própria pessoa.

4) Exclusão e intolerância: os indivíduos, grupos e instituições, situados ou pressionados socialmente a situar-se em uma das duas posições, sustentam as mesmas atitudes de rigidez, intolerância e exclusão presentes na confrontação política, que negam a discussão, o diálogo ou o debate de diferentes posições.

---

22. Mesmo quando estão intimamente ligadas, aqui se distingue a polarização social da polarização política, que se refere a forças que giram em torno de dois polos definidos em termos ideológicos nos sistemas partidários, que emergem e são reforçados em conjunturas eleitorais e debates de assuntos públicos (Sartori, 1985).

A polarização social, que se erige e se estende como mecanismo de poder e controle em nível mundial, tem expressões diferenciais em distintas regiões, setores sociais e políticos na Venezuela, gerando graves consequências (Lozada, 2016a):

1) Provoca um forte impacto no psiquismo individual e subjetividade social, com custos elevados de sofrimento pessoal e coletivo.

2) Atribui significados do discurso e ação do outro a partir de representações estereotipadas de classe, sexo, raça, etnia etc.

3) Fratura do tecido social. Gera separações, rupturas e confrontos em espaços de coesão e encontro familiar, escolar, laboral, comunitário.

4) Produz danos patrimoniais e urbanos.

5) Territorializa o conflito. Segmenta e criminaliza estados, cidades, povos, regiões do país identificados como "enclaves chavistas ou opositores".

6) Reduz as atividades em espaços públicos, devido ao clima de insegurança e tensão imperante.

7) Esgarça os fundamentos da convivência e identidade social ao estimular social ou institucionalmente a desconfiança e negação do Outro.

8) Estimula a aquisição de armas por parte da população.

9) Incrementa, naturaliza e legitima a violência política.

10) Constrói representações do conflito e de seus atores superestimados midiaticamente.

11) Aprofunda o conflito, obstaculizando seu manejo construtivo por vias democráticas e pacíficas.

12) Invisibiliza a histórica e complexa causalidade estrutural dos conflitos sociopolíticos (exclusão, pobreza, desemprego, corrupção, impunidade, esgotamento do modelo político etc.).

13) Privilegia a gestão do conflito e sua solução nos atores políticos em tensão, excluindo o resto dos setores sociais.

14) Empobrece o debate público, privilegiando o emissor e sua posição política, em detrimento da discussão sobre conteúdos.

15) Politiza as instituições, valoriza a fidelidade antes que a competição, com grave incidência na ação pública e violação de direitos civis e políticos.

16) Ressignifica os imaginários sociais "heroicos" da política, reduzida a triunfos ou derrotas diante do "inimigo".

Nós ou eles? Representações e imaginários do "Outro inimigo"

A diferenciação fundamental proposta por Summer em 1906 entre nós e eles, que delimita o pertencimento ou não a certos grupos, emerge nas *representações polêmicas* (Moscovici, 1988) que se construíram no contexto de conflito e polarização social vividos na Venezuela durante as últimas duas décadas. Os dados obtidos refletem a natureza antagônica das representações sociais dos dois grupos confrontados politicamente, "chavistas" (pró-governo) e "antichavistas" (oposição), assim como de um terceiro grupo, denominado como "Nem-Nem"[23] (nem com o governo, nem com a oposição)[24].

A organização e estruturação dicotômica da realidade social evidenciam-se em processos de "*ancoragem e objetivação*" que lhe outorgam valor funcional e servem de guia de leitura e ação coletiva. A Tabela 6.1 mostra a ancoragem social das representações, enquanto a Tabela 6.2 apresenta as instâncias de objetivação através dos termos utilizados para descrever o exogrupo (Lozada, 2014).

---

23. Na Venezuela o termo utilizado é "Ni-Ni". Optamos por utilizar a tradução de "Nem-Nem" pela coloquialidade do termo [N.T.].

24. Este setor que se situa em um contínuo de proximidade ou distância relativa e circunstancial com os dois polos de confrontação foi discriminado pela primeira vez no ano de 2005. Sua porcentagem populacional de cerca de 33% tende a se incrementar nos últimos anos. *Diario Las Americas* (02/01/2017). Aumenta o número de venezuelanos que se declaram nem chavistas nem opositores [Recuperado de https://www.diariolasamericas.com/america-latina/aumenta-numero-venezolanos-que-se-declaran-ni-chavistas-ni-opositores-n4111342].

Tabela 6.1 Formas de ancoragem social das representações

	"Chavistas"	"Antichavistas"
Sistema político	Revolução	Democracia
Modelo econômico	Socialismo século XXI	Capitalismo/Neoliberalismo
Classes sociais	Classes pobres	Classes médias e altas
Sujeitos sociais[25]	Povo	Sociedade civil
Cidadania	Revolucionária	Democrática

Tabela 6.2 Instâncias de objetivação das representações

Termos utilizados por "antichavistas" para qualificar "chavistas"	Termos utilizados por "chavistas" para qualificar "antichavistas"	Termos utilizados por "chavistas e antichavistas" para qualificar a "Nem-Nem"
"Boliburgueses"	Aflitos	Abstencionistas
"Chabestas"	"Azulitos, rosaditos"	Acomodados
"Chaburro"	Conspiradores	Apáticos
"Chusma"[26]	Cúpulas podres	Apolíticos
Comunistas	Escórias burguesas	Chavistas arrependidos
Círculos infernais	"Escuacas"	Chavistas de closet
Conectados	Esquálidos	Cômodos
Fascistas	Fascistas	Cretinos
Golpistas	Golpistas	Desinteressados
Hordas	Ignorantes	Estúpidos
"Loro rojito"	"Majunches"	Falta de compromisso
Lumpen	Mercenários	Falta de vontade

---

25. A fusão identitária líder-povo (Silva, 1999), que marcou a relação entre setores populares e Chávez no início de sua presidência, expressa rupturas e mudanças durante a presidência de Nicolás Maduro. Cf. *Diario Las Americas*. Aumenta número de venezuelanos que se declaram nem chavistas nem opositores (02/01/2017) [Recuperado de https://www.diariolasamericas.com/america-latina/aumenta-numero-venezolanos-que-se-declaran-ni-chavistas-ni-opositores-n4111342].

26. Deixamos entre aspas os qualificativos que não têm tradução clara no português [N.T.].

Maldita praga	Microcéfalos	Incapazes
"Maburro"	"Nazis de pacotilla"	Indiferentes
"Maleantes"	Opusgay	Insensíveis
"Mamarracho oficialista"	Oligarcas parasitas	Inúteis
Macaco pautado	"Pintiyanquis"	Irresponsáveis
"Piazo e loco"	Retrógrados	Pró-golpistas
Vermelhos, vermelhinhos	"Sifrinos"	Traidores
Traidores da pátria	Talibãs	Velha esquerda
	Vende-pátria	

(Algumas expressões utilizadas ao longo do conflito, especialmente em momentos de intensificação do conflito)[27]

Mesmo quando a evocação lexical e temática que emerge nessas representações refere-se a posturas ideológicas excludentes, os grupos "chavistas e antichavistas" estão conformados por partidos que defendem posturas que oscilam entre os extremos "direita e esquerda". Igualmente, os resultados eleitorais expressam a presença de setores pobres e de classe média em ambos os grupos.

Nas dimensões cognitiva, atitudinal e figurativa presentes nas representações de "chavistas e antichavistas" se reconhecem elementos

---

27. *Boliburgueses*: termo que utiliza a contração das palavras bolivariano e burguesia para referir a ministros ou funcionários do governo que enriqueceram com os recursos públicos.

Esquálido: Peixe. "Família de esqualos com uma espinha proeminente em cada barbatana dorsal e carentes de barbatana anal" (Drae). Denominação utilizada pelo Presidente Chávez para acusar como fracos e frágeis os grupos de oposição. Esta denominação é logo reapropriada e ressignificada por esses setores.

Chaburro/Maburro: Expressões que assemelham os presidentes Chávez e Maduro ao burro ou ao asno.

Majunche: Venezuelanismo que se refere a pessoa insignificante, medíocre, que carece de atrativo ou qualidades. Expressão utilizada por Hugo Chávez para caracterizar o candidato presidencial opositor Henrique Capriles, durante a campanha para as eleições presidenciais de 2012.

Sifrino: Pessoa de classe média ou alta que expressa uma atitude depreciativa para aqueles que não pertencem a seu mesmo nível social ou econômico. Expressão utilizada pelo cancioneiro latino-americano na década de 1980.

comuns que acentuam a diferenciação e discriminação intergrupal em termos de:

1) Identidade do endogrupo e do exogrupo definidos por adesão ou oposição ao finado líder Hugo Chávez.

2) Percepção estereotipada para qualificar o exogrupo.

3) Emotividade exacerbada e intolerância intra e exogrupo.

4) Antagonismo intergrupos baseado em suspeita e desconfiança do "Outro inimigo".

5) Superestimação do endogrupo como maioria eleitoral e subestimação do exogrupo como minoria.

6) Controle da dissidência do endogrupo.

7) Violência intergrupal direta ou simbólica nos meios de comunicação e nos espaços públicos reais e virtuais.

Essa representação estereotipada e negação do Outro que se expressa em distintos momentos do conflito político na Venezuela foi igualmente reportada por pesquisadores em contextos de conflito e guerra em nível mundial (Martín-Baró, 1985; Bar-Tal, 1990). Os mesmos revelam o declínio das "representações hegemônicas" (Moscovici, 1988) de democracia no país e dos imaginários de justiça, igualdade e equidade, assim como a utopia de bem-estar, desenvolvimento, modernidade e revolução, um mundo instituído de significações sociais (Castoriadis, 1975). De modo convergente, a ruptura do tecido social questiona o caráter consensual, comunicacional e dialógico das representações da democracia na Venezuela e a necessidade de analisar o impacto dos processos de polarização em sociedades fragmentadas pelo conflito.

A progressiva fratura das práticas simbólicas e/ou afetivas que supunham um "nós coletivo" gerou representações antagônicas, que ao invés de convocar a adesão, a confiança, a identificação com o próprio grupo, chama para desprezar, desconfiar e odiar o grupo contrário considerado inimigo (Lozada, 2004). Esses processos de "deslegitimação" (Bar-Tal, 1990) negam a humanidade desses grupos e geram sentimentos de medo e desprezo nos adversários e resto da população. No entanto, tal como adverte Zavalloni (1990), a significação emocional e avaliativa que resulta do pertencimento a certos grupos e o "natural" favoritismo do endogrupo não são suficientes para explicar o "ódio" e a "desumanização" que situa a superioridade do endogrupo sobre a inferioridade do exogrupo. Por isso a importância de reconhecer a dimensão cultural do pensamento social (Moscovici, 1993) e os mecanismos psicossociais que em termos de identidade social são colocados em jogo na representação "nós-eles", ao invés de formas de pensamento polarizado, afetivo e irracional presentes em fenômenos de massa (Rouquette, 1994).

Neopopulismo e mitos bolivarianos

A representação do povo e seu papel político tanto na Venezuela como em outros países latino-americanos aparece associada ao destino da pátria. Construir a nação para o povo sob tutela militar foi uma constante num país que ama as insígnias militares e, na política, destaca o caudilhismo e a supremacia militar sobre a civil. As palavras dos presidentes Hugo Chávez e Nicolás Maduro dão este testemunho:

> Somos por natureza soldados do povo e para o povo, somos o povo em armas. Somos soldados anti-imperialistas, porque nascemos desde sempre para enfrentar velhos e novos impérios, para dar Independência e dignidade para esta Pátria que se chama Venezuela (palavras de Hugo Chávez em um desfile militar (05/07/2012) [Recuperado de http://minci.gob.ve/2012/07/somos-los-hijos-de-bolivar-los-que-aqui-estamos-200-anos-despues/]).
>
> A Milícia é o povo em armas, é uma força complementar à Força Armada Nacional Bolivariana (palavras do Presidente Nicolás Maduro, na celebração do Dia da Dignidade. A Milícia Nacional Bolivariana é o povo em armas (13/04/2014) [Recuperado de http://minci.gob.ve/2014/04/la-milicia-nacional-bolivariana-es-el-pueblo-en-armas/]).

A denominada "esquerda populista" que toma o poder em 1998 liderada por um caudilho militar segue celebrando o maniqueísmo povo-antipovo, nação-antinação, amigos-inimigos, patriotas-apátridas. Como ressalta Arenas e Gómez (2000), devido ao que se vive na política como confrontação entre projetos de sociedade antagônicos, os rivais são construídos como inimigos do líder, do povo, da pátria, da história.

O imaginário político e o discurso de poder se constroem dessa maneira junto a uma identidade coletiva, e o povo se converte no ator da revolução, junto a um líder messiânico militar que promete salvar a nação ferida pela história e a uma população que sofre os embates de graves crises sociais e econômicas; ali onde Weber reconhece o surgimento de formas carismáticas de autoridades. O líder é portador da esperança revolucionária, mas também de novos autoritarismos e formas de militarismo ancoradas no imaginário nacional, na história política venezuelana, os mitos independentistas (Torres, 2009) e a gloriosa empresa liderada por Simón Bolívar[28]. Dessa maneira, segundo Hebrard (2006, p. 296), "a militarização não é vivida por uma grande maioria da população como uma usurpação, mas sim como uma volta às fontes da nacionalidade".

Para Torre (2009), o populismo, concebido simultaneamente como promessa democratizadora e como risco de ser ocupada por um líder que se autoconcebe como o redentor do Povo, se converteu com Chávez e a Revolução Bolivariana em uma dupla ameaça: o controle das Forças Armadas como agentes do monopólio legítimo da violência, e o respaldo do "povo", que operaria como uma força adicional de defesa de uma revolução, que se proclama "pacífica", porém armada.

Nesse contexto, as organizações que foram criadas, apoiadas ou tuteladas pelo governo respondem a formas de organização cívico-militar fortemente hierarquizadas e centralizadas (círculos bolivarianos, unidades de batalha eleitoral, milícias, coletivos armados). Elas se constituem em instrumentos úteis para exercer ameaças, formas de

---

28. A religiosidade que Castro Leiva (1991) reconhece na "teologia bolivariana" e o patetismo em torno de seu culto, legitimadas na história e práxis política venezuelana, constituem a superfície de inscrição privilegiada para a Revolução Bolivariana, o mito (Montero, 1994) e culto a Chávez, que se articula ou se sobrepõe com o mito e culto a Bolívar e à tarefa inconclusa do "pai da pátria": lograr a "verdadeira" independência da América – "a Pátria Grande", esse outro grande sonho" e "ilusão ilustrada" de Bolívar: a "Grande Colômbia".

coação, repressão e controle das expressões da diversidade e oposição política, desrespeitando a proteção dos direitos das minorias e o respeito às liberdades básicas que caracterizam um governo democrático.

A organização de tipo piramidal, encabeçada pelo presidente caudilho, parecia ter a pretensão de superar o problema político entendido como processamento de diferenças e antagonismos, já que o "povo" como sujeito é um só, e não pode entrar em contradição consigo mesmo. E sua sujeição a um mando único termina por lhe dar um caráter "não deliberativo", obediente, visto que não é necessária a deliberação (Arenas & Gomez, 2004, p. 21). Assim, aponta Trocello (2000), os neopopulismos são funcionais às modalidades patrimonialistas de exercício da dominação política por parte dos regimes que acedem ao poder por meio do voto popular e que tendem a se identificar acriticamente com líderes autoritários.

A doutrina bolivariana interpretada na chave revolucionária, para Vázquez (2013), assume no governo de Chávez a forma de um "militarismo compassivo", através de políticas redistributivas que não geram transformações estruturais e mudanças num modelo rentista. Esta doutrina, que continua girando em torno do líder carismático e da necessidade de um poder centralizado e exercício autoritário para a consolidação da estabilidade política, reforça a tese do "cesarismo democrático", proposta por Vallenilla Lanz (1919). No atual regime venezuelano, "roubo populista", para Saint-Upéry (2006), destaca a consolidação de um neopopulismo clientelista, militar e autoritário, através da relação Estado-cidadãos que privilegia as pessoas leais à revolução e militam no Partido Socialista Unido de Venezuela (PSUV).

A luta pelo reconhecimento e sua tradução em inúmeros programas sociais a favor dos setores populares por parte de Hugo Chávez vem a consolidar estes vínculos e a reforçar a "fase redentora do populismo" (Mouffe, 1999), que, além da glorificação discursiva do povo, se ancora na Venezuela nos elementos afetivos e simbólicos do mito Bolívar, que busca compensar a fragilidade ideológica da Revolução Bolivariana.

Assim, para Carrera Damas (2005, p. 142), o "bolivarianismo--militarismo" preconizado como "ideologia de substituição" da democracia liberal perversamente desnaturalizada e distorcida representa um extravio ideológico da Revolução Bolivariana.

Socialismo do século XXI e rentismo revolucionário

Diversos fatores contribuíram para o surgimento e o fortalecimento da liderança de Chávez na esquerda venezuelana e latino-americana no final do século XX e início do XXI. No entanto, o debate sobre as diferentes orientações socioeconômicas e políticas durante o chamado processo bolivariano e o socialismo do século XXI, proposto pela primeira vez no Fórum Social Mundial (Rosales, 2007), não foi aprofundado. Essa crítica é uma exigência tanto para seus ideólogos (Dieterich, 2013) quanto para seus opositores dentro e fora da Venezuela. Para Cubas (2010) é uma necessidade, porque muito pouco se sabe de sua execução e ação interna, além do discurso e retórica anti-imperialista e anticapitalista transmitida por Chávez ou seus porta-vozes, e sua defesa por parte da militância antiglobalização ou pela esquerda em geral.

Vozes críticas dentro e fora do processo revisam o modelo de intervenção estatal na economia. "14 anos depois da Revolução Bolivariana, a Venezuela é mais rentista do que nunca. O Estado recupera seu lugar no centro do cenário nacional", afirma Lander (2013, p. 19); um enorme Estado, conclui González (2013) ao abordar a análise de López Maya (2005, 2007) sobre a participação popular e política das comunas, e a periodização, que marca a transição desde 2006 de uma democracia participativa e protagonista para uma radicalização do processo, em que, em sua opinião, foi delineando-se mais claramente um "capitalismo de Estado" e um "socialismo rentista".

Neoautoritarismos, mídia e eleições

Os neoautoritarismos que vêm se propagando nas últimas décadas em todo o mundo, e em particular na América Latina, substituíram as antigas ditaduras. Assim, alguns dos "novos ditadores" são líderes populistas, políticos associados ao crime organizado, entretenimento, espetáculo ou "caudilhos pop" (Miranda & Mastrontonio,

2007) aclamados pelas massas que substituem o ditador tradicional com imagem de "gorila militar". As neoditaduras do século XXI, segundo Mires (2017), são apresentadas como guardiãs da Constituição, a partir de uma legalidade construída por esse mesmo poder, que esconde suas infâmias sob o manto da lei.

Resguardando os revestimentos democráticos através de certas formalidades, os neoautoritarismos corroem e pervertem a partir de dentro as instituições já frágeis, enquanto reorganizam à vontade o ordenamento jurídico e legal. Sob essa nova forma de exercício político e poder autoritário, o arcabouço legal é usado para punir dissidentes, censurar a mídia e a opinião pública, expropriar empresas, limitar a iniciativa privada, perseguir o pensamento plural e reprimir todas as formas de resistência.

O regime neoautoritário venezuelano minou progressivamente a democracia e enfraqueceu suas instituições, enquanto construiu progressivamente sua própria legalidade, através de diversos mecanismos anticonstitucionais. A hegemonia comunicacional (Bisbal et al., 2009) constituída em sua poderosa sustentação, censora oficial e propaganda estatal, tem sido utilizada como "neolíngua" do poder na Venezuela (Canova et al., 2015) e como ferramenta de dominação política. A retórica do socialismo do século XXI utiliza a bandeira da luta anti-imperialista e anticapitalista, transmite o ideal revolucionário através de um poderoso aparato de propaganda, cujo discurso seduz, engana, nega a realidade e promete um futuro inatingível para os pobres, desde um modelo de capitalismo estatal que deixa intacta a estrutura liberal do Estado e não modifica as condições miseráveis de pobreza das maiorias.

A revolução é essencialmente midiática e espetacular, sustenta Capriles (2006). Ela se expressa mediante a criação de uma série quase infinita de espaços e fontes de enunciação. Na mesma linha, desde uma crítica anarquista da Revolução Bolivariana, Uzcategui (2010, p. 15) acusa seu caráter de espetáculo para o público global, sustentado por um modelo rentista, sem transformações estruturais: "Afirmamos que é impossível entender o que significa o movimento do Presidente Chávez sem conhecer as profundas implicações da cultura gerada pela economia do petróleo ou o papel preponderante das Forças Armadas e o culto ao homem forte, o caudilho, para citar dois exemplos".

Já Provea (2017, p. 17-26) tenta caracterizar essas "ditaduras modernas" e estabelece uma análise comparativa entre o regime de Alberto Fujimori no Peru (1990-2000) e o atual regime venezuelano, que qualifica de primeira ditadura do século XXI na América Latina. Destaca as seguintes similaridades:

- Chegam ao poder através de eleições; convocam uma Assembleia Constituinte, refundam o Estado, aprovam uma nova Constituição, que mais tarde é desrespeitada e até suplantada por uma figura supraconstitucional, através da imposição de uma nova Assembleia Nacional Constituinte[29].

- Negam a independência dos poderes públicos, centralizam o mando na figura do presidente e impõem estruturas paralelas à institucionalidade estabelecida: prefeituras, governos, assembleia nacional, tribunais supremos de justiça.

- Transformam e militarizam o sistema de administração de justiça utilizado para legitimar decisões arbitrárias, criminalizar o protesto social, perseguir e neutralizar a dissidência e a oposição política (repressão, prisão, cassação de partidos e líderes, entre outras medidas).

- Mantêm certas formas de exercício do direito à liberdade de reunião, associação, manifestação e livre-expressão, mas usam ameaças e agressões seletivas, sanções administrativas e o uso de tribunais militares para processar civis por crimes tipificados sob a noção de "traição à pátria" e "luta antiterrorista".

---

29. O juiz Danilo Mojica, primeiro membro da Suprema Corte de Justiça da Venezuela, com maioria oficialista, distanciou-se do governo venezuelano ao questionar a imposição do Presidente Nicolás Maduro de uma Assembleia Nacional Constituinte sem consulta popular e um referendo de aprovação prévia. Iniciativa, questionada em todo o mundo, que em sua opinião é "absolutamente espúria". Juiz venezuelano critica Assembleia Constituinte de Maduro (05/05/2017) [Recuperado de http://www.excelsior.com.mx/global/2017/05/23/1165206].

- Constroem retórica e legislativamente um "inimigo interno" que lhes permite aprovar um estado de exceção para governar sem barreiras institucionais. No caso peruano, a "guerra ao terrorismo"; na Venezuela, a "guerra econômica".

- Criminalizam os sistemas mundiais de proteção aos direitos humanos e se retiram da competência de tribunais internacionais que poderiam gerar decisões condenatórias contra os estados.

- Instrumentalizam, militarizam organizações sociais, que, além de realizar trabalhos político-partidários, podem se converter em colaboradores-delatores dos organismos de inteligência.

- Controlam o poder eleitoral, corroem sua autonomia. Impõem-se uma reeleição indefinida. Adiantam, suspendem ou atrasam eleições, as quais são realizadas apenas quando se geram as condições para se obter resultados favoráveis[30].

No plano eleitoral, similaridades também são encontradas com outros países latino-americanos. A violência do clientelismo que destaca Auyero (2001) durante o peronismo na Argentina é reconhecida no governo bolivariano na Venezuela, através de práticas de corrupção, manipulação e cooptação da vontade popular. Isso não envolve apenas o intercâmbio de recursos e favores em troca de votos, mas acima de tudo o impacto de sua dimensão simbólica. Sua força psicossocial explica a persistência, revitalização e apoio das velhas formas de fazer política e torna visível a violência expressa na complexidade do aparato clientelista, centrada em uma extensa rede de relações, resolução de problemas e necessidades, na mediação política personalizada ou institucionalizado através do "Estado-partido" (Lozada, 2016b).

Essas práticas clientelistas do neopopulismo venezuelano utilizam "o popular" como superfície de inscrição e tomam força em períodos eleitorais, em que se utilizam de recursos públicos e compra de votos com fins políticos, além dos mecanismos de cooptação da

---

30. Em 20/10/2016, marcado na Venezuela como o dia do colapso democrático, o Conselho Nacional Eleitoral, com base em sentenças proferidas por tribunais penais – sem competência em matéria eleitoral –, suspendeu inconstitucionalmente o referendo revogatório presidencial convocado pela oposição venezuelana depois de superar vários obstáculos e requisitos não estipulados na lei.

vontade popular através de distintos dispositivos, entre eles o denominado "Carnê da Pátria"[31] (Avalos, 2017; Hernández, 2017; Penfold, 2017). Mesmo assim, o discurso governamental que promove e reivindica a pobreza como condição necessária para manter o poder[32] utiliza os setores populares como espécie de "cão bravo" que amedronta ou ataca os setores opositores[33], pressiona ou ameaça funcionários públicos de perder seus empregos ou gratificações[34] (bônus, caixas de alimentos, bolsas, táxis, dispositivos eletrônicos etc.), entre outras ações de controle e repressão.

Essa complexa e diversificada rede de ofertas, recursos, intercâmbios e instrumentalização política, que vão desde a oferta de seu reconhecimento social até sua conversão em clientes ou fiéis devotos, traduz uma afronta tanto à coesão ética e à dignidade do sujeito popular quanto à proposta ideológica que diz reivindicar a Revolução Bolivariana, no qual o papel insurgente do poder popular permanece ilusório e tem a função de controlar as bases. É nesse contexto, como assinala Este (1996), que se reconhece a necessidade de ligar o conceito de sujeito com o de dignidade e reconhecer a penúria e a dominação como seus sinais de adversidade.

Nessa dinâmica clientelista e de deriva ética vale questionar as múltiplas faces do cidadão venezuelano e a função utilitária representada

---

31. A Revolução Bolivariana implementou um documento sobreposto à carteira de identidade venezuelana, chamado Carnê da Pátria, implementado inicialmente para adquirir alimentos na aguda escassez, usado nas eleições para prefeito de novembro de 2017 para ativar e patrulhar o eleitorado, violando a liberdade dos cidadãos no exercício do seu direito e segredo do voto.

32. "Enquanto se consegue mais pobreza, há mais lealdade à revolução e mais amor por Chávez; enquanto o povo é mais pobre, é mais leal ao projeto revolucionário". Declarações do governador do Estado Aragua Tareck El Aissami (05/09/2014) [Recuperado de http://diariodecaracas.com/politica/el-aissami-mientras-el-pueblo-es-mas-pobre-es-mas-leal-al-proyecto-revolucionario].

33. Versión Final. Motorizados atacam centro de votação no Colégio "Bellas Artes" de Maracaibo (15/10/2017) [Recuperado de http://versionfinal.com.ve/sucesos/motorizados-atacan-centro-de-votacion-en-colegio-bellas-artes-de-maracaibo/].

34. Trabalhadores públicos denunciam intimidação após do #6D [Recuperado de http://diarioelvistazo.com/trabajadores-publicos-denuncian-intimidacion-luego-del-6d/].

pelo estereótipo de "picardia e vivacidade crioula" como referência cultural (Capriles, 2008). Isso é expresso cotidianamente e se configura e reforça em conjunturas eleitorais em tensão ou articulação com as estratégias populistas do Estado rentista. Essa vivacidade, que apesar de cumprir uma função adaptativa e defensiva que permite ao cidadão evadir, conviver e sobreviver em situações urgentes que afetam seus interesses ou violentam seus direitos, paralelamente contribui em diferentes contextos e situações para consolidar um individualismo anárquico que evita as normas, limita o aprofundamento democrático e o fortalecimento institucional.

Autoritarismos, resistências e luta democrática na Venezuela – De mitos e ilusões

Desde antes da instauração da democracia em 1958 até os processos de divinização de Hugo Chávez na denominada Revolução Bolivariana atual, podemos reconhecer na Venezuela tanto a "ilusão de harmonia[35]", sobre a qual alertavam Naím e Piñango (1984), como "a persistente concepção autoritária do poder", destacada por Stambouli (2009).

Mitos, imaginário e ilusões coletivas têm facilitado ou dificultado a construção do sistema democrático, em que se destaca a vigência da missão redentora e libertadora de Bolívar, sacralizado na sociedade venezuelana. Mais uma vez, o país apanhado na promessa populista que não distingue entre ditaduras e democracias, que se permuta em apoio e votos, vira símbolo que apoia a corrupção de civis e militares no providencial Estado mágico petrolífero (Coronil, 2002). Renovando o culto ao petróleo; o chamado "esterco do diabo", *Mene* em

---

35. De onde vem tanta harmonia? Quais foram os acordos básicos entre os diferentes grupos sociais que fizeram do conflito aberto um elo perdido na evolução da Venezuela? Naím e Piñango se perguntaram e responderam: "Por muitos anos se viveu uma situação em que o clima predominante foi 'há para todos, porque há para todos' e os conflitos não se tornaram mais intensos devido às possibilidades que o Estado teve de usar recursos petrolíferos para reduzir as tensões sociais" (Naím & Piñango, 1995, p. 554-555).

língua indígena, esse betume oleoso que saía das entranhas da terra, o ouro negro da era moderna que tudo pode, que configurou e significou as formas de fazer e desfazer na Venezuela. Se no início do século XX se cantava e rezava para San Benito, para acalmar sua força, nos princípios do XXI se continua cantando e rezando ao petróleo vendido e fator de troca entre os diferentes impérios liberais ou comunistas e à imagem divinizada de Chávez para resolver os problemas do presente.

Novamente o estatismo, o rentismo do petróleo e o personalismo político definem os eixos nos quais a política na Venezuela gira. Com a revolução, retornam a mídia e o espetáculo, e a promoção fragmentada e desigual da participação, configurando uma nova "geometria de poder". Hoje, novamente, diante da absoluta concentração dos poderes fundamentais do Estado, bem como da pregação e prática autoritária voltada para intervir, sujeitar a economia e a opinião pública em nome do socialismo, ali, onde o Outro, o adversário político, é considerado um inimigo. Uso e abuso da polarização como instrumento efetivo de controle social e político.

Ainda em discussão está a questão democrático-constitucional e a progressiva perda de direitos fundamentais, na esteira da discriminação e institucionalização de novas exclusões que negam a chamada democracia representativa ou democracia participativa-protagonista. Antigos e novos excluídos lutam pelo reconhecimento, pela equidade diante dos privilégios, pela justiça contra a impunidade, buscando os referentes éticos da política, do poder, definindo o norte em face da perda da angústia nacional por uma identidade (Castro Leiva, 2000, p. 400). Política imersa no campo das subjetividades, representações e imaginários sociais, mas também nas lutas hegemônicas e contra-hegemônicas que se desenrolam no campo econômico, social, cultural.

Análises nacionais e internacionais mostram como a compreensão do conflito na Venezuela e o crescente autoritarismo não se satisfaz apenas com argumentos referentes à crise socioeconômica, à fragilidade ou ao colapso do sistema democrático, nem com àqueles que ressaltam a perda de credibilidade nas instituições, o esgotamento das formas organizacionais partidárias, as da participação tradicional e a deslegitimação do sistema político, nem tampouco com a acusação dos males atuais às variações do modelo econômico rentista tanto na "Quarta" como na "Quinta República".

A partir de uma perspectiva psicossocial à psique histórica, é hora de repensar essas explicações e sua conexão com elementos subjetivos da vida social na democracia e articulá-las com os componentes simbólicos de que a memória histórica dá conta. Isto implica, por um lado, a análise dos imaginários que asseguram a estabilidade e a transformação dos sistemas de representação e simbolização e, por outro, o papel transformador e inovador das influências sociais.

Nesse campo, as questões se multiplicam: Que papel desempenham os componentes imaginários e ilusórios, que parecem constituir uma boa parte de nossa psique coletiva, na construção de nossas instituições? Como reconhecer esse substrato simbólico, mágico e afetivo da política na Venezuela e a função social que desempenha nos processos de libertação ou controle social? Que papel desempenham no conflito social e na polarização e na construção de novos imaginários sociais inclusivos com norte e senso comum compartilhados? Como desmantelar nossas fábricas de ilusões, dada nossa recente experiência histórica, e fazê-lo evitando idealizar líderes civis ou militares? Como reconhecer as múltiplas divindades e mitos que povoam nossa sociedade secularizada? Como fazê-lo sem impor a racionalidade de uma lógica que nega o papel que desempenham na estruturação da memória histórica e na construção social da realidade? Como estudar a construção de estereótipos e irracionalidades nos tempos pós-modernos?

Talvez se trate de reinterrogar com Moscovici (1993, p. 84) essa espécie de "fundo irracional da espécie" e fazer perguntas como: O que acontece quando se coloca outras categorias de pessoas na zona culturalmente "invisível" da representação? Essas categorias não são vistas como "outros" ou "vocês" com relação a "nós", mas sim como "eles". E todo o esforço político consiste em apagar seu "si-mesmo" com o único propósito de esconder seu vínculo com a humanidade. Para manter um laço com esses grupos sociais, é necessário animalizá--los ou coisificá-los, através de uma "reflexividade limitada" praticada pela maioria das culturas para um número limitado de grupos sociais.

Esses imaginários do "Outro inimigo" que se expressam na Venezuela talvez façam parte do duplo movimento que diferencia e desvaloriza: "O colonizador, o evangelizador e depois o político ou o planejador integram o rito como forma de 'compreensão-cooptação' do Outro" (Calderon, Hopenhayn & Ottone, 1996, p. 66). Esses imaginários revelam a interpelação identitária de uma população mestiça e as velhas e novas lutas por inclusão e reconhecimento (Honneth, 2000) de amplos setores da população.

Há assim a urgência de favorecer o processo psicossocial de construção de alteridade (Arruda, 1998), na qual as imagens do Outro se constituam em representações sociais inclusivas e não antagônicas.

Embora o sistema de crenças, valores e visão da realidade que eles geram pareçam escapar nesse contexto de início da crítica e do discernimento, sem essas formas simbólicas, portadoras de significados e sentidos comuns compartilhados, é difícil sustentar os sistemas de legitimação ideológica em uma sociedade na qual a diversidade cultural e as diferentes formas de exclusão questionam permanentemente os discursos universalistas da democracia, igualdade, liberdade e justiça, que por sua vez dão força e direcionamento à mudança social.

Talvez se trate de reconhecer e incorporar as dimensões objetivas e subjetivas, expressas tanto nas estruturas do Estado como nas estruturas mentais, categorias de percepção e pensamento que também são construídas social e institucionalmente, como mostrou Foucault. Nelas, seja a religião ou a ideologia, se expressam a intensidade dos conflitos sociais. Como um dogma de fé, imagem do poder divino ou humano e seu exercício, está em jogo o sentido e os significados atribuídos à ação política, construídos e legitimados coletivamente.

Daí o nosso interesse em continuar investigando as implicações fundamentais do pensamento social na política venezuelana. Se o processo de mitificação e deificação que constrói a "vida, paixão e morte" de Hugo Chávez encontra com intencionalidade ideológica e política ao mítico "Pai Bolívar" em busca de "verdadeira" liberdade e independência da América Latina. Esse enredo sincrético entre o teológico e o político que integra o profano e o messiânico também deve nos levar à análise dos obstáculos subjetivos que o pensamento mítico introduz na deriva messiânica, caudilhista, de lideranças e projetos políticos que atentam contra a democracia, expressão comum em nossa história política, onde os conflitos de interesses são encenados. É importante fazê-lo evitando sua simplificação, que apela apenas ao caráter irracional das massas, ou à influência e manipulação do líder carismático.

Não se trata de desmistificar, nem eliminar ilusões, nem mitos, algo impossível. Mas compreender o sentido dado pelo pensamento mítico à construção da vida social. Dado que a religião e as ideologias expressam em suas lutas reais e simbólicas, as subjetividades e oscilações identitárias, é interessante aprofundar e articular sua análise com aqueles processos psicossociais e socioculturais que parecem definir nossos modos de ser em geral e, em particular, nossas formas de fazer política com o que ela supõe em conflito. "Modos" que tomam a forma de evasão e negação da realidade; atalhos de curto prazo que subtraem a complexidade da dita realidade com respostas "fáceis" e "rápidas", que nos permitem sair ou evitar situações que nos atordoam ou nos ameaçam, mesmo através de formas entrecortadas de patetismo e humor, numa dinâmica recorrente de expectativa/desencanto.

Evidentemente não se trata do fim da expectativa, nem de nos fixarmos em nostalgias de um mundo passado e idealizado, algo que é improdutivo, e tampouco vê-lo como um fenômeno conjuntural, senão como um espírito que ronda nosso tempo. O único caminho parece ser então caminhar, enquanto nos reconheçamos criticamente em responsabilidades, ausências e presenças cidadãs. Construir ou reconstruir nossas referências éticas em um espaço real e simbólico, no qual heróis e santos ocupem o lugar que lhes corresponda e não o da política.

Trata-se de resgatar e aprofundar a democracia, que tanto ansiamos e requeremos, cuja decomposição ética caminha com a crise econômica, política e social. Tarefa que requer a participação e o diálogo de/com todos os setores sociais e políticos do país, em torno da defesa e respeito à Constituição vigente. Talvez indagando criticamente nossas sombras e ausências, poderemos compreender a fragilidade de nossa identidade e valorizá-la como coletivo, e também celebrar as formas de resistência cultural que nos permitem seguir, às vezes de forma ditirâmbica, construindo coletivamente o país, lutando pessoal, social e institucionalmente contra as múltiplas e variadas formas de autoritarismo, corrupção e impunidade que nos impedem de avançar. É essa crença que me anima.

Referências

Arenas, N. & Gómez, L. (2000). El imaginario redentor – De la Revolución de Octubre a la Quinta República Bolivariana. *Cendes, Temas para la discusión* 6, 4-52.

_____. (2004). Los círculos bolivarianos – El mito de la unidad del pueblo. *Revista Venezolana de Ciencia Política* 25, 5-37.

Arruda, A. (org.) (1998). *Representando a alteridade*. Petrópolis: Vozes.

Auyero, J. (2001). *La política de los pobres* – Las prácticas clientelistas del peronismo. Buenos Aires: Cuadernos Argentinos Manantial.

Avalos, I. (2017). De como el chavismo se volvió carnet. *El Nacional* (20/12/2017) [Recuperado de http://www.el-nacional.com/noticias/columnista/como-chavismo-volvio-carnet_216117].

Bar-Tal, D. (1990). Causes and consequences of delegitimization – Models of conflict and ethnocentrism. *Journal of Social Issues* 46(1), 65-81.

Bisbal, M. et al. (2009). Hegemonía y control comunicacional. *CIC-UCAB* (28/01/2018) [Recuperado de http://saber.ucab.edu.ve/handle/123456789/31240].

Calderon, F., Hopenhayn, M. & Ottone, E. (1996). Desarrollo, ciudadanía y negación del Otro. *Revista Latinoamericana de Estudios Avanzados (RELEA)*. La encrucijada de lo político. Caracas, p. 64-79.

Canova, G. et al. (2015). *La neolengua del poder en Venezuela* – Dominación política y destrucción de la democracia. Caracas: Editorial Galipán.

Capriles, A. (2008). *La picardía del venezolano o el triunfo de Tío Conejo*. Caracas: Editorial Alfa.

Capriles, C. (2006). La enciclopedia del chavismo o hacia una teología del populismo. *Revista Venezolana de Ciencia Política* 29, 73-92.

Carrera Damas, G. (2005). *El bolivarianismo-militarismo* – Una ideología de reemplazo. Caracas: Editorial Alfa.

Castoriadis, C. (1975). *L'institution imaginaire de la société*. Paris: Seuil.

Castro Leiva, L. (1991). *De la patria boba a la teología bolivariana*. Caracas: Monte Ávila Editores.

_____. (2000). *Obras*. Vol. 1 – Para pensar a Bolívar. Caracas: Fundación Polar/UCAB.

Coronil, F. (2002). *El Estado mágico*. Naturaleza, dinero y modernidad en Venezuela. Caracas: Consejo de Desarrollo Científico y Humanístico/Universidad Central de Venezuela/Nueva Sociedad.

Cubas (2010). Apuesta a la apertura de un debate sin autocensuras ni censuras. In R. Uzcategui (ed.). *La revolución como espectáculo* – Una crítica anarquista al gobierno bolivariano. Caracas: La Malatesta Editorial.

Dieterich, H. (2013). Sólo un radical cambio del modelo económico y del gabinete salvará al gobierno venezolano. *Aporrea* (14/10/2013) [Recuperado de https://www.aporrea.org/ideologia/a175119.html].

Dijk, T. van (1996). Análisis del discurso ideológico. *Versión* 6, 15-43.

Este, A. (1996). *Migrantes y excluidos* – Dignidad, cohesión, interacción y pertinencia desde la educación. Caracas: Fundatebas/UCAB.

Ferreira, M. (2017). Fiscal denunció "ruptura del orden constitucional" tras sentencias del TSJ. *El Universal* (31/03/2017) [Recuperado de http://www.eluniversal.com/noticias/politica/fiscal-denuncio-ruptura-del-orden-constitucional-tras-sentencias-del-tsj_646250].

Foro Penal (2018). Reportes sobre la represión en Venezuela (20/01/2018) [Recuperado de https://foropenal.com/2018/01/20/diciembre-2017/].

González, D. (2013). *El Estado Descomunal*. Conversaciones con Margarita López Maya. Caracas: Libros El Nacional.

Hébrard, V. (2006). El hombre en armas – De la heroización al mito. In G. Carrera, C. Leal, G. Lomné & F. Martínez (eds.). *Mitos Políticos en las Sociedades Andinas* – Orígenes, invenciones y ficciones. Caracas: Equinoccio/Universidad de Marne-la-vallée/Instituto Francés de Estudios Andinos, p. 281-301.

Hernández, R. (2017). Carnet de la patria y chantajismo político-electoral. *Aporrea* (05/12/2017) [Recuperado de https://www.aporrea.org/contraloria/a256123.html].

Honneth, A. (2000). *La lutte pour la reconnaissance*. Paris: Du Cerf.

Lander, E. (2013). Las continuidades y rupturas en la historia del petroestado rentista venezolano. In F. Coronil (ed.). *El Estado mágico* – Naturaleza, dinero y modernidad en Venezuela. 2. ed. Caracas: Editorial Alfa, p. 9-23.

Lopez Maya, M. (2005). *Del viernes negro al referendo revocatorio*. Caracas: Alfa.

_____. (2007). Del capitalismo al socialismo rentista. *Aporrea* (01/04/2007) [Recuperado de https://www.aporrea.org/ideologia/a32697.html].

Lozada, M. (2004). El otro es el enemigo – Imaginarios sociales y polarización. *Revista venezolana de economía y ciencias sociales* 10(2), 195-211.

_____. (2014). Us or Them? Social Representations and Imaginaries of the Other. *Venezuela Papers of Social Representations* 23.

_____. (2016a). *Despolarización y procesos de reparación social* – Los desafíos de la convivencia en Venezuela. Caracas: Fundación Friedrich Ebert [Recuperado de http://library.fes.de/pdf-files/bueros/caracas/12628.pdf].

_____. (2016b). Participación social en legislativas 2015 – Tránsitos del clientelismo electoral a la ciudadanía democrática. In Avalos, Lander & Medina (eds.). *El sistema electoral venezolano* – Reflexiones a la luz de las parlamentarias 2015. Caracas: Alfa, p. 170-182.

Martín, S. (2018). Sanciones de la UE a funcionarios del chavismo arrinconan aún más a la dictadura en Venezuela. *Panam Post* (22/01/2018) [Recuperado de https://es.panampost.com/sabrina-martin/2018/01/22/sobre-las-sanciones-de-la-union-europea-a-funcionarios-del-chavismo-no-tienen-el-alcance-ni-la-fortaleza-que-tienen-las-de-estados-unidos/].

Martín-Baró, I. (1985). Conflicto y polarización social: Conferencia. *XX Congreso Interamericano de Psicología*, Caracas.

Miranda, R. & Mastrantonio, L. (2007). *Hugo Chávez, Il caudillo pop*. Itália: Edito Libri Marsilio.

Mires, F. (2017). El poder y la infamia. *Tal cual* (30/12/2017) [Recuperado de http://talcualdigital.com/index.php/2017/12/31/el-poder-y-la-infamia-por-fernando-mires/].

Montero, M. (1994). Génesis y desarrollo de un mito político. *Tribuna del investigador* 1, 90-101.

Moscovici, S. (1988). Notes towards a description of social representations. *European Journal of Social Psychology* 18, 211-250.

_____. (1993). *Razón y culturas*. Discurso pronunciado con motivo de la investidura como Doctor "Honoris Causa" por la Universidad de Sevilla. Sevilha: Universidad de Sevilla.

Mouffe, C. (1999). *El retorno de lo político*. Comunidad, ciudadanía, pluralismo y democracia radical. Barcelona: Paidós.

Naím, M. & Piñango, R. (1984). *El caso Venezuela* – Una ilusión de armonía. Caracas: Iesa.

Penfold, M. (2017). El nuevo Leviatán venezolano – Entendiendo el # 15oct. *Prodavinci* (22/10/2017) [Recuperado de http://historico.prodavinci. com/blogs/el-nuevo-leviatan-venezolano-entendiendo-el-15oct-por-michael-penfold/].

Provea (2017). Venezuela. La ruta hacia la dictadura. Separata especial sobre el quiebre democrático en Venezuela [Recuperado de https://www.derechos. org.ve/web/wp-content/uploads/CIDH_quiebredemocratico.pdf].

Rosales, J. (2007). Socialismo del siglo XXI – La historia inmediata. *Revista Honda*. La Habana.

Rouquette, J. (1994). *Sur la connaissance des masses* – Essai de psychologie politique. Grenoble: PUG.

Saint-Upéry, M. (2006). L'énigme bolivarienne. *Vacarme 35, chantier Amérique Latine, en bas à gauche* [Recuperado de http://www.vacarme.org/article 496.html].

Sartori, G. (1985). Pluralismo polarizado en partidos políticos europeos. In La Palombara & R. Weiner (eds.). *Political Parties and Political Development*. New Jersey: Princeton University Press.

Silva, C. (1999). El populismo poblado – Psicopolítica del hartazgo y el voto real. *Revista Avepso* 22(1), 109-119.

Stambouli, A. (2009). *La política extraviada* – Una historia de Medina a Chávez. Caracas: Fundación para la Cultura Urbana.

Torres, A. (2009). *La herencia de la tribu* – Del mito de la independencia a la Revolución Bolivariana. Caracas: Editorial Alfa.

Torre, C. de la (2009). Populismo radical y democracia en Los Andes. *Journal of democracy en Español* 1, 24-37.

Trocello, M. (2000). Dos primos hermanos – Patrimonialismo y populismo. *Kairos: Revista de temas sociales* 6 [Recuperado de http://www.revistakairos.org/index.htm].

Uzcategui, R. (2010). *La revolución como espectáculo* – Una crítica anarquista al gobierno bolivariano. Venezuela: La Malatesta Editorial.

Vallenilla Lanz, L. (1919). *Cesarismo democrático*. 3. ed. Caracas: Tipografía Garrido.

Vásquez, P. (2013). Chávez a transformé la société pour le meilleur et pour le pire. *L'OBS* (07/03/2013) [Recuperado de https://www.nouvelobs.com/monde/mort-de-chavez/20130306.OBS0937/chavez-a-transforme-la-societe-pour-le-meilleur-et-pour-le-pire.html].

Zavalloni, M. (1990). L'effet de résonance dans la création de l'identité et des représentations sociales. *Revue Internationale de Psychologie Sociale* 3(3), 407-428.

— 7 —
Processos psicossociais detrás do triunfo de Macri na Argentina

Elio Rodolfo Parisí e Marina Cuello Pagnone
Universidade Nacional de San Luis/Argentina

"Agora ninguém morre de vergonha": com essa sentença Lacan finaliza o seminário O Reverso da Psicanálise. Entendo que o capitalismo em sua mutação neoliberal destruiu a experiência íntima do ser com a vergonha. A vergonha era aquilo que subordinava a vida à honra, ao pudor, às heranças simbólicas, aos legados. Agora a vida é aprisionada em sua pior servidão: a luta até a morte pelo puro prestígio que abona o terreno da pulsão de morte. Assim, o mundo racha por todos os lados preparando sua humanidade zumbi hiperconectada, guiada por políticos implacáveis e sem pudor.

Jorge Alemán

Sobre as condições de produção de algumas perguntas

As questões que guiaram a escrita deste texto se inscrevem no entrecruzamento de várias coordenadas. Inicialmente podem ser enunciadas como perguntas formuladas *desde* e para uma determinada comunidade relacionada com a Psicologia Política, mas que, posteriormente, podem ser ampliadas em alcance e profundidade. No encerramento do 2º Encontro Sul-americano de Psicologia Política, realizado na cidade de Bogotá em novembro de 2017, Salvador Sandoval, uma das referências mais destacadas da Psicologia Política do Brasil, alertou que os(as) pesquisadores(as) latino-americanos(as) em temas de Psicologia Política deveriam assumir a tarefa de analisar a classe média latino-americana, devido ao seu importante papel –

quem sabe tardiamente reconhecido – no massivo apoio eleitoral ao avanço da direita. Posteriormente, durante o IV Congresso Ibero-latino-americano de Psicologia Política (Valparaíso, out./2018), tanto Elizabeth Lira como Silvina Brussino, durante a conferência inaugural, discutiram um assunto similar, destacando que as classes médias foram objeto de estudo abandonado pela Psicologia Política, que sempre se manteve mais atenta ao comportamento seja das minorias ou das elites políticas. Em ambos os casos a referência pareceu apontar a uma leitura classista desses setores sociais. Vale perguntar-se sobre a possibilidade de estender as perguntas às *médias* em sentido quase estatísticos: esses pontos supostamente agrupados nas imediações de algum centro/norma, que não chegam a impactar nos esquemas interpretativos de muitos estudos sobre cultura e comportamento político, mas que podem mover os processos de decisão de sociedades inteiras.

Colocar em diálogo essas recomendações torna-se urgente para nosso campo disciplinar. Com as noções de extremismo se requer sustentar algumas discussões, mas deixando em suspenso a tentação de fechar respostas. Como será analisado ao longo deste escrito, não é uma certeza *a priori* que as classes médias sejam, *per se* – ou as classes médias latino-americanas tenham sido, recentemente – um celeiro de extremismos. No entanto, o exercício intelectual de analisar essa possibilidade é uma tarefa eticamente fundamental. Portanto, este exercício implica um caminho de via dupla: por um lado, a interpretação de fenômenos e práticas políticas em termos de alguns conceitos; e, por outro, a discussão da solidez e alcance desses conceitos; resguardando sempre a relevância de atender o que ocorre em nossas sociedades – havendo, ou não, estruturas conceituais suficientes para dar uma explicação acabada. A primeira dessas vias implica necessariamente transitar por explicações que incorporem aspectos históricos e culturais (Sandoval Robayo, 2007), com a finalidade de compreender se se trata de tendências que têm ancoragem nesses aspectos, isto é, se há períodos históricos e ou mecanismos sociais modernos que são mais suscetíveis de recriar tendências extremas.

Para lidar com esta questão, é indispensável pensar dois vetores: por um lado, como se inscrevem essas perguntas em nosso papel como psicólogos(as) políticos(as); e, por outro, quais são e como operam os condicionantes econômicos no surgimento de posições na cultura política que podem ser adjetivados de polarizados. A implicação ideológica, por sua vez, de vigilância epistemológica (Manzi, 2009), obriga a pensar esses vetores não como eixos dissociáveis nos quais constitui-se uma delimitação territorial da disciplina, senão como forças em interação que tensionam as análises.

O apelo para prestar atenção nas classes médias interpela os dispositivos à busca de verdades contextualizadas, visto que remetem a conflitos de classe, tramas subjetivas, construções de identidades políticas e definições ideológicas; ou seja, questões enraizadas na construção material e simbólica das classes sociais. E também à severidade que produz ao se deparar com as contradições diante da diversidade de explicações que surgem: essas interpelações produzem tensão também porque muitos(as) dos que pretendem entender a sociedade a partir da Psicologia Política são da classe média.

Os exemplos e articulações discutidos ao longo do texto reconduzem às eleições presidenciais na Argentina em 2015, que se tornaram, para o ritmo de algumas reflexões que se vinham desenvolvendo na Psicologia Política e Social de nosso país, um ponto de inflexão. Nesse momento, surgiram algumas perguntas sobre esse resultado eleitoral: O que ocorreu, como construtores de uma disciplina que articula o político e o psicológico, que não pudemos vislumbrar o clima subjetivo de setores tão determinantes da sociedade? Houve certo grau de euforia que nos cegou de uma visão mais complexa ao estudar e analisar as construções sociais contemporâneas? Ou foi necessidade de disciplinar simplesmente? Ou as temáticas e agendas em nossa disciplina taparam esses emergentes? Como e por que surgiram?

No entanto, essas questões não se apresentaram isoladas, nem são uma novidade completa. A Psicologia Política argentina já havia mostrado preocupações com o avanço de movimentos contrarreformistas na América Latina. Constatava-se reações de grupos pertencentes à classe média, especialmente no Brasil e na Argentina, contra os governos do PT e do peronismo, ainda que as demandas fossem distintas. Esses movimentos foram mais intensos no Brasil e levaram à destituição ilegal de Dilma Rousseff da presidência do país. Na Argentina não foi assim, e as consequências institucionais foram totalmente diferentes: os protestos apoiaram o governo de Macri nas urnas, que chegou à presidência de maneira constitucional, tal como ocorreu três anos depois no Brasil com Bolsonaro.

Desse modo, a partir da intenção de trabalhar essas questões em torno da noção de extremismos políticos, e assumindo que a pergunta pelos fenômenos que essa noção pretende descrever interpela de modo axial nosso papel como investigadores(as) em Psicologia Política, é necessário esclarecer algumas intenções dos parágrafos seguintes. Em primeiro lugar, se tentará compreender o apoio da população, nas urnas, para passar de um capitalismo moderado a um intensificado; isto é, de um capitalismo apoiado na produção, que distribui riquezas a setores assalariados e assim garante sua existência como tal – às vezes, inclusive, às custas de considerar os cidadãos principalmente em seu papel de consumidores(as) –, a um capitalismo especulativo, que se sustenta a partir de um dispositivo financeiro e que necessita de que o Estado não regule seu funcionamento, ao custo de afetar gravemente as condições existentes da maioria da população. Em seguida, se caracterizará os fenômenos analisados através de algumas tipologias básicas sobre extremismos, ao mesmo tempo em que se tentará compreender através de que mecanismos os extremismos podem ocorrer junto com uma mudança no campo da política. Finalmente, se revisará alguns outros tópicos e fenômenos sociais na literatura de referência que podem ser relacionados aos extremismos, com a finalidade de alertar sobre campos em que existem, para nossa disciplina, tarefas urgentes pendentes.

Breve histórico para fins de caracterização

Considera-se, inicialmente, os extremismos – ou as práticas equiparáveis que podem se rastrear ao longo da análise – mais como fenômenos sociais do que conceitos; como conjunto de práticas de uma determinada coletividade (Jabardo, 1998) que se caracteriza por uma ênfase em seus ideais ou objetivos maximalistas e, especialmente, em seus procedimentos, meios, comportamentos e atitudes. Compreender seus condicionantes econômicos implica entender quais tensões estão em jogo, desde meados do século passado, nas economias capitalistas latino-americanas. Visto que colocaram em disputa democracias com projetos políticos redistributivos contra setores concentrados da economia que pressionam por um Estado que a libere e desregule a economia[36], e utilize seu aparelho repressivo para controlar o protesto social[37] e assim aplicar ajustes econômicos sobre a população.

Com o propósito de breve caracterização, é importante determinar se uma posição caracterizada de extremista está ou não articulada em esquemas organizativos coletivos (ou se se apresenta mais claramente em expressões isoladas, ainda que não totalmente individuais); que tipo de modificações pretende, que orientações propõe. Nestas últimas coordenadas, os posicionamentos extremos podem ser qualificados de *insurgentes* (que pretendem modificar substancialmente a ordem política vigente) ou *vigilantes* (que pretendem preservar ou manter uma ordem política existente que se percebe como ameaçada por determinados setores da população (Schmitt & Graaf, 1998 apud Jabardo, 1998). É esse segundo tipo que parece remeter muitos dos ressurgimentos de discursos políticos atuais na América Latina, e a Argentina não escapa disso. Assim, os processos que contribuíram nas eleições de 2015 merecem ser pensados como respostas vigilantes de uma ordem política preexistente que o modelo de Estado do Bem-estar colocava em xeque, mais do que a insurgência baseada na

---

36. Laurent (2012) aponta também outra tensão entre democracias liberais e democracias populares, na qual se distinguem porque nas democracias populares costuma haver líderes fortes, aquilo que denominam de *populismo*. Embora este ponto não seja objeto de discussão central deste texto, os cursos discursivos em torno do uso dessa nomenclatura têm sido foco de intensos debates midiáticos na Argentina, inclusive desde antes da vitória eleitoral de Macri.

37. O capitalismo (independente do seu caráter neoliberal ou de Estado de Bem-estar Social), precisa do Estado enquanto plano especificamente político de dominação social, marcado pelo controle dos meios de coerção física dentro de um território delimitado. Visto que a dominação é constitutiva de algumas relações sociais, pouco importa que o Estado *apareça como* objetivamente externo a essa relação: suas instituições podem ser invocadas, para a mobilização de certos recursos (não apenas os de coação, mas incluindo-os), com a finalidade de respaldar certas interpretações dos contratos de relações sociais (O'Donnell, 1978).

pretensão de transformação substancial da ordem política vigente. Numa perspectiva histórica, isto implica reconhecer a influência de longa data que se pretendeu preservar e recuperar, e que considerava os esquemas redistributivos e de ampliação de direitos como interrupções ameaçantes.

A pergunta-chave formulada na Argentina em 2015 era: Como puderam ganhar as eleições sujeitos da classe alta, representantes do mesmo setor que durante o século passado governaram o país através de seis golpes de Estado, e pertencentes ao setor que concentra a economia nacional (agropecuários de soja, dos setores de finanças, industriais e pertencentes à *pátria contratista*)? (Rapoport, 2019). Estes mesmos setores em 1981 passaram vultosas dívidas de suas empresas para a conta do Estado, o que significou que naquela época a nação se responsabilizara por 30 bilhões de dólares quando governavam os militares (1976-1983), quantia que aumentou a dívida pública e representou 60% dela ao finalizar a ditadura. Cada uma das medidas econômicas derivadas dessa história recente implicou pobreza, indigência, queda do salário real, desocupação, aumento de enfermidades, suicídios, rupturas nos contratos sociais nas classes mais desfavorecidas (uma longa cadeia de divisão de *males* poucas vezes considerada nos esquemas econômicos de ampliação ou redução de *bens*, que levará mais adiante a pensar o *fazer acreditar* como estratégia de dominação).

No que se refere à orientação da mobilização, a reflexão é similar à anterior. Um posicionamento pode ser qualificado de *proativo* se trata de introduzir novas demandas na agenda política ou ativar demandas subordinadas; e de *reativo* se reforça interesses preestabelecidos (Tilly, 1978 apud Jabardo, 1998). Novamente, a caracterização das demandas permite localizar o apoio eleitoral ao governo de Macri e seu enraizamento posterior como uma posição reativa. As poucas propostas eleitorais pretenderam pôr ordem sobre o que consideravam uma desordem: a inclusão social. É aqui que a noção de *mudança* – central nos lemas dessa campanha eleitoral – pode ser posta em dúvida, quando não caricaturada. A mudança proposta não era revolucionária, senão reacionária: o poder retornaria aos poderosos e isso redundaria em desigualdade social, especulação financeira e um processo de maior acumulação do capital concentrado a partir de migrar riquezas dos setores vulneráveis aos setores poderosos.

Na história da Argentina do último século, o modelo de distribuição de riquezas sempre contou com maior apoio popular, em comparação ao modelo de concentração. Na Argentina houve vários processos que colocaram em marcha o Estado de Bem-estar Social[38], além de gerar economias prósperas durante o pós-guerra europeu. A alternância entre governos democráticos e governos repressivos, que assumiram de fato através de golpes de Estado e pretenderam consolidar modelos fortemente burocráticos e autoritários, expressa apoios populares diferenciais. A distribuição da riqueza, que durante o primeiro período resultou com que 54% do Produto Interno Bruto (PIB) fosse aos trabalhadores, viu-se cerceada por um golpe militar após o segundo governo de Perón e uma proscrição de quase duas décadas do movimento liderado por ele. A tentativa de aprofundar o desenvolvimento da indústria entre 1958 e 1962 (governo de Frondizi) terminou também com um golpe militar. A nova recomposição do Estado de Bem-estar Social a partir de 1973 voltou a ser fatalmente interrompida pela ditadura de 1976, que, além de trazer uma grande recessão econômica, levou a distribuição do PIB entre o setor trabalhador a só 22%. Após a recuperação democrática em 1983, o mandato de Alfonsín culminou com um golpe de caráter econômico. Os eventos dos primeiros anos do século XXI fizeram com que em 2003 se registrassem índices de pobreza que chegavam a quase metade da população. Entre esse ano e 2015, as presidências de Kirchner e Cristina Fernández de Kirchner tenderam, em matéria econômica, na substituição das importações, industrialização, geração de empregos diretos, entre outros indicadores. Além da duplicação do PIB, foram recuperados os índices de sua redistribuição entre trabalhadores, até chegar a uma média de 40%. Por outro lado, o cancelamento das

---

38. Proposta econômica realizada por Keynes e que foi utilizada para tirar os Estados Unidos da profunda depressão econômica de 1929, também conhecido como "New Deal" – novo acordo –, nome colocado por Franklin Roosevelt à sua política intervencionista.

dívidas contraídas com o Fundo Monetário Internacional, a reestatização da empresa petroleira nacional e a implementação de políticas de reparação histórica terminaram de saldar dívidas sociais, culturais e jurídicas pendentes desde a última ditadura. Todos e cada um desses aspectos foram recuperados para a construção de discursos reativos elaborados em torno da campanha eleitoral que levou Macri à presidência em 2015.

Construções monotemáticas – A eficácia da dominação simbólica

Situar os extremismos em alguma leitura conceitual leva inclusive a questionar se se trata efetivamente de um conceito propriamente dito, qual é seu respaldo teórico e qual é sua situação no campo de estudos da cultura política, visto que este último é também um conceito polissêmico (Sandoval Robayo, 2007). Como supracitado, algumas correntes propõem que os extremismos políticos não se referem a um conceito, senão a um conjunto de práticas – que, como tais, sofrem transformações – conceituadas de diversos modos, e que, portanto, existem múltiplas contribuições para tentar compreender como se constituem e prosperam (da Sociologia, Antropologia, Psicologia, História, entre outras que podem ser utilizadas no campo das Ciências Políticas). Ao redor dessas conceituações existe uma série de disputas semânticas em torno da ideia de extremismos políticos, seja nos discursos do campo acadêmico, como em outros espaços de circulação de sentidos. Citaremos algumas.

Uma dessas é a que pretende definir extremismos a partir de sua oposição ao centralismo: se centralismo e moderação são sustentação do *status quo*, extremismo pode ser pensado como qualquer deslizamento desse ponto central normativo do poder. Isto coloca, claramente, a possibilidade de existência de extremismos de esquerda ou de direita (Jabardo, 1998). O extremismo é então um fenômeno que pode ser analisado com certa independência da orientação que possua seu substrato ideológico, enquanto alude ao comportamento de uma coletividade que explicitamente ou não justifica o uso da violência e da ruptura do sistema legal e legítimo vigente em uma comunidade política determinada. Por essa via, o extremismo rejeita a gradualidade, parcialidade, negociação e consenso; aproximando-se do radicalismo com seus ideais maximalistas, mas adicionando procedimentos extremos. A tais propostas é fundamental incorporar quadros teóricos que enriqueçam a própria ideia de cultura política, de tal modo que o extremismo não seja entendido apenas como uma forma de pensar, para passar a ser entendida como uma prática política recriada pela própria ordem social (Sandoval Robayo, 2007). No entanto, denominar determinadas práticas como extremistas, prescindindo da orientação do substrato ideológico que possuem, não implica ignorar o reconhecimento de que possuam carga ideológica, senão, em todo caso, optar pela denominação mais polivalente (comparada, p. ex., com termos como *fundamentalismo*), visto que tem mais ênfase nos meios do que nos fins (Jabardo, 1998).

A própria definição de extrem*ismo* permite intuir que a implicação ideológica se plasma, muitas vezes, na circulação de significações monotemáticas, na "divisão de um elemento particular para convertê-lo em um todo e na explicação sobre tudo" (Sandoval Robayo, 2007, p. 70); tramada em uma construção que evidencia uma estrutura polarizada entre *nós* e *eles*, e que a partir dali pode organizar formas de conhecimento *falsos*, ainda que não seja sua função principal (Sandoval Robayo, 2007).

Algumas dessas caracterizações podem ser ilustradas ao caso específico argentino. Em 2015, Macri vence a disputa à presidência com um discurso moderado e com uma estratégia assentada em uma forte tentativa de efetuar operações simbólicas que disputaram uma noção de subjetividade muito próxima de uma reedição da relação entre ética protestante e capitalismo, com forte ênfase na autorrealização tornada autoajuda, apelos à esperança, legitimação das lógicas empresariais e valorização da competência como uma atitude apreciada em si mesma. Os programas políticos, econômicos e sociais, explicitamente ausentes, ou apenas esboçados, a partir de eufemismos da campanha, foram legitimados na legalidade do triunfo eleitoral. Ao assumir, em clara demonstração do caráter reativo e vigilante antes mencionado, ocorreram reduções de salários, abertura das exportações, precarização laboral, aumento indiscriminado de tarifas, eliminação de subsídios públicos, subexecução de investimentos em áreas sensíveis como saúde, educação e ciência e tecnologia, judicialização e repressão de processos sociais, entre outras medidas.

A preservação reacionária de interesses de alguns setores nacionais foi fortemente apoiada por posições similares desde o capitalismo financeiro internacional[39], que recebeu muito mal as mudanças ocorridas na década anterior na região. No plano midiático, houve uma dura campanha contra o kirchnerismo por parte do Grupo Clarín[40], que se baseou em dois mecanismos principais: a construção de uma trama irracional de ódio para o governo kirchnerista e seus seguidores, através da utilização de estratégias de espetacularização escandalosa, e a instalação monotemática da corrupção como uma atribuição exclusiva daquele governo.

Para analisar esses elementos é imprescindível levar em conta que as estratégias dominantes, conservadoras e ortodoxas – isto é, aquelas que se definem a partir de uma posição de privilégio diante do capital que se encontra em disputa – têm eficácia renovada quando se trata de dominação simbólica. Como explica Sandoval Robayo (2007):

> A dominação simbólica, como aquela que tem a ver com a colaboração do dominado com sua própria dominação, fundamenta-se no fato essencial de *fazer acreditar* como fórmula política, como legitimação, que é provavelmente

---

39. Entre as agências que estão por trás de Macri, encontramos o apoio dado pela agenda de política exterior que Obama realizou para a América Latina; a participação desavergonhada do "partido" judicial – sistema judicial conservador e classista – com a aplicação de um dispositivo conhecido como *lawfare* (o uso da lei como uma arma de guerra) e o apoio desmedido dos meios massivos de comunicação, os quais instalam discursos falaciosos que são complexos de reverter.

40. Grupo empresarial proprietário do jornal matutino homônimo, de mais de 300 canais de TV e numerosas estações de rádio – que construiu a agenda política da classe média argentina por mais de 40 anos, e viu seus interesses monopolizadores afetados pela promulgação da Lei de Serviços de Comunicação Audiovisual, no ano de 2009, lei que buscava socializar a comunicação e que foi tornada sem efeito assim que Macri assumiu a presidência.

um dos elementos de subordinação mais eficazes. Fazer acreditar implicaria igualmente convencer outros de que minha posição ou minha ideologia ou cosmovisão é a válida e está acima das demais (p. 87).

Tais operações midiáticas implicaram inclusive casos em que a justiça falhou, negando e obrigando a retificar as mensagens emitidas, mas sem conseguir modificar os rastros que essas mensagens haviam deixado, especialmente em grupos e circuitos em que a política é negada como prática social necessária, e o cinismo desemboca em desinteresse por entender o funcionamento do Estado. Essas operações não apenas implicaram meios massivos de comunicação, mas também as redes sociais, como já havia marcado tendência em outras importantes eleições em nível internacional (cf. Infobae, 2018; El País, 2018). No contexto internacional também se viu um forte dispositivo que focaliza a corrupção como atividade anexa à política – e não como intrínseca ao capitalismo – deixando de fora as condições de produção dessa corrupção e os pontos de inserção e sustentação de corruptos e corrompedores. A categoria *luta contra a corrupção* avança sem resistência e acompanha sentimentos nacionalistas e chauvinistas, que não poucas vezes derivam de pedidos de *mão forte*, de utilização do aparelho repressivo do Estado para a disciplinarização das dissidências.

Essa espécie de princípio de simplificação e de construção de um inimigo único parece ser um dos aspectos mais claros do panorama discursivo da Argentina atual: a adoção de uma única ideia ou símbolo; a individualização do adversário em um único inimigo[41] (e inclusive o uso da corrupção como único tema), são estratégias que remetem aos princípios de propaganda das correntes que inspiraram a noção mesma de extremismo. Para tais estratégias, não importa a verdade em questão, nem os processos de construção da verdade, senão a possibilidade de construir interlocutores votantes que se tornam partícipes de

---

41. Vale recordar os 11 princípios da propaganda de Goebbels (1887-1945). O primeiro se refere à seguinte máxima: "Princípio de simplificação e do inimigo único: adotar uma única ideia, um único Símbolo; individualizar o adversário em um único inimigo".

um fato corrupto. Esses potenciais eleitores foram convocados à eleição para expiar essa participação: fazer o *correto*, escolhendo um candidato apresentado como incorruptível e que irá combater a corrupção.

Essa simplificação de mensagens poderia reconduzir à construção de um antagonismo naturalizado como base do ordenamento social: *o mundo se divide em bons e maus, e nós somos os bons*. A utilização de redes sociais para veicular mensagens simplificadas (quando não notícias falsas) colaborou nessa tarefa com o objetivo de mobilizar emoções mais que reflexões, análise prévia do comportamento e preferências dos votantes. A naturalização de um antagonismo inflexível dificulta a possibilidade de reinstaurar horizontes pluralistas – pactos mínimos de democracia –, legitima a validade de um único modo de vida e habilita a agressão daqueles – percebidos agora como inimigos – que não compartilham o próprio repertório de normas e valores constitutivos da ideologia grupal, ainda quando esta está fortemente sustentada nas estratégias de dominação em colaboração com setores dominados.

Por outro lado, a eficácia destas estratégias fica ilustrada no fato de que o eleitorado macrista não esteve apenas constituído pela classe média, mas também por setores empobrecidos, que, aderindo à proposta de *mudança*, apoiaram a reversão de uma situação político-econômica, não isenta de conflitos, mas fortemente inclusiva e com importantes políticas anticíclicas, por uma promessa de melhora que não chegará nunca. Não há melhor momento para relembrar uma frase do pensador Arturo Jauretche, quando afirmou "que a classe média, quando está bem vota mal, e, quando vai mal, vota bem" (2009, p. 108).

Moderação e espetacularização como versões de despolitização

Com a finalidade de evitar uma falsa tricotomia entre democracia = racionalidade = pluralismo *versus* totalitarismo = irracionalidade = intolerância, é pertinente pensar sobre o surgimento e o fomento de posições extremas como um elo de uma trama de interações sociais ocorridas em uma determinada cultura política. Por isso, a orientação em relação ao sistema político em que surgem é outra das disputas semânticas que tensionam as definições de extremismos. É dito que os extremistas políticos tendem a considerar ilegítima a ordem sociopolítica existente e a combatê-la utilizando métodos violentos, ainda que não haja acordo em relação a isso, e/ou extralegais, alegando sua ilegitimidade e a chegada de uma nova ordem (Jabardo, 1998; Sandoval Robayo, 2007). Isto se aplica, inclusive, independente do sistema político vigente, e se está fundado ou não em valores e práticas democráticas.

Em algumas ocasiões, o extremismo político, mais do que a adoção de formas violentas, pode tomar a forma de despolitização, na qual se torna uma falácia por esvaziamento do conteúdo político. Se o caso argentino ainda parece não merecedor (ainda) da etiqueta de extremismo, por alguns casos de violência ficarem indefinidos ou não massificados, a consideração da despolitização parece aproximar muito mais à descrição de boa parte do clima da campanha e posteriormente ao êxito eleitoral. Nessa linha, cabe perguntar-se sobre as diferenças e relações entre extremismo e polarização. Para pensar o caso argentino, é fundamental extrair algumas dessas diferenças, talvez para entender e operar sobre extremismos germinais. Tanto o extremismo como a polarização parecem ser detectados a partir da degradação da linguagem em debates políticos, assim como a reaparição de palavras que designam velhas ideologias supostamente superadas. Este último aspecto não foi indiferente aos analistas e a certo setor da opinião pública: antes das eleições, as reações da opinião pública ao panorama regional já vinham vinculando cadeias de sentido que incorporavam as situações do Brasil e, inclusive, da Venezuela.

Como apontado previamente, caracterizar o tipo de sistema político *no qual* e *contra o qual* se erige uma reação mais extrema que o habitual permite desentranhar alguns mecanismos diferenciais que delineiam também algumas diferenças em termos de atitudes e processos psicossociais. Quando um extremismo político se desenvolve em contraposição a um regime democrático, espera-se encontrar uma antipluralidade, uma tendência a reprimir as diferenças e dissensos e a tratar as ambivalências como algo ilegítimo (Lipset & Raab, 1981 apud Jabardo, 1998). Aqui se assemelha com a intolerância enquanto gera a adesão ao fanatismo, que se impõe na construção de discursos sobre a política e emerge em seu lugar. Nestes casos, encontra-se tanto traços de violência como de despolitização. Essas características permitem diferenciar os extremismos desenvolvidos em sociedades democráticas dos gerados em sociedades antidemocráticas que costumam, justamente, buscar a abertura às diversidades.

A referência ao sistema político que desenvolve determinada forma de extremismo não é um detalhe menor, visto que coloca em perspectiva as circunstâncias em que a democracia em sua pretensão universalizante pode cair em sua própria armadilha; que é quando, democraticamente, favorece o surgimento de extremismos, e se legitimam governantes não democráticos, mediante mecanismos democráticos como o voto (Sandoval Robayo, 2007). No caso argentino, essa caracterização é particularmente relevante, visto que o apoio ao governo veio das urnas. Diferente de outras experiências da região, Macri chegou à presidência de maneira constitucional, e isso, como resultado político, legitima o desdobramento do programa não explicitado em sua campanha.

Neste ponto, cabe assinalar sobre o desenho da campanha eleitoral de Macri em 2015. Sua planificação, por Durán Barba, implicou uma consideração especial sobre os processos emocionais do eleitorado. Ele parece não desconhecer o acervo de pesquisas e saberes da psicologia, posto a serviço desse evento político com pouca vigilância epistemológica. Como se pode observar em Durán Barba e Nieto (2011), utilizou-se a ênfase emocional para reforçar aspectos do candidato que tenderam a aumentar suas características de confiabilidade[42] ao eleitorado, possivelmente entendendo racionalidade e afetividade como aspectos inconciliáveis.

Na política, o ataque acende os sentimentos do eleitor comum. Não é um tema de razões, senão de paixões. Devemos fazer com que

---

42. Segundo Domínguez (2014), o livro de Durán Barba e Nieto "funciona como um manual de *marketing* político para entender as bases das campanhas publicitárias dos candidatos do *establishment*. É a bíblia dos candidatos *express* que buscam o êxito eleitoral em curto prazo mediante propostas voláteis que se evaporam quando se ganha a eleição" (p. 3).

nossa mensagem provoque polêmica. Mais que buscar que o cidadão entenda os problemas, devemos conseguir que sintam indignação, pena, alegria, vergonha, ou qualquer outra emoção (Durán Barba & Nieto, 2011, p. 364).

A construção de mensagens deve responder a pautas simples de acordo com os estereótipos da audiência. Durán Barba & Nieto (2011) agregam que as comunicações devem ser claras aos eleitores. "Se além disso (as mensagens) são atrativas, têm força e são elaboradas de forma original, muito melhor. É preferível comunicar o que queremos de maneira rudimentar, que produzir obras de arte incompreensíveis, ou que difundam uma mensagem errada" (p. 358).

As analogias com os princípios propagandísticos do nazismo se fazem por si só, tal como afirma Goebbels:

> Toda propaganda deve ser popular, adaptando seu nível ao menos inteligente dos indivíduos a que se dirige. Quanto maior é a massa a se convencer, menor é o esforço mental a se realizar. A capacidade receptiva da massa é limitada e sua compreensão escassa, além de que têm grande facilidade para esquecer.

A segmentação e os "trabalhos de forma cirúrgica com os possíveis eleitores" (Granovsky, 2012) foram realizados pela empresa *Connectic* (do grupo Durán Barba), que ofereceu formas de identificação dos votantes que permitiram o envio de mensagens, perguntas ou comentários. O aspecto cirúrgico seria tanto relacionado com o conteúdo das mensagens como à "busca mesma de uma análise do comportamento e das preferências não apenas dos votantes, mas dos cidadãos, de acordo com suas inclinações em matéria de ideias, sentimentos e percepções políticas" (Granovsky, 2012)[43].

---

43. Em disputas eleitorais prévias, quando Macri competia como prefeito da cidade de Buenos Aires, essa dupla seleção de mensagens e destinatários se manifestou através de pesquisas telefônicas a lares já detectados como simpatizantes do macrismo. Nessas comunicações realizava-se uma enquete sobre a suposta vinculação de um familiar do candidato da oposição com um suposto caso de corrupção, buscando a identificação do fato, a construção da agenda e o desenvolvimento atitudinal do entrevistado sobre o evento. Quando a justiça iniciou as investigações sobre os eventos, as eleições já haviam acabado e, o opositor, perdido. Em campanhas posteriores, as

O dispositivo discursivo construído em torno da noção de *corrupção* sustentou-se em contar com a cumplicidade judicial para a eliminação de causas judiciais contra o próprio Macri, desaparecidas a poucos dias de assumir como presidente (acusações como fraude e associação ilícita, abuso de autoridade e violação de deveres de funcionário público, enriquecimento ilícito, falsificação de documentos públicos, ameaças e abandono de pessoas, entre outras). O conhecimento de parte de sua equipe de que *o candidato deve dizer a verdade* funcionou para o mesmo fim, visto que "as possibilidades de enganar-se reduziram a mais dois elementos: o voyeurismo desatado dos ocidentais e o acesso à tecnologia" (Durán Barba & Nieto, 2011, p. 358). Ainda exibindo a "displicência pelo rigor que aparece quando Durán Barba quer construir teorias" (Granovsky, 2012) e de uma concepção simplificada e dicotômica de *verdade*, o fragmento permite captar uma concepção preconceituosa de cidadão como *voyeur* tecnológico, muito bem aproveitada pela espetacularização e as *fake news*.

Outro eixo de atenção para a caracterização desses fenômenos remete ao grau de participação real e formal da população nas decisões políticas: se se pretende ampliá-lo, sustentá-lo ou minimizá-lo. Isso implica não apenas pensar as tensões que se mobilizaram contra a inclusão socioeconômica, mas também nos modos de inclusão política e nas construções de cidadania (Jabardo, 1998). A mudança reacionária proposta parece ter apontado na restituição da ordem onde havia emergido um ordenamento sociopolítico inclusivo, também em termos de amplitude de práticas políticas e cidadãs. A alavancagem de uma noção de *todos*, expressa por exemplo em propostas de campanhas macristas, tais como "Todos os argentinos têm que fazer bem"[44],

---

pesquisas telefônicas foram cruzadas com bases de dados sociodemográficos, bem como com a identificação de eventuais voluntários com capacidade de penetração territorial, para a propagação da campanha em setores periféricos (Granovsky, 2012).

44. Pode-se complementar esta pressão discursiva ao suposto bem-estar de um *todos* indiferenciado, com as estratégias neuróticas de negação do inaceitável (incluindo qualquer forma de angústia) (Sanz Estaire, 2017), e com o dado estatístico de que Argentina é um dos países mais neuróticos e com maior tendência consequente à vulnerabilidade física e mental (Schmitt et al., 2007).

derivou na obstrução da possibilidade de pensar clivagens e articulações plurais.

Muitas são as descrições e análises que se centram nos processos de manipulação do eleitorado no caso da Argentina em 2015 e que ressaltam que Macri ganhou a presidência com um discurso moderado e com ações de caráter demagógico que utilizaram como ferramenta o que alguns leem como mentiras, outros como estratégias de pós-verdade, e outros como um discurso que em si mesmo não representa mais que a sustentação ou recuperação do *status quo*. Em qualquer dessas interpretações, os circuitos e interações em que mostrou a moderação do discurso parecem caracterizar-se pelo esvaziamento do conteúdo político. As estratégias de *marketing* e espetacularização da política apoiaram-se num terreno prévio no qual as tramas do consumo aparecem como preferidas à atividade política para urdir subjetividades; isto é, em formas de cidadania suficientemente caracterizadas por lógicas capitalistas.

Nesta linha, cabe discutir sobre uma certa vulnerabilidade política entre aqueles que aderiram e escolheram a proposta macrista, possivelmente vinculada com a primazia do individualismo nas construções da cidadania. A partir dos estereótipos de cidadão e de votante que se podem reconstruir nessas colocações, trama-se uma subjetividade política em torno da renúncia mesma ao direito de ser cidadão, não pela rejeição à possibilidade de desfrutar dos benefícios da cidadania, de formar parte de um Estado, senão pelo tipo de compromisso débil estabelecido com esse tipo de cidadania. Espetacularmente, oferece-se estereótipos desenhados de governantes capazes de representar "a alegria[45] do pensar sem as odiosas restrições que têm os

---

45. A referência à *alegria* é polissêmica e também irônica nesse contexto, visto que a campanha de aliança de partidos que tornou Macri candidato à presidência se autodenominou como a *revolução da alegria*, com referências à mudança do *passado pelo futuro* (desvirtuada, *lapsus mediante*, em *estamos mudando o futuro pelo passado* pela candidata ao governo da Província de Buenos Aires, María Eugenia Vidal); e com atos de campanha que reproduzem um ambiente lúdico festivo, com música estridente, balões amarelos e danças dos candidatos que emulam amizade, simpatia e diversão.

homens comuns" (González, 2017). Consolidada a planificação do vínculo entre votantes e candidato, qualquer proposta eleitoral baseada em um programa de governo passa a ser desnecessária, de acordo com o princípio de que boas políticas governamentais em uma democracia são um bem público insuficiente, devido à ignorância racional dos votantes (Buchanan & Tullock, 2015).

Tal como afirmam Palacios Mena e Gonzalez Herrera: "A categoria subjetividade tomou muita importância nos últimos anos nos estudos de ciências sociais, nos quais se aborda a relação entre o sujeito e a sociedade, ou entre o sujeito, a sociedade e as instituições políticas" (2013, p. 415). Essa relação seria trivial tomando os resultados das eleições da Argentina de 2015. Isto é, a subjetivação política dessa massa que elegeu Macri repetiria estereótipos ligados ao mercado: elege-se o candidato segundo a estética que apresenta, a penetração e as bondades da mensagem, ancorado por um forte dispositivo de *marketing* publicitário eleitoral e não pela análise das propostas políticas. Não poderia haver análise, por outro lado, porque o que predominou foi a sujeição a uma dor imensa causada pelo governo anterior, devido a um conjunto incomensurável de mentiras, ao que Macri e seu comparsas viriam a curar.

Dessa forma, cabe pensar que tipos de problemas, além dos mais universais como a violência, a guerra ou a pobreza, podem favorecer o surgimento de extremismos (Sandoval Robayo, 2007). Primeiro, a tensão que se expressa entre individualismo e cidadania. Também, a indiferenciação entre poder e autoridade e seus efeitos na socialização política, quando se canaliza através do circuito de agressão, medo e submissão ou rebelião. No caso da Argentina, pode-se pensar que o *marketing* e a espetacularização geraram uma sensação de proximidade entre a classe média e o candidato como produto. Entretanto, sabe-se que a classe média é a que reproduz e legitima o poder da classe alta, através da filiação a, e identificação com, sistemas normativos feitos pela última. Nessa trama de mercado de consumo, a espetacularização aparece como a faceta que dá mais relevância às características dos candidatos como *personagens* do que ao conteúdo dos debates políticos. A popularidade, especialmente midiática, das figuras candidatáveis, é o que conta. A trajetória de Macri como empresário do esporte, presidente de um populoso clube de futebol, foi a base não só para a construção de analogias entre as capacidades de gestão empresarial e de condução política, mas também para cenas de aparição midiática em programas televisivos tradicionalmente reconhecidos pelo seu perfil de entretenimento, ou das sátiras políticas não sofisticadas[46]. Mesmo aqueles que opinam que *ibope* não equivale a votos (Ramírez, 2015) reconhecem que a exposição ridicularizada e com fins supostamente humorísticos gera um efeito paradoxal que alimenta a percepção de proximidade e a identificação entre eleitorado e candidato.

Sob este panorama, que poderia ser analisado com maior profundidade por sua replicação em numerosos cenários internacionais, emerge a ideia de *despolitização* como simples descritor, ainda que ilustrativo, de um estado de situação que leva a pensar novamente na robustez do conceito de extremismo. Bayón (2008) afirma que "os filósofos contemporâneos do Ocidente convergem que o cenário politicamente mais radical da Pós-modernidade seria o regresso da própria política à cena" (p. 282). O surgimento de interpretações em torno de conflitos culturais, em que os problemas políticos e os critérios de sustentabilidade administrativa eram previamente pensados como substitutos das decisões políticas, lançou as bases para a convicção ideológica de que esses nem mais existem (Bayón, 2008). Assim, para este autor, o quadro de despolitização opera como terreno fértil para o surgimento de fantasias sobre o extremismo, em consonância com o surgimento de subjetividades políticas cínicas – sempre acomodadas às estruturas de poder, mesmo quando têm questões superficiais – ou subjetividades construídas a partir de uma posição vitimizante, característica da blindagem ideológica de suas identidades e da naturalização da opressão.

Por isso, o estudo e abordagem dos processos psicopolíticos subjacentes do triunfo eleitoral de Macri poderiam abrir a discussão em

---

46. No entanto, a discussão sobre a relação – interdependente ou não, hierárquica, tangente ou de inclusão – entre a indústria do lazer e a política fica para outro trabalho.

relação à modificação do cenário da cultura política argentina. Nele, os processos psicossociais implicados nas decisões eleitorais de muitos votantes não necessariamente responderam a discussões de posicionamentos de caráter ideológico, senão aos efeitos sobre sua subjetividade em um contexto de alento neurótico à despolitização. Em uma simples leitura – que não se afasta completamente das interpretações de manipulação, mas tenta inscrevê-las em seu contexto –, pode-se afirmar que as subjetividades que se viram interpeladas pelo kirchnerismo e que sentiram que sua identidade entrava em tensão optaram por eliminar essa tensão para proteger tal identidade. Pois a proposta do governo anterior era discutir o sentido da política, a distribuição de bens e de prejuízos, a reconstrução da história, o papel dos meios de comunicação, dos economicamente poderosos. Entretanto, essa narrativa os desorientava, mostrava-lhes certo grau de alienação política e cultural. Assim, ao mesmo tempo em que se conseguia a ascensão de classes com políticas redistributivas e o cenário social convertia-se no avanço do campo popular, em termos de mobilização e conscientização de direitos para alguns setores, havia o silencioso chamado a posições despolitizadas para outros.

Do desencantamento ao encadeamento de extremismos

A título de conclusão desse exercício intelectual, é pertinente recuperar o correlato econômico das estratégias de dominação simbólicas. Como discutido, a classe média legitima, reproduz e se identifica com sistemas normativos, que são, em sua gênese, próprios das classes altas. O *fazer acreditar* aparece aqui como estratégia de dominação no *habitus* político. Assim, quando se produziu ascensão social da classe baixa, a classe média se viu ameaçada. Devido ao medo desencadeado por essa ameaça, a submissão se fusiona com a identificação e a rebelião aparece como desprezo e diferenciação dos mais similares, para interferir em um estado de coisas que lhes havia permitido aceder a algo de cidadania com aparência de integração. Como cada classe social busca sua manutenção e legitimação, a classe média sente que sua fonte de identificação, isto é, quem lhe provê identidade, é a classe alta. Essa é uma espécie de alienação na produção de sua identidade.

A classe média é em sua maior parte assalariada, não são capitalistas. Paradoxal, mas razoavelmente, isso parece perder-se de vista: um estudo realizado por uma consultora local sustenta o seguinte:

> A classe média (alta e típica) reúne em conjunto quase a mesma quantidade de integrantes que a classe baixa. No entanto, oito de cada dez pessoas se sentem parte da classe média no país, ainda que nem todas façam parte. Segundo esse informe, três desse grupo estão um degrau abaixo [...]. Ainda que pareça curioso, na Argentina este segmento se identifica a si mesmo como classe assalariada (La Gaceta, 2015).

Esse dado não é suficiente para analisar a conformação de identidades políticas em função de múltiplas articulações transitórias, nem para assumir uma absoluta homogeneidade intraclasse, no que se refere a posicionamentos políticos. Não permite seguir o rastro da especificidade de demandas e a variedade de objetivos que esse setor poderia colocar em jogo no espaço público. No entanto, traça linhas bastante claras sobre as fronteiras políticas dentro das quais esse grupo pode relacionar-se com outros, assim como permite intuir a eficácia hegemônica de lógicas que assumem a naturalidade e a funcionalidade da mobilidade como cosmovisão explicativa do ordenamento social. A confiança na mobilidade social, mais que a necessidade de promoção de mudanças coletivas, é o substrato para a sobrevivência de discursos meritocráticos que, invisibilizando os pontos diferenciais de partida, apenas reconhecem supostos esforços individuais como mecanismos de progresso. Assim, individualismo, identidade social e despolitização operam conjuntamente na sustentação naturalizada de inequidades – inclusive com certa independência de que aqueles que habitam esta trama sejam ao mesmo tempo cínicos replicadores e vítimas submissas dessas inequidades.

Tampouco parece prudente caracterizar esses setores como extremistas; isso seria assumir uma conclusão prematura. Em vez disso, deveria se tensionar o paradoxo da democracia que pode alimentar, conter e sustentar posições intolerantes, assim como pensar que disposição tolerante há para interagir com elas. Pensar, tal como Bayón (2008), que certos extremismos políticos podem ser uma espécie de ilusão ótica de um "Ocidente liberal que se organiza socialmente disciplinando seus bons consumidores com um catálogo de medos, sem querer saber dos ultrajes que implica sua desmedida exibição" (p. 285). Esta fórmula, válida para analisar os discursos *nós-eles* construídos em escala global, também pode ser aplicada para pensar sobre a interação de posições polarizadas dentro de uma mesma sociedade.

Em qualquer caso, uma contribuição relevante que permite questionar o estatuto de extremista de uma posição, sua posição relacional com outros atores políticos, sua caracterização, e inclusive a utilidade teórica do conceito, é o de advertir quais fatores podem reviver a aparição de posições extremas, em uma espécie de reação em cadeia. Nessa linha, Sandoval Robayo (2007) enumera um conjunto de aspectos que se deveria prestar atenção: os sexismos, a tensão entre integração e desintegração (e a consequente possibilidade de grupos minoritários em manter ou não sua identidade); entre cooperação *versus* competência; entre particularismo e universalismo; o predomínio da desconfiança; oposição entre individualismo e coletivismo; vontade de redução das desigualdades ou indiferença ante elas; aceitação do futuro e controle da incerteza ou intolerância à incerteza; fatalismo; ignorância. Alguns deles são mais evidentes na Argentina contemporânea do que outros.

Estar atento a essas demandas é uma tarefa urgente para nossos campos de estudo e para a região. Pensar no que tem de extremos os pontos médios, sem menosprezar sua *despolitização*, ou entendê-la como uma exterioridade do ideológico; pensar onde se tocam os extremos. Ler os extremismos a partir de lógicas mais complexas possíveis, analisá-los como fenômenos e esboçar conceitos, teorias e metodologias que nos permitam aproximar deles, sem cair em, aqui vale a redundância, visões extremas. Compreender que as concepções que permitem qualificar uma postura de extrema tampouco são absolutas, estão condicionadas social e historicamente. Essas advertências são fundamentais para a tarefa de ampliar as ferramentas disponíveis a fim de evitar eixos (como os clássicos esquerda/direita, ou conservador/liberal), que, por não serem atemporais, nem monolíticos, dificultam sua compreensão.

Nessa perspectiva, a Psicologia Política tem muito a contribuir à compreensão desses fenômenos no campo de suas respectivas culturas políticas, evitando esgotar o discurso em dicotomizações prétéoricas sobre os pensares e sentires dos cidadãos. Sandoval Robayo (2007) se pergunta:

> Estão os extremismos indissociavelmente associados com os sentimentos, com a paixão e com a irracionalidade que faz parte da condição humana? Em primeiro lugar os seres humanos estão condenados a pensar, mas, em segundo lugar, a formular ideias sobre as coisas que os rodeiam; as crenças nesse sentido fazem parte da forma como os seres humanos explicam o mundo, e as coisas do mundo não têm apenas uma única explicação (p. 81).

Por isso, é necessário conhecer e reconhecer que não são apenas os extremismos em si, mas também e especialmente as ideias e explicações que se desenvolvem sobre eles, as que condicionarão os modos de autoafirmação de grupos sociais dentro de e entre sociedades. As comunidades acadêmicas e científicas não estão isentas desses modos de autoafirmação.

Referências

Bayón, F. (2008). Extremismo y desencanto. El nacimiento de la modernidad del espíritu de la política radical. *Isegoría* 39, 267-288.

Buchanan, J. & Tullock, G. (2015). *El cálculo del consenso* – Fundamentos lógicos de la democracia constitucional. Madri: Fundación Ico.

Domínguez, R. (2014). El arte de ganar mediante la (in)comunicación política. *Revista Questión* 1(41), jan.-mar./2014.

Durán Barba, J. & Nieto, S. (2011). *El arte de ganar* – Cómo usar el ataque en campañas electorales exitosas. Buenos Aires: Sudamericana.

El País. Las claves para entender el escándalo político de Facebook y Cambridge Analytica (19/03/2018). *El País* – Vida Actual [Recuperado de https://www.elpais.com.uy/vida-actual/claves-entender-escandalo-politico-facebook-cambridge-analytica.html].

González, H. Gobierno y cuartel. *Página/12* – Contracapa (18/10/2017) [Recuperado de https://www.pagina12.com.ar/69893-gobierno-y-cuartel].

Granovsky, M. Manual de operaciones contra simios. *Diario Página 12* (12/02/2012) [Recuperado de https://www.pagina12.com.ar/diario/elpais/1-187448-2012-02-12.html].

Infobae. El ex CEO de Cambridge Analytica admitió que planificó una campaña "anti Kirchner" para Argentina. *Infobae* – Política (09/06/2018) [Recuperado de https://www.infobae.com/politica/2018/06/09/el-ex-ceo-de-cambridge-analytica-admitio-que-planifico-una-campana-anti-kirchner-para-argentina/].

Jabardo, R. (1998). Sobre el concepto de extremismo político. *Revista de Estudios Políticos* (Nueva Época) 102, 281-293.

Jauretche, A. (2009). *Manual de zonceras argentinas.* Buenos Aires: Corregidor.

La Gaceta. Un 48% de la población es de clase media en la Argentina. *La Gaceta* – Economía, ed. digital (11/07/2015) [Recuperado de https://www.lagaceta.com.ar/nota/645385/economia/48porciento-poblacion-clase-media-argentina.html].

Laurent, E. (2011). ¿Un nuevo amor para el siglo? (Conferencia). *El Caldero de la Escuela* – Nueva Serie, 18. Buenos Aires: Grama.

Manzi, A. (2009). Una revisión epistemológica al concepto de ideología en Psicología Política. *Les cahiers de Psychologie Politique* 15 (en línea) [Recuperado de http://lodel.irevues.inist.fr/cahierspsychologiepolitique/index.php?id=788].

O'Donnell, G. (1978). Apuntes para una teoría del Estado. *Revista mexicana de Sociología*, 1.157-1.199.

Palacios Mena, N. & Herrera González, J. (2013). Subjetividad, socialización y derechos en la escuela. *Magis, Revista Internacional de Investigación en Educación* 5(11), 413-437.

Ramírez, I. Los mitos sobre la tinellización de la política. *Política Argentina* (12/05/2015) [Recuperado de http://www.politicargentina.com/notas/201505/5644-los-mitos-sobre-la-tinellizacion-de-la-politica.html].

Rapoport, M. Las diversas patrias. *Página/12* – Suplemento Cash (17/02/2019) [Recuperado de https://www.pagina12.com.ar/175384-las-diversas-patrias].

Sandoval Robayo, M.L. (2007). La cultura política de los extremismos. *Virajes* 9(3), 63-90.

Schmitt, D.P., Allik, J., McCrae, R.R. & Benet-Martínez, V. (2007). The geographic distribution of Big Five personality traits – Patterns and profiles of human self-description across 56 nations. *Journal of Cross-Cultural Psychology* 38(2), 173-212.

— 8 —
Estilo e conteúdo linguístico de mensagens publicadas no Twitter® durante um processo de transição à paz

Paula Tatiana Castiblanco-González, Iván Felipe Medina-Arboleda &
Idaly Barreto
Universidade Católica de Colômbia

A intensidade do conflito armado colombiano e as consequências desfavoráveis para a população-vítima são condições suficientes para a Colômbia ser considerada pela Anistia Internacional (2015) como um dos países da América Latina com índices mais altos de violação aos direitos humanos. Essa condição de violência durante mais de cinco décadas fez com que diferentes governos realizassem distintos esforços para pôr fim ao conflito interno colombiano. Entre eles, em 1982, a desmobilização do grupo guerrilheiro conhecido como M-19 firmou, entre outros, a participação política mediante a constituição do partido político denominado União Patriótica, cujos principais líderes e membros foram assassinados e perseguidos por grupos paramilitares, Estado e narcotraficantes (Centro de Memória Histórica, 2016).

Posteriormente, durante o governo de Andrés Pastrana (1998-2002), ocorreram diálogos entre o governo e a guerrilha denominada Forças Armadas Revolucionárias da Colômbia – Exército do Povo, mais conhecida no mundo pela sigla Farc-EP, cujas negociações se realizaram em uma zona desmilitarizada sem condições de cessar fogo unilateral ou bilateral. Este processo foi interrompido e não se chegou a nenhum acordo entre as partes. Segundo o estudo realizado por Borja, Barreto, Alzate, Sabucedo & López (2009), uma parte da explicação desse fracasso se relaciona com um mútuo discurso no qual não se modificaram os estereótipos e crenças sobre os grupos, nem se construíram identidades mais inclusivas que gerassem um clima de confiança adequado e de cooperação, como nos processos anteriores.

No ano de 2016, o Presidente Juan Manuel Santos, após quatro anos de negociação, assinou o acordo para o término do conflito armado com as Farc-EP, em condições de cessar fogo unilateral e bilateral. De forma particular, a análise de discurso das comunicações publicadas pelas Farc-EP em sua página *web* entre os anos de 2014 e 2015, realizado por Sánchez, Lara, Rodríguez, Santamaría & Carranza (2017), mostrou conteúdos orientados à legitimação da paz e aos acordos alcançados, mediante o uso de categorias inclusivas tais como "todos os colombianos", "a Nação", "o povo colombiano", "os e as Colombianos(as)". Assim, os autores encontraram eufemismos orientados a controlar a imagem pública do grupo armado com o propósito de minimizar o impacto emocional associado aos crimes cometidos. Também encontraram categorias de atribuição externa para justificar as condições de guerra vividas e expressões que apresentam o endogrupo como vítimas do conflito armado mediante uma estratégia retórica que Sabucedo, Blanco e Corte (2003) denominaram valoração assimétrica de sofrimento, que consiste em focalizar o discurso no sofrimento do endogrupo relacionado às distintas formas de violência do adversário.

Essas diferenças discursivas nos dois processos de paz promovidos por diferentes governos com as Farc-EP mostram que, em contextos de não violência (cessar fogo), os argumentos legitimadores da violência política e deslegitimadores do adversário necessariamente se modificam (Sabucedo, Barreto, Borja, Corte & Durán, 2006) em um contexto de transição à paz. Nesse sentido, a relevância do discurso não está apenas no atuar político, mas também na forma como se promovem condutas, atitudes e crenças nos indivíduos de uma sociedade que possam gerar transformações pacifistas, ou pelo contrário, perpetuar a violência (Alzate, Durán & Sabucedo, 2009; Barreto, Borja, Sabucedo, López-López & Alzate, 2010). Segundo Coleman e Deutsch (2012), é esse diálogo em conflito que perpetua o ciclo destrutivo. Portanto, é necessário transformar a natureza da comunicação que se tem com os demais com o fim de modificar essas relações e os mundos sociais de conflito para a paz.

De acordo com o supracitado, Coleman e Deutsch (2012) e Rivera (2009) afirmam que um dos fatores transformadores do conflito é a comunicação, visto que facilita a superação de incompatibilidades dos grupos em confronto armado, que durante anos construíram relações violentas diretas e simbólicas mediante conteúdos linguísticos que desumanizam e expulsam o adversário com a finalidade de minimizar o impacto emocional negativo que estas geram (Borja, Barreto, Sabucedo & López-López, 2008; Sabucedo et al., 2004). Essa linguagem empregada na comunicação, segundo Pennebaker, Mehl e Niederhoffer (2003) e Pennebaker (2011) pode ser considerada como uma das principais vias de interação e habilidade necessária no ser humano para dar lugar a processos sociais que evidenciem o significado das vivências em nível pessoal, mantendo o indivíduo aderido à realidade.

A linguagem nas relações e interações humanas, segundo Pennebaker (2011), corresponde aos estados psicológicos e se expressa através de palavras de conteúdo e estilo. O conteúdo linguístico da mensagem corresponde ao que as pessoas dizem; isto é, à mensagem que desejam comunicar, e usualmente se expressa mediante substantivos, verbos regulares, adjetivos e advérbios. O estilo linguístico corresponde à forma com que se diz, isto é, à forma em que se articula a mensagem com palavras com funções tais como pronomes, preposições, artigos, conjunções e verbos auxiliares. Essas palavras se identificam facilmente, pois ao não estarem incluídas na mensagem perdem seu significado (p. ex., a, um, meu, que), mas são fundamentais para atribuir sentido à mensagem e à comunicação; a tal ponto que correspondem a 55% ou 60% de tudo que as pessoas expressam diariamente (Pennebaker, 2011). Em síntese, as palavras de estilo refletem como as pessoas se comunicam, enquanto as palavras de conteúdo transmitem o que desejam expressar (Niederhoffer & Pennebaker, 2002).

A partir de uma perspectiva de conteúdo, Kempf (2003) identifica categorias linguísticas que diferenciam os discursos belicistas dos pacifistas: enquanto o discurso belicista mantém uma diferenciação entre *ele-nós*, que gera polarização e rivalidade entre as partes, o discurso com orientação pacifista mantém características mais inclusivas, nas quais prevalece uma orientação em que todos devem ganhar, não há dois extremos, demonstra de forma transparente os interesses e as formas de intervenção de todas as partes do conflito, e enfatiza a prevenção da violência e da guerra. Nessa mesma linha, Galtung (1998b) afirma que os discursos pacíficos têm três tipos de orientação: orientação às pessoas, orientação à solução e orientação à verdade. Em conjunto, essas orientações mostram a existência de um dano compartilhado na sociedade, não de poucos ou de um setor específico; nomeia todos os agressores, não assume uma posição em defesa específica de algum e se centra na reconstrução e reconciliação; não na vitória de algumas das partes implicadas.

Nesse marco, as estratégias de comunicação e participação de todos os atores do conflito são indispensáveis para a solução do mesmo. Se na cultura da guerra as partes enfrentadas produzem discursos que dão uma visão polarizada do conflito, deslegitimam o adversário e legitimam o uso da violência, contribuem diretamente à intensificação da mesma. De maneira análoga, num processo de transição à construção de uma cultura de paz, se esperaria que os distintos atores implicados promovam uma linguagem com conteúdos que fomentem a reconciliação das partes, a empatia com as vítimas e evite a polarização entre *eles-nós* (Kempf, 2003). Acompanhado de um estilo linguístico que, em seu nível mais básico são as palavras de função (Ireland et al., 2010), permita compreender os processos psicológicos que acompanham os processos de desintensificação dos conflitos armados, sociais e políticos.

A partir da perspectiva de estilo, a diferenciação grupal (*nós versus eles*) no contexto da violência política, mostra um uso diferenciado da linguagem ao referir-se ao oponente no discurso. Segundo Gunsch, Brownlow, Haynes e Mabe (2000), os discursos polarizados estão escritos no pretérito e contêm palavras que suscitam emoções negativas ao exogrupo; enquanto o estilo linguístico referente ao endogrupo se situa no presente e está acompanhado de emoções positivas. Existem alguns mecanismos cognitivos que podem indicar profundidade e complexidade do pensamento, de forma que o uso frequente de palavras de causa, efeito, ordem e de exclusão (saber, causa, porque, sem, excluir), podem indicar que o falante avalia uma ideia de maneira ativa e integra pensamentos diferentes com um uso complexo da linguagem e de argumentação ou pensamento causal. Gelfand et al. (2015) observaram este estilo linguístico em contextos de negociação.

Estudos recentes no âmbito político mostram que a veracidade do discurso está caracterizada por uma linguagem proximal, na qual se fala mais em primeira pessoa, enquanto que a mentira no discurso usa uma linguagem distal e pronomes na terceira pessoa, em geral, com menos autorreferências (Matsumoto & Hwang, 2015; Hauch, Blandon-Gitlin, Masip & Sporer, 2012). Outra das dimensões diferenciadas nos discursos políticos é o uso estratégico da linguagem emotiva que se emprega em contextos multipartidários de forma distinta, pois se consegue gerar otimismo quando se empregam emoções positivas no discurso, e pessimismo ou rejeição em relação ao conteúdo da mensagem quando está carregada de emoções negativas. De forma particular, os partidos que estão governando tendem a utilizar maior quantidade de palavras relacionadas com emoções positivas do que os partidos de oposição, justamente para promover uma percepção favorável em relação ao seu trabalho (Crabtree et al., 2015).

Orehek e Human (2017), por exemplo, indicam que a partir dos comentários gerados no Twitter® as pessoas tendem a gerar uma percepção pessoal de quem as publica, e essa percepção tende a ser quase tão exata como a que se criaria em outros contextos mais dinâmicos e pessoais. Segundo os autores, isso sugere que há um bom fator de predisposição à percepção que se pode gerar nas redes, e portanto essa percepção poderia ser manipulada ou modificada por meio da linguagem, o número de palavras, ou as palavras utilizadas na mensagem que aludem a uma emoção em específico. Este tipo de análise pode contribuir à compreensão de elites políticas e seus processos de comunicação e, de forma mais específica, dos pensamentos, sentimentos e comportamentos implicados nos discursos (Jones et al., 2017). O estilo linguístico, portanto, pode dar uma ideia de quem são, como são, o que pensam de si mesmo e dos demais, suas motivações e suas perspectivas sociais e realizar um trabalho acertado de predição (Pennebaker, 2011). Segundo Tausczik e Pennebaker (2010), as palavras e a linguagem são objeto de estudo da Psicologia e da Comunicação, visto que as psicologias social, clínica, cognitiva e da personalidade buscam compreender os seres humanos, entre outras estratégias, mediante a análise de grandes quantidades de textos que desvelam a relação entre a linguagem cotidiana com os comportamentos, a percepção subjetiva, os estilos cognitivos e o comportamento social.

Dessa forma, tanto o conteúdo como o estilo linguístico se mobilizam por distintas fontes de informação, sendo os meios de comunicação, e especificamente, as redes sociais as principais fontes de difusão (Barreto et al., 2009; López-López et al., 2014; Galtung, 1969). Estas últimas se constituíram nas últimas décadas em espaços de participação ativa e massiva de distintos atores da sociedade e promoveram o intercâmbio de informação que, segundo Panger (2017), se assemelha a uma interação face a face em um contexto social. Inclusive o autor considera que a experiência de navegar nas redes sociais parece ser muito similar à experiência emocional cotidiana.

A linguagem é, portanto, um pilar fundamental nos processos de transição para a construção de uma cultura de paz, visto que, como se argumentou previamente, além da assinatura do acordo de paz, a reconstrução em nível econômico, político, social e educativo requer um processo de reconciliação dos distintos setores da sociedade, incluindo os atores do confronto armado, acompanhado de um clima emocional e marcos expressos através da linguagem que enfoquem a interpretação de acontecimentos sociais e políticos desde uma perspectiva construtiva, despolarizada, dialogada e pacífica. A partir desta perspectiva, esta pesquisa tem como propósito identificar as semelhanças e diferenças dos conteúdos e estilos linguísticos difundidos em conversações publicadas no Twitter® por diferentes atores da sociedade colombiana desde a assinatura do acordo de paz, firmado em 24 de novembro de 2016, até 24 de novembro de 2017.

Método

Tipo de pesquisa e estrutura

Foi realizado um estudo linguístico descritivo comparativo (Paitán, Mejía, Ramírez & Paucar, 2014) em dois níveis: a) análise do estilo linguístico (também conhecido como sintaxe) proposto por Pennebaker et al. (2003), o qual estuda as palavras independentemente de seu sentido literal ou do contexto semântico em que se usam; e b) análise do conteúdo linguístico (também conhecido como semântico), o qual estuda o significado das palavras como resultado do processo de interação social (Djik, 2006).

Foi utilizada uma estrutura de *corpus* cronológico (Torruella & Llisterri, 1999), visto que se recolhem dados textuais publicados na rede social Twitter® em um período de tempo correspondente entre 24 de novembro de 2016 – data da assinatura do acordo para o término do conflito armado, entre o Presidente Juan Manuel Santos Calderón e o Comandante do Estado-maior Central das Farc-EP – e 24 de novembro de 2017.

Material utilizado e variáveis

Foram analisados *tweets* publicados na rede social digital Twitter® no período supracitado. A amostra se orientou de maneira intencionada, com base no modelo de López-López et al. (2014), que propõem três níveis de atores para analisar o discurso relacionado com crenças associadas a culturas de violência e paz: *grupos* (atores legais e ilegais do conflito armado), *meios de comunicação* e *sociedade*. Esta última, representada nesta investigação por contas oficiais de organizações não governamentais. No total, foram selecionadas 74 contas de Twitter® (Tabela 8.1).

Tabela 8.1 Contas de Twitter®

Grupos	Nome	Conta
Governo (10 contas)	Presidente Juan Manuel Santos Calderón	@JuanManSantos
	Ministério de Justiça e do Direito	@MinjusticiaCo
	Agência Colombiana para a Reintegração (ACR)	@ARNColombia
	Unidade de Atenção e Reparação a Vítimas do Conflito Armado (UARIV)	@UnidadVictimas
	Ministério de Saúde e Proteção Social	@MinSaludCol
	Ministério do Interior	@MinInterior
	Ministro Conselheiro para o Pós-conflito, Direitos Humanos e Segurança	@RafaelPardo
	Conselheiro de Direitos Humanos da Presidência	@riveraguillermo
	Presidência da Colômbia	@infopresidencia
	Escritório do Alto Comissionado para a Paz	@ComisionadoPaz
Grupos armados legais (4 contas)	Forças Militares da Colômbia	@FuerzasMilCol
	Exército da Colômbia	@COL_EJERCITO
	Marinha Nacional	@armadacolombia
	Força Aérea Colombiana	@FuerzaAereaCol
Grupos e líderes políticos (38 contas)	União Patriótica	@UP_Colombia
	Centro Democrático	@CeDemocratico
	Ivan Duque	@IvanDuque
	Oscar Iván Zuluaga	@OIZuluaga
	Álvaro Uribe Vélez	@AlvaroUribeVel
	Partido Verde (Aliança Verde)	@PartidoVerdeCoL
	Ángela Robledo	@angelamrobledo
	Angélica Lozano	@AngelicaLozanoC
	Jorge Iván Ospina	@JorgeIvanOspina

Continua

Continuação

Grupos	Nome	Conta
Grupos e líderes políticos (38 contas)	Sergio Fajardo	@sergio_fajardo
	Partido Conservador	@soyconservador
	David Barguil Assis	@davidbarguil
	Eduardo Enrique Maya	@EnriquezMaya
	Germán Vargas Lleras	@German_Vargas
	Polo democrático	@PoloDemocratico
	Progressistas	@progresistascol
	Gustavo Petro	@petrogustavo
	Antonio Navarro	@navarrowolff
	Claudia López	@ClaudiaLopez
	Partido da U	@partidodelaucol
	Maritza Martínez	@Maritza_Senado
	Roy Barrera	@RoyBarreras
	Jose David Name	@JoseDavidName
	Cambio Radical	@PCambioRadical
	Carlos Galán	@carlosfgalan
	Carlos Motoa	@motoasenador
	Partido Liberal	@PartidoLiberal
	Horacio Serpa	@HoracioSerpa
	Simón Gaviria	@SimonGaviria
	Clara Rojas	@CLARAROJASG
	Clara López Obregón	@ClaraLopezObre
	Luis Alfredo Ramos	@LuisAlfreRamos
	Martha Lucia Ramírez	@mluciaramirez
	Humberto de la Calle	@DeLaCalleHum
	Alejandro Ordoñez	@A_OrdonezM
	Jorge Enrique Robledo	@JERobledo
	Piedad Córdoba	@piedadcordoba

Grupos	Nome	Conta
Grupos armados ilegais, guerrilhas (5 contas)	Farc-EP	@FARC_EPueblo
	Iván Márquez	@IvanMarquezFARC
	Mulheres das FARC	@MujerFariana
	Diálogos de paz FARC	@FARC_EPaz
	Pablo Catatumbo	@PCatatumbo_FARC
Meios de comunicação (9 contas)	Revista Semana	@RevistaSemana
	Notícias Caracol	@NoticiasCaracol
	Notícias RCN	@NoticiasRCN
	CM&	@CMILANOTICIA
	BluRadio	@BluRadioCo
	W Radio	@WRadioColombia
	Semanário Voz	@SemanarioVOZ
	El Tiempo	@ELTIEMPO
	El Espectador	@elespectador
Grupo conformado por ONG e vítimas (8 contas)	Human Rights Watch	@hrw_espanol
	ONU Direitos Humanos Colômbia	@ONUHumanRights
	Manos Limpias (Indignados Colômbia)	@ManosLimpiasCo
	Centro Memória, Paz e Reconciliação (CMPR)	@centromemoria
	Razão Pública	@razonpublica
	Organização Internacional para as Migrações	@OIM_Colombia
	Comitê Internacional da Cruz Vermelha	@CICR_co
	Colombianos e colombianas pela paz	@colombianospaz

As variáveis analisadas neste estudo foram medidas em diferentes escalas. Em primeiro lugar está a variável *grupos*, medida em escala nominal, que se refere a contas de Twitter® classificadas segundo o pertencimento de grupos sociais (incluídos seus líderes) que se distinguem por ideologias e práticas afins, entre as quais: grupos armados ilegais, grupos armados legais, governo, partidos políticos, organizações governamentais, organizações não governamentais, meios de comunicação e comunidade de seguidores. Em segundo lugar, encontra-se a variável *estilo linguístico* (Pennebaker, 2003), medida em escala de razão mediante a porcentagem de palavras classificadas em categorias de função, tais como: pronomes, preposições, artigos, conjunções e verbos auxiliares. Assim, inclui palavras que expressam correspondência com estados psicológicos (Tabela 8.2). Finalmente, se inclui a variável *conteúdo linguístico*, medida em escala nominal, a qual agrupa a frequência de palavras que têm como função legitimar ou deslegitimar o acordo de paz (Bar-Tal, 2000) e se expressa mediante substantivos, verbos, adjetivos e advérbios.

Tabela 8.2 Palavras de função segundo a dimensão psicológica do LIWC®

Processos psicológicos		
Dimensão	Abreviaturas	Exemplos
Processos afetivos ou emocionais	Afetivo	feliz, feio, amargo
Emoções positivas	Emopos	feliz, bonito, bom
Sentimentos positivos	Sentpos	feliz, felicidade, amor
Otimismo e energia	Otime	certeza, orgulho, ganhar
Emoções negativas	Emoneg	ódio, inimigo, sem sentido
Ansiedade ou medo	Ansiedad	nervoso, medo, tenso
Raiva	Raiva	ódio, matar, raiva
Tristeza ou depressão	Tristeza	chorar, tristeza
Processos cognitivos	MecCog	causa, saber, deveria
Causa	Causa	porque, efeito, portanto
Insight	*Insight*	pensar, saber, considerar
Discrepância	Discrep	deveria, poderia
Inibição	Inib	bloquear, proibir
Tentativa	Tentat	talvez, quem sabe, adivinha
Certeza	Certeza	sempre, nunca

Processos sensoriais e perceptuais	Sentidos	ver, tocar, escutar
Ver	Ver	vista, ver, observar
Escutar	Ouvir	escutou, escuta, som
Sentir	Sentir	tocar, sustentar, sentir
Processos sociais	Social	falar, nós, amigos
Comunicação	Comu	falar, compartilhar, conversar
Referência a outras pessoas	Refoutro	primeira pessoa plural, 2ª e 3ª pessoas
Amigos	Amigos	colega, amigo
Família	Família	mãe, irmão, primo
Humanos	Humanos	criança, mulher, grupo

Nota: Cada dimensão psicológica mantém um conjunto de palavras associadas no dicionário de LIWC®

Procedimento e análise dos dados

Para a captura da informação em Twitter® se utilizou a extensão NCapture para NVivo® versão 11 (Qinternational, 2017). Os dados foram exportados para o Microsoft Excel® em que se eliminaram os *tweets* que apenas tinham enlace de páginas na internet e aqueles de datas diferentes ao período de pesquisa estabelecido.

Posteriormente foi realizada a) análise do estilo linguístico (Pennebaker et al., 2003), com o *software* LIWC2015® e o dicionário de espanhol validado por Ramírez-Esparza, Pennebaker, García & Suría (2007), que tem mais de 7.000 palavras. Este programa analisa palavra por palavra, em uma classificação de 72 variáveis linguísticas que incluem categorias de linguagem *standard* (artigos, preposições, pronomes etc.), processos psicológicos (categorias de emoções positivas e negativas, variáveis linguísticas etc.), palavras relacionadas com a relatividade (tempo e espaço) e dimensões tradicionais de conteúdo (trabalho, dinheiro, êxito etc.), organizadas de forma hierárquica.

As categorias analisadas foram: dimensões linguísticas, processos psicológicos e relatividade. Entre elas se avaliou principalmente SEISLTR (palavras com mais de seis letras), PRONOM (total de uso de pronomes), EU (primeira pessoa do singular), NÓS (primeira pessoa do plural), TU (uso total da segunda pessoa), OUTRO (total de pronomes na terceira pessoa), NEGAÇÃO (uso de negações), ARTIGO (artigos), EMONEG (emoções negativas), ANSIEDADE, RAIVA, TRISTEZA, MECCOG (processos cognitivos), CAUSA (causa e efeito), *INSIGHT* (entendimento), DISCREP (discrepâncias), INIB (inibições), TENTAT (tentativas), CERTEZA SOCIAL (processos sociais), PASSADO (verbos no tempo passado), PRESENTE (verbos no tempo presente), FUTURO (verbos no tempo futuro). Os resultados obtidos são apresentados em porcentagem de uso de cada uma das categorias em formato Microsoft Excel®. A análise estatística das diferenças entre as porcentagens analisadas pelo LIWC2015® se realizou mediante a prova não paramétrica de Kruskal-Wallis com o *software* SPSS24®.

Para a b) análise do conteúdo linguístico foram utilizadas técnicas de Análise Estatística de Dados Textuais (Barreto, 2019; Lébart, Salem & Bécue, 2000) com o *software* Spad7®. Inicialmente foi realizada uma análise lexicométrica (vocabulário de palavras e análise de concordâncias – contexto anterior e posterior) para identificar crenças legitimadoras e deslegitimadoras do acordo de paz. Os resultados obtidos são apresentados em contagem de frequências por palavra em formato de arquivo Microsoft Excel®. Posteriormente, foram classificadas as palavras manualmente, com sua respectiva frequência, em categorias de orientação positiva ou negativa ao acordo de paz, e se realizou uma análise de componentes principais com o *software* Spad7®.

Resultados

Este tópico apresenta os resultados das análises de estilo e conteúdo linguístico das publicações na rede social Twitter® de distintos setores da sociedade colombiana. É importante destacar que as contas das Farc-EP se classificam como grupo armado ilegal devido ao fato de que em agosto de 2017 se formalizou o uso da sigla Farc (Força Alternativa Revolucionária do Comum) como partido político colombiano fundado por ex-combatentes da guerrilha Farc-EP, após a assinatura do acordo de paz com o governo de Juan Manuel Santos Calderón em 2016.

Estilos linguísticos de diferentes atores da sociedade colombiana durante um processo de transição à paz

Os resultados da análise de estilos linguísticos mostram que em todos os grupos analisados prevalece o uso da terceira pessoa do singular e do plural, e estão focalizados no tempo presente, o qual mostra implicação com temas da atualidade social e política. No que se refere aos processos psicológicos, o clima emocional expressa palavras que correspondem a emoções negativas e positivas, com um maior uso de emoções positivas no texto analisado.

No caso dos *meios de comunicação*, a dimensão linguística estandardizada mostra que a análise foi realizada com 48% do *corpus* de conversações. Os processos metacognitivos demostram implicação na comunicação com a audiência; como referentes sociais das conversações, encontram-se os grupos sociais (família e amigos). Para o grupo conformado por *guerrilhas*, a dimensão linguística estandardizada mostra que a análise foi realizada com 61% do *corpus* das conversações. Empregam mais palavras de *insight* e em menor grau palavras de discrepância, o que implica maior intenção de reflexão sobre os temas expostos; e quanto aos processos sociais, são mais alusivos à categoria humanos, assim empregam com maior frequência palavras como povo ou sociedade, gerando categorias inclusivas em seus comentários. Para os *grupos armados legais* foi analisado 52% do *corpus* textual. Os resultados das diferentes dimensões analisadas mostram um estilo linguístico mais neutro em relação aos demais grupos, principalmente por ser um grupo que representa o Estado e a Nação. Também tendem a empregar com maior frequência as palavras relacionadas com humanos na categoria de processos sociais.

Para o grupo de *ONG e vítimas*, a análise foi realizada com 48% do *corpus* de conversações. Na dimensão de processos cognitivos se evidencia um uso equitativo de recursos cognitivos, com maior referência à dimensão de processos sociais. Para o grupo de *presidência*, a dimensão linguística estandardizada se realizou com 58,07% do *corpus*. Este grupo, junto com os *grupos armados legais*, emprega uma frequência maior do uso de palavras com mais de seis letras, o que indica maior complexidade de pensamento e argumentação, e há uma maior porcentagem de uso de palavras alusivas aos processos sociais, indicando uma tendência à resolução de problemáticas cotidianas.

Tabela 8.3 Categorias de LIWC® por grupos

Dimensões	Exemplos	Meios de comunicação	Guerrilha	Grupos armados legais	ONG e vítimas	Presidência
I – Dimensões linguísticas estandardizadas						
Palavras por oração		79.56	32.45	62.94	39.92	40.93
% de palavras capturadas pelo dicionário		47.66	61.67	52.82	54.92	58.07
% de palavras > seis letras		29.75	32.07	35.45	32.8	34.67
Artigos:	os, um, a	7.84	11.47	8.46	8.55	9.37
Preposições:	segundo, ante, contra	11.66	13.24	13.93	12.94	14.71
Primeira persona						
Singular:	eu, meu, comigo	0.12	0.14	0.08	0.16	0.15
Plural:	nós, nossa, nos	0.24	0.76	0.84	0.44	0.41
Terceira persona						
Tu, você:	tu, contigo	0.24	0.23	0.22	0.26	0.18
Ele, ela:	ele, sua	3.77	6.03	3.86	4.25	4.6
Eles:	eles, seus	1.03	1.32	1.09	1.06	1.15
II – Processos psicológicos						
Processos afetivos ou emocionais						
Emoções posit.	paz, triunfo, segurança	1.72	3.44	3.02	2.17	3.05
Emoções neg.	insulto, calúnia, abuso	1.38	3.44	0.78	1.98	1.26
Ansied./medo	intimidar, temor, horror	0.18	1.8	0.07	0.27	0.1
Ira	abuso, indignação	0.69	0.14	0.56	1.16	0.75
Tristeza	fracasso, morte	0.26	1.13	0.08	0.23	0.13

Processos cognitivos

Insight	consciência, ver	1.26	2.06	1.32	1.69	2.17
Causa	por que, mudança	0.63	0.86	0.61	0.77	0.87
Discrep	lamentavelmente, suponho	0.43	0.77	0.24	0.74	0.73
Tentat	ainda que, talvez	0.57	0.81	0.32	0.79	0.56
Certeza	deve, firme	0.46	1.37	0.82	0.8	0.87
Inib	deixo, rejeitar	0.35	1.37	0.82	0.8	0.87

Processos sociais

Família	irmãos, pais	0.24	0.25	0.2	0.25	0.32
Amigos	comunidade, amigo	0.13	0.27	0.16	0.23	0.33
Humanos	povo, pessoas	0.43	0.92	0.61	1.07	0.55

III – Relatividade

Tempo

Passado	vendeu, perdeu	1.14	1.21	1.03	1.03	1.19
Presente	fica, sirva	4.06	5.95	3.69	5.44	5.53
Futuro	chegarão, direi	0.28	0.3	0.19	0.17	0.35

Nota: Os valores para cada grupo estão dados em porcentagens de frequência de uso dentro das conversações de Twitter®.

Na Tabela 8.4 se mostram os resultados das diferenças significativas para cada uma das variáveis analisadas do estilo linguístico entre os grupos (meios de comunicação, guerrilhas, grupos armados legais, ONG e vítimas, presidência e políticos). Apresentam-se os valores da prova estatística Kruskal-Wallis e o respectivo indicador do efeito (Cohen, 1988).

Encontraram-se diferenças significativas ($\leq$ .50) para as dimensões de seis letras, pronomes pessoais, eu, nós, ele, ela, presente, preposições, emoção positiva, emoção negativa, amigos, ansiedade, raiva, tristeza, *insight*, causa, tentativa e certeza. Na dimensão de seis letras encontraram-se diferenças significativas nos *tweets* dos meios de comunicação devido a um baixo uso em comparação com grupos políticos, armados legais e guerrilhas. O indicador do efeito é grande, visto que pontuações entre .0 e .1 são consideradas sem efeito, pontuações entre .2 e .4 de efeito pequeno, pontuações entre .5 e .7 são consideradas de efeito intermediário, e pontuações entre .8 e maiores de 1 são consideradas de grande efeito (Cohen, 1988), o que indica uma diferença considerável em seu estilo linguístico.

Os grupos armados legais e ilegais mostram diferenças significativas na dimensão de pronomes pessoais. Esta diferença está dada porque os grupos armados ilegais e a presidência tendem a focalizar a atenção do discurso nos outros. Assim empregam pronomes na terceira pessoa com maior frequência e o indicador de efeito é de 2.96, o que indica uma diferenciação alta. No que se refere ao uso do tempo presente, encontram-se diferenças significativas (.00) entre os grupos armados legais e os grupos políticos; e meios de comunicação e políticos. Especificamente, os partidos políticos são os que utilizam com maior frequência o tempo presente em suas comunicações no Twitter® e o indicador do efeito é alto.

No componente emocional encontraram-se diferenças nas emoções positivas, visto que os meios de comunicação mantêm diferenças significativas (p=.00) com os grupos de presidência, guerrilhas e ONG. Os meios de comunicação são os que menos empregam emoções positivas, e essa diferença é alta nos três casos. No que se refere às emoções negativas, os grupos armados legais mostram di-

Tabela 8.4 Diferenças significativas do estilo linguístico entre grupos

Variáveis	Sig	Comparação em pares	H	Sig ady	DCohen
Seis letras	.001	Meios de comunicação (x=29.75; d.e.=0.72) - Político (x=33.23; d.e.=2.03)	-25.28	.01	1.5
		Meios de comunicação (x=29.75; d.e.=0.72) - Presidência (x=34,67; d.e.=2.05)	-38.61	.00	2.21
		Meios de comunicação (x=29.75; d.e.=0.72) - Grupos armados legais (x=35.45; d.e.=1.29)	46.55	.00	2.62
Pronomes pessoais	.000	Meios de comunicação (x=4.03; d.e.=0.79) - Político (x=5.46; d.e.=0.87)	-29.73	.001	1.72
		Meios de comunicação (x=4.03; d.e.=0.79) - Grupos armados ilegais guerrilhas (x=6.37; d.e.=0.31)	50.48	.000	2.96
		Grupos armados legais (x=4.19; d.e.=0.26) - Grupos armados ilegais guerrilhas (x=6.37; d.e.=0.31)	50.45	.003	2.96
Eu	.000	ONG (x=4.61; d.e.=0.87) - Grupos armados ilegais (x=6.37; d.e.=0.31)	39.26	.013	2.13
		Presidência (x=0.91; d.e.=0.47) - Grupos armados ilegais (x=6.37; d.e.=0.31)	32.77	.035	1.77
		Grupos armados legais (x=0.08; d.e.=0.01) - Político (x=0.45; d.e.=0.32)	-41.87	.003	2.42
		Meios de comunicação (x=0.12; d.e.=0.10) - Político (x=0.45; d.e.=0.32)	-32.5	.000	1.86
		ONG (x=0.16; d.e.=0.15) - Político (x=0.45; d.e.=0.32)	-28.21	.021	1.65
Nós	.000	Meios de comunicação (x=0.24; d.e.=0.23) - Político (x=0.50; d.e.=0.21)	-24.39	.021	1.47
		Meios de comunicação (x=0.24; d.e.=0.23) - Grupos armados ilegais guerrilhas (x=0.76; d.e.=0.28)	40.36	.003	2.19
		Meios de comunicação (x=.24; d.e.=0.23) - Grupos armados legais (x=0.84; d.e.=0.16)	47.72	.002	2.71

Variáveis	Sig	Comparação em pares	H	Sig ady	DCohen
Ele/Ela	.000	Grupos armados legais (x=3.86; d.e.=0.31) - Grupos armados ilegais (x=6.03; d.e.=0.37)	54.29	.001	3.37
		Meios de comunicação (x=3.77; d.e.=0.81) - Político (x=4.81; d.e.=0.66)	-25.33	.013	1.51
		Meios de comunicação (x=3.77; d.e.=0.81) - Grupos armados ilegais guerrilhas (x=6.03; d.e.=0.37)	51.51	.000	3.06
		ONG (x=4.25; d.e.=0.69) - Guerrilhas (x=6.03; d.e.=0.37)	43.31	.004	2.38
Presente	.000	Grupos armados legais (x=3.69; d.e.=0.23) - Políticos (x=6.25; d.e.=0.81)	-42.41	.002	2.46
		Meios de comunicação (x=4.06; d.e.=0.64) - Político (x=6.25; d.e.=0.81)	-38.01	.000	2.17
Emoção positiva	.000	Meios de comunicação (x=1.72; d.e.=0.42) - Político (x=2.96; d.e.=0.66)	-31.79	.000	1.82
		Meios de comunicação (x=1.72; d.e.=0.42) - Presidência (x=3.05; d.e.=0.63)	-36.13	.001	1.95
		Meios de comunicação (x=1.72; d.e.=0.42 - Guerrilhas (x=3.44; d.e.=0.29)	49.61	.000	2.06
		ONG (x=2.17; d.e.=0.49) - Guerrilha (x=3.44; d.e.=0.29)	41.95	.006	2.29
Emoção negativa	.001	Grupos armados legais (x=0.78; d.e.=0.08) - Políticos (x=1.55; d.e.=0.44)	-34.22	.034	1.95
		Grupos armados legais (x=0.78; d.e.=.08) - ONG (x=1,98; d.e.=0.78)	-42.89	.019	2.49
		Grupos armados legais (x=0.78; d.e.=0.08) - Guerrilhas (x=1.80; d.e.=0.31)	46.5	.01	2.62
Ansiedade	.001	Grupos armados legais (x=0.14; d.e.=0.05) - Político (x=0.20; d.e.=0.10)	-33.31	.04	1.90
		Presidência (x=0.10; d.e.=0.05) - Político (x=0.20; d.e.=0.10)	24.09	.01	1.37

Variáveis	Sig	Comparação em pares	H	Sig ady	DCohen
Raiva	.001	Grupos armados legais (x=0.56; d.e.=0.11) - Guerrilhas (x=1.13; d.e.=0.22)	40.91	.04	2.23
		Presidência (x=0.75; d.e.=0.66) - ONG (x=1.16; d.e.=0.36)	32.13	.02	1.74
		Presidência (x=0.75; d.e.=0.28) - Guerrilhas (x=1.13; d.e.=0.22)	34.43	.02	1.86
Tristeza	.000	Grupos armados legais (x=0.08; d.e.=0.02) - Político (x=0.27; d.e.=0.09)	-39.16	.00	2.24
		Grupos armados legais (x=0.08; d.e.=0.02) - Meios de comunicação (x=0, 27; d.e.=0,01)	-39.72	.02	2.28
		Presidência (x=.13; d.e.=0.05) - Político (x=0.27; d.e.=0.09)	28.42	.00	1.56
		Presidência (x=0.13; d.e.=0.05) - Meios de comunicação (x=0.27; d.e.=0.11)	28.98	.02	1.59
Insight	.000	Grupos armados legais (x=1.32; d.e.=0.08) - Presidência (x=2.17; d.e.=0.42)	-43.15	.00	2.51
		Grupos armados legais (x=1.32; d.e.=0.08) - Guerrilhas (x=2.06; d.e.=0.13)	43.58	.02	2.40
		Meios de comunicação (x=1.26; d.e.=0.38) - Políticos (x=1.88; d.e.=0.52)	-26.47	.00	1.57
		Meios de comunicação (x=1.26; d.e.=0.38) - Presidência (x=2.17; d.e.=0.42)	-41.1	.00	2.37
		Meios de comunicação (x=1.26; d.e.=0.38) - Guerrilhas (x=2.06; d.e.=0.13)	41.53	.00	2.27
Causa	.000	Grupos armados legais (x=0.61; d.e.=0.02) - Político (x=0.95; d.e.=0.20)	-39.64	.00	2.27
		Meios de comunicação (x=0.63; d.e.=0.09) - Político (x=0.95; d.e.=0.20)	-34.84	.00	1.99

Variáveis	Sig	Comparação em pares	H	Sig ady	DCohen
Tentativa	.000	Grupos armados legais (x=0.32; d.e.=0.04) - Guerrilhas (x=0.81; d.e.=0.10)	40.54	.04	2.20
		Grupos armados legais (x=0.32; d.e.=0.04) - Político (x=0.95; d.e.=0.32)	-44.71	.00	2.63
		Presidência (x=0.56; d.e.=0.16) - Político (x=0.95; d.e.=0.32)	27.52	.00	1.52
		Meios de comunicação (x=0.57; d.e.=0.18) - Político (x=0.95; d.e.=0.32)	-27.44	.00	1.61
Certeza	.000	Meios de comunicação (x=0.46; d.e.=0.13) - Político (x=1.11; d.e.=0.33)	-39.27	.00	2.25
		Meios de comunicação (x=0.46; d.e.=0.13) - Guerrilhas (x=1.37; d.e.=0.21)	54.18	.00	3.36
		ONG (x=0.80; d.e.=0.19) - Guerrilhas (x=1.37; d.e.=0.21)	36.69	0.0	1.98

Nota: p ≤ .50, um DCohen ≥ 1.0 é considerado um indicador de efeito alto.

ferença significativa com grupos políticos, ONG e guerrilhas. Tal fato converge com a posição oficial dos grupos armados legais que se caracterizam por sua neutralidade nas comunicações e, portanto, usam menos palavras de emoção (x=.78) com um indicador de efeito alto. Nesta mesma dimensão consta que os grupos políticos usam palavras associadas com ansiedade (x=.20) mais do que grupos armados legais e a presidência. Encontrou-se uma diferença significativa na emoção denominada raiva (p=.00), entre a presidência e o grupo guerrilheiro, que usa (x=1.13) mais palavras associadas a raiva nas mensagens do Twitter®.

Conteúdo linguístico orientado à deslegitimação e legitimação do acordo de paz durante um processo de transição na Colômbia

Os resultados de conteúdo semântico mostram a presença de palavras que constituem as categorias de deslegitimação (Tabela 8.5) e legitimação do acordo de paz (Tabela 8.6) empregadas por diferentes grupos (governo, grupos armados ilegais; grupos armados legais, meios de comunicação, ONG e vítimas e políticos). Esses conteúdos estão incluídos em *tweets* que expressam opiniões negativas e de rejeição ao processo ou ao acordo de paz. No caso da legitimação, os contextos estão orientados a expressar e promover a aceitação e imagem positiva do acordo. Assim, encontra-se para a deslegitimação da paz categorias de proscrição com o uso de qualificativos tais como *corrupção, criminosos, drogas, extorsão*, na categoria de orientação deslegitimadora se encontram palavras como *falsa, impunidade, fracasso*. Há também palavras relacionadas à caracterização de rótulos políticos que usam palavras como burocracia ou desgoverno. De modo contrário, para legitimar o acordo de paz se empregam palavras como *consolidar, juntos, construir* associadas à coesão; palavras pertencentes à categoria de orientação legitimadora como *completa,* ou *chegou*. Em geral, os grupos analisados utilizaram com maior frequência conteúdos legitimadores nas publicações de Twitter® durante o ano analisado.

Tabela 8.5 Palavras da categoria de deslegitimação da paz

Palavras	Categoria	Governo	Grupos armados ilegais	Grupos armados legais	Meios de comunicação	ONG e vítimas	Político
Burocracia	Caracterização de rótulos políticos	1	5	0	8	3	50
Desgoverno	Caracterização de rótulos políticos	0	0	0	0	0	28
Malgasto	Caracterização negativa de traços	1	1	0	1	3	101
Desconfiança	Orientação deslegitimadora	6	10	0	15	4	35
Estranha	Orientação deslegitimadora	2	1	0	59	1	20
Falsa	Orientação deslegitimadora	0	3	5	81	9	75
Falsas	Orientação deslegitimadora	4	5	0	151	14	78
Fracasso	Orientação deslegitimadora	8	8	0	73	29	149
Decair	Caracterização negativa de traços	0	1	0	10	0	55
Impunidade	Orientação deslegitimadora	27	54	3	84	80	686
Mal	Orientação deslegitimadora	35	13	2	375	89	581
Mentiras	Caracterização negativa de traços	1	21	0	40	63	331
Mentiroso	Caracterização negativa de traços	0	0	0	19	12	104
Traição	Deslegitimação	1	3	0	47	0	22
Pobreza	Consequências negativas estruturais	62	24	0	45	62	418
Medo	Emoções negativas	67	37	1	195	89	357
Ameaça	Proscrição	20	18	15	379	56	184
Ameaçada	Proscrição	1	3	1	17	1	28

Palavras	Categoria	Governo	Grupos armados ilegais	Grupos armados legais	Meios de comunicação	ONG e vítimas	Político
Ameaças	Proscrição	27	26	31	255	26	171
Coca	Proscrição	103	13	185	255	54	370
Corrupção	Proscrição	129	84	23	918	408	3037
Criminosos	Proscrição	59	9	26	139	34	377
Criminalidade	Proscrição	12	0	21	6	19	48
Dissidência	Proscrição	2	4	9	78	3	58
Dissidências	Proscrição	12	4	38	191	14	159
Drogas	Proscrição	290	5	15	236	35	113
Extorsão	Proscrição	15	0	86	95	3	129
Massacres	Proscrição	1	9	0	7	5	26
Mortos	Proscrição	24	21	6	1108	47	271
Narcoterroristas	Proscrição	0	0	1	0	0	72
Narcotráfico	Proscrição	91	7	137	229	41	530
Subornos	Proscrição	1	1	0	103	10	143
Terrorismo	Proscrição	35	7	23	106	42	333
Terrorista	Proscrição	10	6	16	122	5	196
Violando	Proscrição	0	5	0	10	0	30
Violência	Proscrição	368	123	61	461	467	962

Nota: autoria própria.

Tabela 8.6 Palavras de legitimação da paz

Palavras	Categoria	Governo	Grupos armados ilegais	Grupos armados legais	Meios de comunicação	ONG e vítimas	Político
#juntos	Coesão	1	0	2	0	21	2
Consolidar	Coesão	67	35	9	17	13	81
Construímos	Coesão	76	11	8	13	18	72
Construir	Coesão	341	134	37	135	175	858
Cultivar	Coesão	15	1	2	7	2	13
Inclusão	Coesão	114	9	1	26	54	114
Juntos	Coesão	112	25	20	97	70	263
Participação	Coesão	562	114	139	252	247	612
Cumprir	Compromisso	8	8	3	6	1	31
Persistência	Compromisso	3	0	0	2	7	16
Educação	Condição estrutural	318	74	30	305	180	1274
Anseio	Emoção positiva	6	23	0	3	0	19
Esperança	Emoção positiva	243	163	67	270	62	661
Acordo	Negociação	730	579	24	960	311	1953
Estratégia	Negociação	335	13	27	140	108	211

Palavras	Categoria	Governo	Grupos armados ilegais	Grupos armados legais	Meios de comunicação	ONG e vítimas	Político
Perdão	Perdão	132	33	3	152	94	174
Futuro	Prospectiva positiva	218	130	76	303	91	757
Progresso	Prospectiva positiva	115	11	67	13	10	199
#justiça	Proteção	4	0	1	2	52	27
Defesa	Proteção	66	65	124	297	79	714
Direito	Proteção	222	111	23	196	174	877
Justiça	Proteção	1460	282	47	1566	392	1990
#reconciliação	Reconciliação	10	20	0	4	10	23
Reconciliação	Reconciliação	809	287	11	309	491	395
Gente	Sociedade	88	112	16	591	107	1296
Vozes	Sociedade	40	37	6	53	36	97
@dignidade	Orientação legitimadora	0	0	0	1	0	28
Aporte	Orientação legitimadora	117	17	6	45	47	206
Bem-vinda	Orientação legitimadora	51	22	48	91	23	101
Certa	Orientação legitimadora	2	5	0	8	1	16
Completa	Orientação legitimadora	44	27	5	118	11	138

Palavras	Categoria	Governo	Grupos armados ilegais	Grupos armados legais	Meios de comunicação	ONG e vítimas	Político
Cuidar	Orientação legitimadora	25	3	13	71	8	84
Dignidade	Orientação legitimadora	52	75	11	64	46	390
Dinâmica	Orientação legitimadora	11	2	1	5	8	24
Ideias	Orientação legitimadora	42	37	3	93	18	337
Chegar	Orientação legitimadora	120	29	54	374	48	333
Produtiva	Orientação legitimadora	53	12	1	5	17	73
Real	Orientação legitimadora	33	15	4	213	26	281
Resistência	Orientação legitimadora	29	44	7	39	26	97
Sustentável	Orientação legitimadora	91	3	5	45	29	144
Verdadeira	Orientação legitimadora	16	19	6	68	11	211
Vitória	Orientação legitimadora	53	31	59	238	27	174
Vida	Orientação legitimadora	762	233	271	1397	300	1922

Nota: autoria própria.

Com o objetivo de identificar semelhanças e diferenças no uso de expressões deslegitimadoras e legitimadoras do acordo de paz se realizou uma análise dos componentes principais com as expressões identificadas nas conversações do Twitter® (Tabela 8.7). Os resultados mostram que os dois primeiros fatores explicam 82,8% da variação (Figura 8.1). O fator 1, denominado *legitimação do acordo de paz*, mostra na parte esquerda do plano fatorial categorias associadas tanto à legitimação e à deslegitimação, o que indica que os grupos empregam ambos os tipos de categoria, mas tende a ser mais frequente o uso de categorias positivas em torno da paz.

Na parte direita do plano estão situadas três categorias ilustrativas que mostram ser a prioridade para a legitimação do acordo de paz, as quais mantêm categorias linguísticas associadas a emoções positivas, sociedade, palavras como *esperança*, *anseio* e *direitos*. Os dados da Tabela 8.7 mostram que existe correlação positiva (.80) entre os grupos ONG-vítimas e governo, bem como entre os grupos políticos e os meios de comunicação (.89). De modo convergente, os grupos armados ilegais e o grupo do governo mantêm um índice de correlação com pontuação alta de .79, que se considera positiva.

Tabela 8.7 Correlação entre os componentes

Grupo	Governo	Grupos armados ilegais	Grupos armados legais	Meios de comunicação	ONG e vítimas	Político
Governo	1.00					
Grupos armados ilegais	0.79	1.00				
Grupos armados legais	0.40	0.29	1.00			
Meios de comunicação	0.72	0.65	0.46	1.00		
ONG e vítimas	0.80	0.74	0.34	0.68	1.00	
Político	0.63	0.69	0.41	0.80	0.78	1.00

Plano fatorial

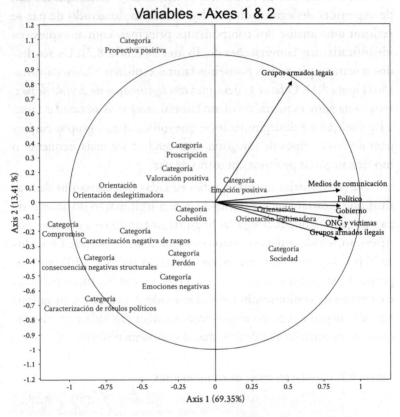

O segundo fator denominado de *deslegitimação do adversário* mostra uma tendência diferencial por parte dos grupos armados legais acompanhada pelo uso de categorias ilustrativas de proscrição e deslegitimação, que são empregadas em contextos de confronto armado para mostrar uma imagem negativa do adversário em benefício da imagem do endogrupo (quadrantes superiores do plano fatorial da Figura 8.1). Vale ressaltar que durante o período de conversações analisadas no Twitter®, as Forças Armadas da Colômbia mantinham ações de confronto com outro grupo guerrilheiro conhecido como ELN (Exército da Libertação Nacional). Portanto, a diferença discursiva deve ser interpretada à luz do contexto de conflito e violência na Colômbia.

Discussão

Os resultados da análise de estilo e conteúdo linguístico mostram que durante o ano posterior à assinatura do acordo para o término do conflito e a construção de uma paz estável e duradoura se compartilham posturas ideológicas com orientação belicista e pacifista através da rede social Twitter®. O acima exposto mostra a consistência da agenda temática com a realidade social e política do país em torno ao pós-acordo exposto através do uso de uma das redes sociais de influência no contexto político que, mediante mensagens curtas (280 caracteres), facilita e promove o debate político por parte de distintos setores da sociedade. É importante destacar que os achados e conclusões apresentados neste capítulo devem marcar-se e limitar-se a posições oficiais expressas em contas do Twitter®, as quais podem ser geridas por diferentes membros. Assim, como limitação na análise dos estilos linguísticos, deve-se considerar que o *software* LIWC® não interpreta linguagem sarcástica, utilizada regularmente em redes sociais. No entanto, essa limitação apresenta a metodologia deste estudo como uma proposta complementar, visto que analisa o conteúdo no contexto discursivo mediante a análise estatística de dados textuais. De forma complementar, a análise de estilo e conteúdo linguístico converge nos achados identificados.

Especificamente nos resultados da análise do estilo linguístico se encontrou que os grupos usam uma linguagem distal que se diferencia pelo uso frequente de pronomes em terceira pessoa. Isso mostra a intenção de focalizar a atenção dos seguidores nas ações e comentários dos demais, em consistência com outros estudos (Matsumoto & Hwang, 2015; Hauch, Masip & Gitlin, 2012), e que se complementa com outras estratégias distintas nas dimensões linguísticas estandardizadas, processos psicológicos e relatividade. As Farc-EP, por exemplo, mantiveram o uso de pronomes em terceira pessoa, empregaram palavras de causa, discrepância e tentativa com uma frequência similar. Assim, mostraram um maior uso de palavras de *insight* que demonstram maior complexidade em seu discurso. No entanto, também foi o grupo que utilizou com frequência a primeira pessoa do plural (nós), possivelmente com a finalidade de mostrar coesão, entendimento e acordo (Ireland et al., 2010).

As contas oficiais do Twitter® dos grupos armados legais empregam com frequência a primeira pessoa do plural. Estes resultados mostram um estilo neutro nas publicações, visto que se acompanham de baixa emotividade em comparação com os demais grupos e tendem a empregar uma linguagem otimista que se distingue por mensagens que se situam no tempo presente com emoções positivas. De forma particular, esse grupo foi o que utilizou com maior frequência a palavra nós, palavras com mais de seis letras, *insight* e certeza em seus comentários, o que mostra uma argumentação complexa, coerente e efetiva que comunica segurança nos comentários compartilhados na rede.

As contas de maior complexidade pelas diferenças linguísticas identificadas foram as da presidência e da guerrilha, devido a um uso mais frequente de palavras de seis letras e mecanismos cognitivos que expressam *insight*, tentativa, certeza e causalidade. Este estilo, segundo outros estudos, indica uma reavaliação ativa de pensamentos associados a um evento específico possivelmente com o fim de manter uma argumentação mais elaborada para gerar credibilidade (Hauch, Masip & Gitlin, 2012). Assim, identificou-se que as contas da presidência e da guerrilha tiveram uma porcentagem similar no uso da linguagem emotiva, visto que comunicam mais emoções positivas, com o propósito de mostrar um bom consenso grupal entre os membros de cada grupo (Brody & Peña, 2015). Desse modo, os resultados mostram que estes dois grupos empregam um estilo linguístico similar no pós-acordo com a finalidade de manter qualidade e aproximação com a opinião pública (Carrera, Guardia & Cebolledo, 2014; Carrera, Guardia & Peró, 2013; Gonzales, Hancock & Pennebaker, 2010; Ireland et al., 2010; Swaab, Maddux & Sinaceur, 2011; Romero, Roderick, Uzzi & Adam, 2015; Rúas, Puentes & Míguez, 2016). Vale destacar que são as duas partes negociadoras que se esforçam em legitimar o acordo final assinado, o qual foi modificado no mês de outubro de 2016, quando os cidadãos colombianos votaram em sua maioria (50.21%) pelo desacordo com os pontos na agenda acordada entre o governo e as Farc-EP.

No que se refere às contas oficiais dos meios de comunicação, encontrou-se um uso maior de pronomes em terceira pessoa e menor de autorreferenciação, o que é indicativo de distanciamento psicológico frente a suas afirmações (Jordan, 2015). O enfoque temporal é usualmente presente e as palavras de causa e tentativa mostram insegurança em suas afirmações devido à natureza própria das comunicações públicas que, no contexto legal, declaram-se como conjecturais ou supostas. Assim, identificou-se o uso da linguagem emotiva tanto positiva como negativa nos meios de comunicação de maneira consistente com os estudos de Soroka, Young e Balmas (2015).

Em relação aos partidos políticos, observa-se um uso estratégico da linguagem emocional, demonstrando seu uso em contextos multipartidários (Brady, Wills, Josta, Tuckerb & Bavel, 2017). De forma particular, constatou-se que os partidos Conservador e Liberal empregam com maior frequência a primeira pessoa do singular, comparado com os demais partidos políticos, que se relaciona com uma maior implicação em seus comentários através de uma linguagem proximal (Matsumoto & Hwang, 2015). Os partidos Liberal e Polo Democrático usam com frequência a primeira pessoa do singular "eu", estilo usualmente vinculado ao desejo de enfatizar a singularidade (Sylwester & Purver, 2015). O Partido da U (afim ao Presidente Santos) e o Centro Democrático (oposição) têm um uso mais frequente de emoções positivas e negativas, o que manifesta o clima emocional em contextos de polarização política (Brady, Wills, Josta, Tuckerb & Bavel, 2017).

Diferentemente dos outros partidos, o Centro Democrático enfocou-se em expressar emoções negativas que manifestam pessimismo ou rejeição, particularmente aquelas relacionadas com ansiedade e raiva. Este partido político constitui-se como um dos partidos de maior oposição ao governo de Juan Manuel Santos. Estes resultados são consistentes com os achados de Crabtree, Golder, Gschwend e Indridason (2015), que afirmam que o governo tende a manejar um discurso com emoções positivas, enquanto a oposição tende a manejar um discurso com emoções negativas.

Em relação à análise do conteúdo linguístico divulgado pelos distintos atores na rede social digital Twitter®, identificaram-se categorias de legitimação e deslegitimação do acordo de paz e das condições do pós-acordo. Especificamente, encontraram-se palavras de legitimação associadas ao perdão, à coesão, às emoções positivas, à reconciliação, negociação, proteção e sociedade. Este contexto de legitimação do acordo se associa de forma direta com o uso de expressões orientadas à legitimação da paz mediante condições de restituição e reconciliação, ou seja, que a legitimação do acordo se vincula a crenças de justiça em torno da paz (Coleman & Deutsch, 2012).

Os grupos ONG e vítimas e o governo apresentam uma linguagem similar que se caracteriza pelo uso de palavras tais como: *vitória*, *verdadeira* e *sustentável*, entre outras, em alusão a uma transformação positiva para a sociedade. Esta similaridade discursiva se deve possivelmente ao compromisso manifesto do governo através das mensagens no Twitter® com o processo de perdão e reparação às vítimas do conflito armado na Colômbia, pois é mais factível promover uma percepção positiva da paz e do acordo, se nas comunicações se assume uma posição de empatia, compaixão e apoio às vítimas (Coleman & Deutsch, 2012). Vale destacar que os conteúdos similares mencionam as condições estruturais da sociedade colombiana com uma projeção positiva do futuro em paz, denominada na análise de conteúdo como prospectiva positiva. Alguns desses conteúdos, inclusive, já eram utilizados pelas Farc-EP e o governo desde o ano de 2014 quando ainda se encontravam em processo de negociação (Sánchez et al., 2017).

Os grupos políticos e os meios de comunicação também tiveram uma linguagem similar em torno da paz a partir de uma perspectiva legitimadora e deslegitimadora, a qual manifesta a polarização entre as opiniões dos seguidores. Dessa forma se identificou a existência de um discurso legitimador da paz e, também, expressões orientadas à deslegitimação do acordo de paz e das partes (governo/Farc-EP). De forma consistente com as estratégias de deslegitimação do adversário em cenários de violência política, identificaram-se conteúdos orientados à proscrição e à caracterização negativa de traços mediante o uso de palavras como: *terrorista*, *impunidade*, *fracasso*, *narcoterroristas*, *ameaça*, *falsa* e *desgoverno*, entre outras. Este tipo de categorias deslegitimadoras tem sido utilizadas pelos atores do confronto armado na

Colômbia durante décadas para legitimar o uso da violência política e deslegitimar o adversário (Borja et al. 2008; Sabucedo et al., 2004).

De acordo com o citado, os resultados de análise de estilo e conteúdo linguístico mostram o contexto polarizado frente ao acordo de paz durante o ano posterior. Entretanto, vale ressaltar que ainda que se mantenham discursos e posturas belicistas (Kempf, 2003), os dados mostram um foco de atenção que favorece a construção de uma cultura de paz, dada a presença de conteúdos associados aos processos de perdão e reconciliação com um estilo linguístico que prioriza o uso de emoções positivas, situadas no presente, o qual manifesta um clima emocional positivo e otimista (Crabtree et al., 2015) de vários setores da sociedade colombiana.

A construção de uma cultura de paz em consistência com os achados identificados deve assumir-se como um processo, não como um estado final, o qual é produto das relações entre indivíduos e grupos, como atores ativos que promovem a cultura de paz e evitam os atos violentos. Adicionado ao anterior, segundo Galtung (2003), são necessárias mudanças estruturais para alcançar o que se denomina como paz positiva, com uma desintensificação da violência simbólica instaurada através da linguagem de distintos atores do conflito colombiano. Nesse sentido, a pertinência de analisar a linguagem é fundamental para a resolução, reconstrução e reconciliação (Galtung, 1998) de uma sociedade polarizada e influenciada especialmente por setores políticos que marcam a realidade social e política segundo a conveniência eleitoral de cada grupo.

Assim sendo, as práticas comunicativas que acompanham o processo de desintensificação do conflito podem gerar uma contribuição diferencial, visto que os meios de comunicação, particularmente os digitais, segundo Salamanca (2004), fazem parte de um espaço compartilhado onde existe expressão, criação e reconstituição de identidades, mas também corresponde a um espaço de exclusão, confrontação, no qual as discussões políticas introduzem os significados da violência ou da paz, na opinião pública. Portanto, a construção de paz, além da assinatura de um acordo, implica um redesenho social que gere mudanças estruturais acompanhadas de valores, atitudes e comportamento baseados na não violência (ONU, 1999; Galtung, 2003).

Referências

Alzate, M., Durán, M. & Sabucedo, J.M. (2009). Población civil y transformación. *Universitas Psycologica* 8(3), 703-720 [Recuperado de http://revistas.javeriana.edu.co/index.php/revPsycho/article/view/617/379].

Amnistia Internacional (2015). *The Political Scale Terror* [Recuperado de http://www.politicalterrorscale.org/Data/Datatable.html].

Barreto, I. (2019). Análisis Estadístico de Datos Textuales. In P. Páramo (ed.). *La investigación en ciencia sociales* – La historia del método y su filosofía (Primera, p. en prensa). Bogotá: Universidad Pedagógica Nacional y Lemoine Editores.

Barreto, I., Borja., O.H., Sabucedo, J.M., López-López, W. & Alzate, M. (2010). Creencias legitimadoras y deslegitimadoras difundidas por la prensa española sobre el asesinato político. *Revista Latinoamericana de Psicología* 42(3), 437-452 [Recuperado de http://www.scielo.org.co/pdf/rlps/v42n3/v42n3a08.pdf].

Barreto, I., Borja, H., Serrano, Y. & López-López, W. (2009). La legitimación como proceso en la violencia política, medios de comunicación y construcción de culturas de paz. *Universitas Psychologica* 8(3), 737-748 [Recuperado de http://revistas.javeriana.edu.co/index.php/revPsycho/article/view/619/381].

Bar-Tal, D. (2000). *Shared beliefs in a society* – Social psychological. Thousand Oaks: CA: Sage.

Borja, H., Barreto, I., Alzate, M., Sabucedo, J. & López, W. (2009). Creencias sobre el adversario, violencia política y procesos de paz. *Psicothema*, 21(4), 622-627 [Recuperado de http://www.psicothema.com/pdf/3681.pdf].

Borja, H., Barreto, I., Sabucedo, J.M. & López-López, W. (2008). Construcción del discurso deslegitimador del adversario – Gobierno y paramilitarismo en Colombia. *Universitas Psychologyca* 7(2), 571-583 [Recuperado de http://revistas.javeriana.edu.co/index.php/revPsycho/article/view/571].

Brady, J.W., Wills, J.A., Jost, A., Tuckerb, J. & Bavel, J. van (2017). Emotion shapes the diffusion of moralized content in social networks. *Pnas* 114 (28), 7.313-7.318 [Disponível em https://doi.org/10.1073/pnas.1618923114].

Brody, N. & Peña, J. (2015). Equity, relational maintenance, and linguistic features of text messaging. *Computers in Human Behavior* 49, 499-506 [Disponível em http://doi.org/10.1016/j.chb.2015.03.037].

Carrera, F.M., Guàrdia, O.J. & Peró, C.M. (2014). Estilo linguístico en el proceso electoral de México – Análisis del Language Style Matching. *Revista Mexicana de Psicología* 31(2), 138-152.

Centro de Memoria Historica (2016). Guerrilla y Población Civil Trayectoria de las Farc 1949-2013 [Recuperado de http://www.centrodememoria historica.gov.co/descargas/informes2013/farc/guerrilla-y-poblacion-civil-jun-2016.pdf].

Cohen, J. (1988). *Statistical Power Analysis for the Behavioral Sciences*. 2. ed. Hillsdate, NJ: LEA.

Coleman, P. & Deutsch, M. (2012). *Peace Psychology Book Series* [Disponível em doi:10.1007/978-1-4614-3555-6].

Crabtree, C., Golder, M., Gschwend, T. & Indridason, I. (2015). It's Not Only What you Say, It's Also How You Say It – The Strategic Use of Campaign Sentiment. *Making Electoral Democracy Work* [Disponível em http://mattgolder.com/files/research/campaign_sentiment.pdf].

Dijk, T. van (2006). *Ideología* – Una aproximación multidisciplinaria [*Ideology* – A multidisciplinary Approch. 1. ed.] Sevilha: Gedisa.

Galtung, J. (1969). Violence, Peace and Peace Research. *Journal of Peace Research* 6(3), 167-191 [Recuperado de http://www2.kobe-u.ac.jp/~alexroni/IPD%202015%20readings/IPD%202015_7/Galtung_Violence,%20Peace,%20and%20Peace%20Research.pdf].

_____. (1998a). *Tras la violencia, 3R* – Reconstrucción, reconciliación y resolución. Afrontando los efectos visibles e invisibles de la guerra y la violencia. Bilbao: Bakeaz y Gernika Gogoratuz.

_____. (1998b). High Road, Low Road Charting the Course for Peace Journalism. *Track Two* – Media and Conflict 7(4), 7-10.

_____. (2003). *Violencia Cultural*. España: Gernika Gogoratuz.

Gelfand, M.L. et al. (2015). Culture and getting to yes – The linguistic signature of creative agreements in the United States and Egypt. *Journal of Organizational Behavior* [Advance online publication. Disponível em doi:10.1002/job.2026].

Gonzales, A., Hancock, J. & Pennebaker, J. (2010). Language style matching as a predictor of social dynamics in small groups. *Communication Research* 37(1), 3-19 [Disponível em doi:10.1177/0093650209351468].

Gunsch, M.A., Brownlow, S., Hynes, S. & Mabe, Z. (2000). Differential Forms Linguistic Content of Various of Political Advertising. HYPERLINK "http://www.tandfonline.com/toc/hbem20/current" *Journal of Broadcasting & Electronic Media* 44(1), 27-42 [Disponível em doi: http://dx.doi.org/10.1207/s15506878jobem4401_3].

Hauch, V., Masip, J. & Gitlin, B. (2012). Linguistic cues to deception assessed by computer programs – A meta-analysis. *Association for Computational Linguistics* 1-4 [Recuperado de http://delivery.acm.org/10.1145/2390000/2388617/p1-hauch.pdf?ip=161.18.94.117&id=2388617&acc=OPEN&key=4D4702B0C3E38B35%2E4D4702B0C3E38B35%2E4D4702B0C3E38B35%2E6D218144511F3437&CFID=943106814&CFTOKEN=75784514&__acm__=1496281366_bf4fbc40e88c03ae1f96371a65ba].

Ireland, M.E., Slatcher, R.B., Eastwick, P.W., Scissor, L.E., Finkel, E.J. & Pennebaker, J.W. (2010). Language style matching predicts relationship initiation and stability. *Psychological Science* 1-6 [Disponível em doi: 10.1177/095679761039].

Jones, K., Noorbaloochi, S., Jost, T.J., Bonneau, R., Nagler, J. & Tucker, J.A. (2017). Liberal and Conservative Values – What We Can Learn From Congressional Tweets. *Political Psychology* 20(20) [Disponível em doi: 10.1111/pops.12415].

Jordan, K.N. *Linguistic Changes in Foreign Policy Discourse*. MSU Graduate Theses, 2.532 [Disponível em http://bearworks.missouristate.edu/theses/2532].

Kempf, W. (2003). Constructive Conflict Coverage. *Conflict & communication online* (2) [Recuperado de http://www.cco.regener-online.de/2003_2/pdf_2003_2/kempf_engl.pdf].

Lébart, L., Salem, A. & Bécue, M. (2000). *Análisis estadístico de datos y textos* [*Data and text statistical analysis*]. Madri: Milenio.

López-López, W., Sabucedo-Cameselle, J.M., Barreto, I., Serrano, Y. & Borja, H. (2014). Discourse as a Strategy for the Construction. In Sacipa-Rodriguez & Montero Editor (eds.). *Psychosocial Approaches to Peace-Building in Colombia* [Disponível em doi: 978-3-319-04548-].

Matsumoto, D., Hwang, H.C. (2015). Differences in Word Usage by Truth Tellers and Liars in Written Statements and an Investigative Interview After a Mock Crime. *Journal of Investigative Psychology & Offender Profiling* 12(2), 199-216 [Disponível em doi:10.1002/jip.1423].

Niederhoffer, K.G. & Pennebaker, J.W. (2002). Linguistic style matching in social interaction. *Journal of language and social psychology* 21(4), 337-360. [Disponível em doi:10.1177/026192702237953].

Orehek, E. & Human, L. (2017). Self-Expression on Social Media – Do Tweets Present Accurate and Positive Portraits of Impulsivity, Self-Esteem, and Attachment Style? *Personality and Social Psychology Bulletin* 43(1), 60-70 [Disponível em doi: 10.1177/0146167216675332].

Organización de las Naciones Unidas (1999). *Declaración y Programa de Acción sobre una Cultura de Paz* [Recuperado de http://fund-cultura depaz.org/DECLARACIONES%20RESOLUCIONES/Declaracion%20 Cdpaz%20Esp.pdf].

Paitán, H.Ñ., Mejía, E.M., Ramírez, E.N. & Paucar, A.V. (2014). *Metodología de la investigación* – Cuantitativa-cualitativa y redacción de la tesis. 4. ed. Bogotá: Ediciones de la U.

Panger, T.G. (2017). *Emotion in Social Media* [Tesis doctoral, University of California, Berkeley. Recuperado de HYPERLINK "https://www.research gate.net/profile/Galen_Panger/publication/317019130_Emotion_in_ Social_Media_Dissertation/links/591f484eaca27295a89e53f9/Emotion-in-Social-Media-Dissertation.pdf" https://www.researchgate.net/profile/ Galen_Panger/publication/317019130_Emotion_in_Social_Media_ Dissertation/links/591f484eaca27295a89e53f9/Emotion-in-Social-Media-Dissertation.pdf].

Pennebaker, J. (2011). *The Secret Life of Pronouns* [Recuperado de http:// www.secretlifeofpronouns.com/].

Pennebaker, J.W., Mehl, M.R. & Niederhoffer , K.G. (2003). Psychological aspects of natural language use – Our words, our selves. *Annu Rev Psycho* (54), 547-577 [Disponível em doi: 10.1146/annurev.psych.54.101601.145041].

Qsrinternational (2017). *Funciones de NVivo 10 for Windows* [Recuperado de http://download.qsrinternational.com/Resource/NVivo10/NVivo-10-Features-list-Spanish.pdf].

Ramírez-Esparza, N., Pennebaker, J.W. & García, F. (2007). La psicología del uso de las palabras – Un programa de computadora que analiza textos en español. *Revista Mexicana de Psicología* 24(1), 85-99 [Recuperado de http://www.redalyc.org/pdf/2430/243020635010.pdf].

Rivera, J. de (2009). *Handbook on Building Cultures of Peace* [Disponível em doi:10.1007/978-0-387-09575-2].

Romero, D.M., Roderick, I., Uzzi, B. & Adam, D. (2015). Linguistic Style Matching in Presidential Debates Mimicry is Presidential – Linguistic Style Matching in Presidential Debates and Improved Polling Numbers. *Personality and Social Psychology Bulletin* 41(10), 1.311-1.319 [Disponível em doi: 10.1177/0146167215591168].

Rúas, A.J., Puentes, R.P. & Míguez, G.M. (2016). Capacidad predictiva de Twitter, impacto electoral y actividad en las elecciones al Parlamento de Galicia – Un análisis con la herramienta LIWC. *Observatorio Journal* 10(2) [Disponível em doi: http://dx.doi.org/10.15847/obsOBS1022016893].

Sabucedo, J.M., Barreto, I., Borja, H., Corte, L. de la & Durán, M. (2006). Legitimación de la violencia contexto – Análisis textual del discurso de las Farc-EP. *Estudios de Psicología* 27(3), 279-291 [Disponível em doi: http://dx.doi.org/10.1174/021093906778965044].

Sabucedo, J.M., Blanco, A. & Corte, L. de la (2003). Beliefs which legitimize political violence against the innocent. *Psicothema* 15, 550-555.

Sabucedo, J.S. et al. (2004). Deslegitimación del adversario y violencia política – El caso de las Farc y las AUC en Colombia. *Acta Colombiana de Psicología* (12), 69-85 [Recuperado de http://www.redalyc.org/articulo.oa?id=79801206].

Salamanca, S.W. (2004). Internet, guerra y paz en Colombia, narrativas e identidades. *Hallazgos* – Revista de Investigaciones 1(1), 1-8 [Recuperado de http://revistas.usantotomas.edu.co/index.php/hallazgos/article/view/1571/1732].

Sanchez, M.V., Lara, G.J., Rodriguez, A.C., Santamaria, U.L. & Carranza, Y.L. (2017). *Análisis del discurso en torno a los diálogos de paz* [Recuperado de "http://publicaciones.ucatolica.edu.co/uflip/analisis-del-discurso-en-torno-a-los-dialogos-de-paz/pubData/source/logos-vestigium-3.pdf"].

Sánchez, S.L., López-López, W. & Barreto, I. (2013). Enmarcamiento cognitivo de la cultura política. Un análisis desde las redes. *Revista Interamericana de Psicología* 47(3), 383-394 [Recuperado de https://repository.javeriana.edu.co/handle/10554/15725].

Soroka, S., Young, L. & Balmas, L. (2015). Bad News or Mad News? Sentiment Scoring of Negativity, Fear, and Anger in News Content. *The Annals of the American Academy of Political and Social Science* 659(1), 108-121 [Disponível em https://doi.org/10.1177/0002716215569217].

Swaab, O.I., Maddux, W.W. & Sinaceuroderick, M. (2011). Early words that work – When and how virtual linguistic mimicry facilitates negotiation outcomes. *Journal of Experimental Social Psychology* 47(3), 616-621 [Disponível em doi:10.1016/j.jesp.2011.01.005].

Sylwester, K. & Purver, M. (2015). Twitter Language Use Reflects Psychological Differences between Democrats and Republicans. *Plos one* 10(9): e0137422 [Disponível em https://doi.org/10.1371/journal.pone.0137422].

Tausczik, Y. & Pennebaker, J. (2010). The Psychological Meaning of Words – LIWC and Computerized Text Analysis Methods. *Journal of Language and Social Psychology* 29(1), 24-54 [Disponível em doi: 10.1177/0261927X09351676].

Torruella, J. & Llisterri, J. (1999). Diseño de corpus textuales y orales. In J.M. Blecua, G. Clavería, C. Sánchez & J. Torruella (eds.). *Filología e Informática* – Nuevas tecnologias en los estudios filológicos. Barcelona: Editorial Milenio, p. 45-77 [Recuperado de http://liceu.uab.es/~joaquim/publicacions/Torruella_Llisterri_99.pdf].

— 9 —
Como a ação coletiva conduz à mudança psicológica entre apoiadores, espectadores e opositores de um protesto?
Efeitos da participação passada, normas e legitimidade nos protestos e violência na Caxemira/Índia

Huseyin Kakal
Universidade de Keele/Inglaterra
Martijn van Zomeren
Universidade de Groningen/Holanda
Mudassir Hassan
Faculdade de Medicina do Governo – Caxemira/Índia

A pesquisa sobre formas não violentas de protesto tem sido realizada principalmente com contextos políticos ocidentais e democráticos, nos quais o uso da violência é energicamente condenado. Em tais contextos, os indivíduos tendem a agir de forma não violenta para buscar a mudança social. Quando identificados fortemente com seu grupo e sua causa, experimentam emoções negativas como a ira e acreditam na eficácia do grupo para chegar à mudança social (Zomeren et al., 2012). Diferentemente, a pesquisa sobre formas mais extremas de protesto, que envolvem o uso da violência, aborda os atos extremos de violência em contextos menos estáveis, como Oriente Médio e Sudeste Asiático, entre radicais ativos ou aposentados que agem individualmente, ou em grupos isolados menores (Kruglanski, Chen, Dechesne, Fishman & Orehek, 2009; Whitehouse, McQuinn, Buhrmester & Swann, 2014). Esse enfoque enfatiza motivos ideológicos (cf. Kruglanski et al., 2009; McCauley & Moskalenko, 2008) e idiossincráticos (p. ex., uma história pessoal de experiências traumáticas e/ou exclusão social) que transformam um apoiador passivo de uma causa em um ativista radical pronto para matar e realizar (auto)sacrifícios. No entanto, nenhuma linha abordou especificamente se as formas violentas e não violentas de protestos realmente exercem alguma influência na opinião pública e se eventualmente conduzem à mudança social.

Neste capítulo abordamos essa questão centrando-nos em como a participação passada em protestos violentos e não violentos forma a percepção das normas e a legitimidade para fomentar a mudança psicológica num contexto em que a violência se converteu em um fato "normal", que é vista como *uma*, se não *a*, forma de alcançar a mudança social. Nas democracias ocidentais, uma sólida estrutura democrática salvaguarda os direitos e liberdades individuais, e as normas societais sugerem que as ações não violentas são aceitáveis e efetivas, enquanto que a violência é disruptiva, não normativa e ineficaz. Entretanto, em outros contextos, o enfraquecimento da democracia, violação de direitos humanos, suspensão de liberdades civis e intolerância borram a distinção entre protesto pacífico e resistência armada – permitindo a convergência de normas grupais e violência societal (Nieburg, 1962). Alguns exemplos são a Guerra Civil na Síria, o conflito palestino-israelense, ou os enfrentamentos em curso na Caxemira, nos quais a violência é um fenômeno cotidiano.

Propomos que o indicador psicológico-chave de integração da violência nos sistemas de crenças normativas é que as pessoas, devido a sua ocorrência diária, percebem a violência como algo normal, isto é, é o que as pessoas realmente fazem em uma situação (Cialdini, Kallgren & Reno, 1991) se não há meios efetivos para conseguir o câmbio social. A seguir, primeiro esboçamos a investigação psicossocial sobre formas não violentas e violentas de protesto e suas consequências psicológicas. A seguir, exploramos como a percepção da norma – como os indivíduos percebem o que é aceito e considerado normal pelos grupos implicados num conflito (Thomas & Louis, 2013) se estabelece como uma fonte de legitimação da violência – num contexto em que a violência é o fenômeno comum. A partir do Modelo Dinâmico de Duas Vias do Enfoque de Enfrentamento (MDDVEE; Zomeren, Leach & Spears, 2012) e do Modelo de Influência Normativa do Agente (Louis, 2009), hipotetizamos que uma história de violência em nível individual molda as percepções dos indivíduos sobre o protesto como uma ferramenta legítima para conseguir a mudança social e, portanto, a (não)violência gerará (não)violência. Essa percepção do protesto (não)violento como norma logo influi nas percepções do protesto como uma resposta legítima a uma situação ilegítima.

Conduta não violenta de protesto

A Teoria da Identidade Social (TIS; Tajfel & Turner, 1979) oferece uma identidade psicossocial baseada na ação coletiva. A TIS afirma que os membros de um grupo desfavorecido se implicarão em mobilizações para a mudança social para melhorar as condições de seu grupo na medida em que se percebem como membros do coletivo, as diferenças intergrupais como instáveis e ilegítimas e as fronteiras intergrupais como impermeáveis (Turner & Brown, 1978). Perceber as fronteiras de grupo como impermeáveis enfatiza a impossibilidade de abandonar o grupo enquanto que as diferenças grupais ilegítimas e instáveis implicam esperança e possibilidade para a mudança social e, assim, permitem os esforços para alcançá-lo sobre a base da identidade social (Zomeren, Postmes & Spears, 2008).

Relatos contemporâneos de ação coletiva enraizados na identidade social (Tajfel & Turner, 1979; Turner, Hogg, Oakes, Reicher & Wetherell, 1987) e enfrentamento (Lazarus, 1991, 1993), bem como no Modelo de Identidade Social da Ação Coletiva (Misac; Zomeren et al., 2008) e sua versão do Modelo Dinâmico de Duas Vias do Enfoque de Enfrentamento (MDDVEE; Zomeren, Leach & Spears, 2012), defendem que os indivíduos são motivados a envolver-se numa ação coletiva quando se identificam com o grupo desfavorecido e avaliam essa desvantagem como ilegítima e injusta. Dessa forma, um sentimento de pertencimento estimula experiências emocionais negativas, como a ira, relacionadas com essa desvantagem ilegítima e a crença na capacidade do grupo para melhorar o *status quo*, isto é, as percepções da eficácia do grupo. Por sua vez, esses processos estão influenciados pela participação passada em diferentes formas de ação. Diversas formas de ativismo, por exemplo, participação civil ou em um protesto contra a violência policial, predizem o ativismo futuro (Stekelenburg, Klandermans & Akkerman, 2016) através do sentimento de fortalecimento subjetivo (Drury & Reicher, 1999, 2009), ou por enfatizar a ilegitimidade da desvantagem, e portanto, a legitimidade do protesto como uma reação efetiva e adequada frente a essa desvantagem (Drury & Reicher, 2000).

O MDDVEE conceitualiza a participação na ação coletiva como uma consequência e antecedente da emoção focalizada, isto é, a ira, e, o enfoque de enfrentamento, a eficácia. Em sua forma mais simples, prediz que perceber a desvantagem como autorrelevante, com base na identificação com o grupo desfavorecido, desencadeia a ira grupal (emoção enfocada) e a eficácia baseada no grupo (enfoque do enfrentamento). Ira e eficácia grupal predizem as tendências de ação coletiva que se traduzem, por sua vez, na participação real. Essa participação logo matiza a valoração primária (avaliações de identificação com o grupo) e secundária (avaliações de (i)legitimidade da desvantagem e dos potenciais de enfrentamento, ou seja, ira e eficácia).

Uma pesquisa anterior ao MDDVEE, por exemplo, demonstrou que uma identidade coletiva como agricultores antecipou a preparação para a ação. Esta, por sua vez, se correlacionou positivamente com a participação nos protestos dos agricultores, a qual reforçou o sentimento de identidade comum como agricultores holandeses e espanhóis (Klandermans, Sabucedo, Rodriguez & Weerd, 2002). No entanto, outras pesquisas mostram que o efeito da participação passada na reavaliação do compromisso de alguém com o grupo desfavorecido é menos direto e depende tanto do tipo de ação como das dimensões da identidade particular. No contexto das manifestações estudantis contra os aumentos de tarifas propostos, a participação dos estudantes em ações coletivas radicais influenciou negativamente seu compromisso com o grupo e resultou em uma desidentificação, enquanto que a participação na ação coletiva normativa não o fez (Estudo 1; Becker, Tausch, Spears & Christ, 2011). Esses efeitos parecem depender da normatividade da ação. A participação em ações coletivas radicais percebidas como normativas não resultou na desidentificação com o endogrupo mais amplo (Estudo 2; Becker, Tausch, Spears & Christ, 2011). Aqueles que participaram de ações radicais apenas relataram diminuição do compromisso com o grupo quando perceberam a ação radical como não normativa, segundo as normas do endogrupo.

De fato, uma linha alternativa de pesquisa se centrou em como a disposição dos indivíduos para mobilizar-se está influenciada por sua compreensão do que é normativo e do que não é. Essa percepção influi nos resultados específicos, por exemplo, no tipo de ação que se considera apropriada. O Modelo de Influência Normativa de Agentes (Louis, 2009; Louis, Taylor & Douglas, 2005) sustenta que as normas percebidas informam o processo de tomada de decisões relacionadas com o protesto ao definir "o que é bom e favorável para o grupo", que pode ou não coincidir sempre com as normas que são sustentadas pela sociedade em geral (Simon & Ruhs, 2008). Os indivíduos podem participar em ações que subjetivamente percebem como "benéficas" para o grupo, inclusive se devem ter consequências seriamente prejudiciais em nível individual como resultado de sua participação. Louis e Taylor (2004), por exemplo, demonstraram como os indivíduos que se identificam fortemente com o grupo avaliavam as ações individualistas como prejudiciais para o grupo e o comportamento pró-grupo como benéficas tanto para o grupo como para eles próprios (Estudo 1). Em estudo subsequente, Louis, Taylor e Douglas (2005) mostraram que as normas do endogrupo não apenas prediziam o comportamento pró-grupo, isto é, o apoio para o uso do idioma inglês, como também a análise do custo-benefício individual entre os quebequenses anglófonos.

Outro fator que molda as percepções do que é correto e apto para lograr a mudança é a legitimidade percebida de ações específicas. A pesquisa sobre o comportamento da multidão, e dos distúrbios em particular, demonstrou que na medida em que os indivíduos consideravam a desvantagem como injusta e as reações dos atores externos a seu protesto como coercitivas e indiscriminadas, passam a perceber o protesto e o uso da violência contra essas reações como legítimas. Stott e Drury (2000), por exemplo, mostraram como as percepções da polícia e sua reação diante dos protestos e manifestantes como ilegítimas eram inversamente relacionadas com a percepção dos protestos e seus participantes como legítimos. Na medida em que as pessoas se veem exercendo um direito legítimo, como protestar contra o imposto eleitoral, de forma pacífica, e a polícia como desnecessariamente violenta, elas consideram a polícia e seu uso de táticas coercitivas como ilegítimas. Do mesmo modo, perceber o uso indiscriminado da força por parte da polícia durante os distúrbios de 2011 em Tottenham e Hackney, em Londres, esteve relacionado com violentas altercações com as forças policiais e danos à propriedade da polícia (Stott, Drury & Reicher 2017).

Entretanto, a maioria dessas pesquisas se centrou principalmente em normas, emoções, percepções de legitimidade como antecedentes de intenções de agir em formas "convencionais" de ação coletiva, ou seja, marchas, petições, campanhas de protesto, ou como explicações *post hoc* da violência retrospectivamente. Nenhuma outra pesquisa, conhecida por nós, considerou como a participação passada influi na forma com que os indivíduos percebem as normas e como as normas moldam as percepções de (i)legitimidade, que por sua vez influem no apoio à (não)violência no contexto de um protesto entre aqueles que apoiam, que são espectadores, ou se opõem ao protesto.

Conduta violenta de protesto

Alguns enfoques na literatura da radicalização situam o uso da violência na intersecção de atores individuais, grupais e institucionais (Della Porta, 2013, 2018; Eitan, Demetriou & Bosi, 2015). McCauley e Moskalenko (2008), de forma similar à pesquisa sobre comportamento de multidões e distúrbios, enfatizam a polarização entre grupos ou indivíduos dentro do mesmo grupo como o principal impulsor para recorrer à violência como meio para alcançar a mudança social. Numa linha similar, Moghaddam (2005) sustenta que percepções de injustiça e privação relativa (Smith, Pettigrew, Pippin & Bialosiewicz, 2012) gradualmente conduzem as pessoas a uma etapa em que estão motivadas a melhorar suas condições, mesmo que não tenham os meios para fazê-lo. Impulsionadas por experiências emocionais negativas, como ira ou desprezo, essa "falta de escolha" e as percepções de injustiça incorporam a violência no sistema de crenças normativas das pessoas desfavorecidas (Bösch, 2017). A "teoria da busca de significado" de Kruglanski e seus colegas (2014), de modo convergente a Moghaddam (2005), afirma que os indivíduos recorrem à violência como meio para efetivar uma mudança social a fim de restaurar o significado em nível individual e grupal das regras normativas de suas redes sociais, e superar uma desvantagem. Todas essas pesquisas sobre protestos violentos também sofrem vários reveses. Primeiro, centra-se principalmente naqueles que já demonstraram alguma forma de afinidade ou simpatia com um movimento social violento (radical) ou sobre aqueles que já apoiaram a violência, por exemplo, radicais em exercício ou aposentados (Kruglanski et al., 2014). Segundo, a maior parte das pesquisas empíricas nessa perspectiva foi realizada em contextos voláteis e não ocidentais, e o efeito do entorno social e a natureza do conflito entre os atores, grupos, ou atores estatais *versus* grupo, frequentemente é assumido, mas raramente examinado (Whitehouse et al., 2014). Por último, a maioria das pesquisas sobre a violência carece especificamente em considerar por que só algumas pessoas passam pelo processo de violência, enquanto que o resto das demais não o faz (Lygre, Eid, Larsson & Ranstorp, 2011).

Pesquisa atual

Dessa forma, buscamos investigar 1) se a participação passada em formas de conduta (não) violenta de protesto conduz à mudança social ao influenciar como os indivíduos percebem as normas e a (i)legitimidade dos protestos em curso e da situação; e 2) examinar se essa influência se mantém em diferentes grupos: aqueles que simpatizam com os protestos em curso, aqueles que são neutros, e aqueles que se opõem. Os protestos de "arremesso de pedras"[47] na Caxemira, Índia, apresentam um contexto conveniente, já que as manifestações vêm ocorrendo desde o início de 2010 (Kak, 2010). A Caxemira é habitada por muçulmanos, hindus, sikhs e outros grupos étnicos minoritários. Após a Partição[48], em 1949, estabeleceu-se uma Linha de Controle que divide as áreas controladas pelo Paquistão, como "Azad Kashmir", e Jammu Kashmir na Índia. Desde então, os caxemires indianos tiveram uma longa relação tumultuosa com as forças do governo indiano.

Baseado no MDDVEE (Zomeren et al., 2012), nosso modelo teórico afirma que a participação passada em protestos (não) violentos prediz o apoio à (não) violência ao influenciar nas percepções das normas e da (i)legitimidade. Mais especificamente, pesquisamos a relação positiva entre a participação passada em protestos violentos e não violentos e o apoio aos protestos atuais e às intenções de participar em protestos violentos. Buscamos investigar esse processo através da percepção normativa, isto é, a tendência em pensar que os protestos em curso são o que a maioria das pessoas faria, bem como a tendência em avaliá-los como uma resposta legítima a uma situação ilegítima. É importante compreender como a experiência prévia, a participação passada, matiza o presente, ou seja, apoia os protestos em curso, e o futuro, as intenções de envolver-se em protestos violentos, conduta entre indivíduos que portam distintas posições no contexto atual. Portanto, testamos nosso modelo teórico utilizando dados de pessoas que expressam seu apoio, neutralidade ou oposição aos protestos em curso.

---

47. No original, o termo utilizado é *stone-pelting*, que se refere aos protestos nos quais seus participantes lançavam pedras [N.T.].

48. A divisão da Índia Britânica entre Paquistão e Índia (cf. Khan, 2007, para um relato detalhado).

Figura 9.1 Modelo conceitual

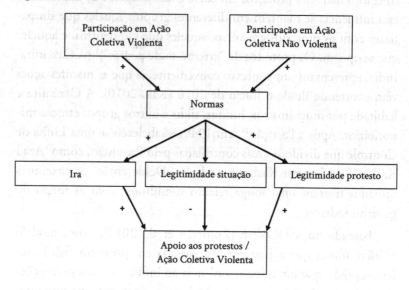

Pesquisa

Realizamos nossa pesquisa no contexto das contínuas demonstrações de "arremesso de pedras" na Caxemira mediante o recrutamento de adultos que se identificaram como apoiadores, neutros, ou em oposição aos protestos de "arremesso de pedras" em curso (200 participantes para cada grupo. Partidários 95 mulheres, $M = 21.38$ e $SD = 3.75$; Neutros 61 mulheres, $M = 22$ e $SD = 3.24$; e Opositores 95 mulheres, $M = 21.52$ e $SD = 3.36$). Consideramos que é uma amostra importante desses grupos para documentar os efeitos possíveis da participação passada, além daqueles que já simpatizam com o protesto em curso e, portanto, poderiam estar positivamente enviesados em respeito às normas e (i)legitimidade dos protestos.

Derivamos nossas medidas de pesquisas passadas sobre a ação coletiva e protesto e as medimos em escalas tipo Likert de 7 pontos de vários itens (1, *totalmente em desacordo*; 7, *totalmente em acordo*; ou, em alguns casos, 1, *Nunca*; 7, *Regularmente*). Empregamos especificamente a *abordagem da modelagem de caminho* na modulação das equações estruturais para avaliar o efeito da participação passada em protestos violentos e não violentos, e sobre o apoio aos protestos de "arremesso de pedras" através da norma, percepções de (i)legitimidade e ira.

Desse modo, nossos participantes nos informaram sobre a frequência de sua participação em protestos em uma gama e *violenta* (p. ex., "participar de manifestação violenta contra a situação política atual na Caxemira"), e *não violenta* (p. ex., "Assinar petição contra a situação política na Caxemira"); sua percepção de *normas* (p. ex., "a maioria das pessoas que se opõem à situação política atual aprovariam o protesto" – Thomas & Louis, 2014); e a *legitimidade desses protestos* (p. ex., "esses protestos são uma resposta justificada à situação política atual"); *assim como as percepções de legitimidade da situação política atual na Caxemira* (p. ex., "a situação política atual na Caxemira é legítima"); e sua *ira* em relação à situação política atual na Caxemira (p. ex., "ao pensar na situação política atual na Caxemira, me sinto bravo, ultrajado e furioso"). Como variáveis dependentes, perguntamos a nossos participantes sobre seu *apoio aos protestos* (p. ex., "apoio os protestos de 'arremesso de pedras'"); e seu *apoio à violência contra a situação política atual* na Caxemira (p. ex., "apoiaria uma organização que luta contra a situação política atual na Caxemira, mesmo que às vezes essa organização infrinja a lei").

Teste do modelo nos apoiadores

Como pode ser visto na Figura 9.2, a participação passada em ação coletiva violenta indica diretamente apoio aos protestos ($\beta = .32$, $p < .001$), apoio à ação coletiva violenta ($\beta = .35$, $p < .001$) e legitimidade situacional ($\beta = .36$, $p < .05$). Por outro lado, a participação em ação coletiva não violenta indica negativamente ira ($\beta = -.16$, $p < .05$). No entanto, ao contrário de nossas expectativas, nenhum tipo de participação indicou percepção das normas. As normas se correlacionaram positivamente com a legitimidade do protesto ($\beta = .25$, $p < .05$) e apoio aos protestos ($\beta = .32$, $p < .05$). Finalmente, as percepções de legitimidade do protesto se correlacionaram positivamente com o apoio aos protestos ($\beta = .15$, $p < .05$) e as percepções da legitimidade da situação se correlacionaram negativamente com o apoio à violência (β = -.20, p < .001).

Figura 9.2 Modelo para os partidários

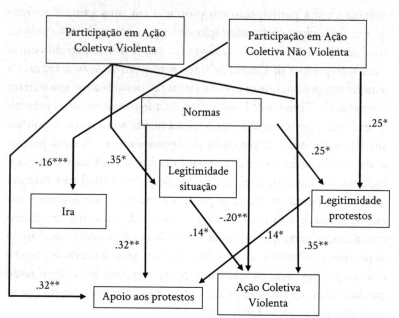

Efeitos indiretos

É central para nosso argumento a suposição de que o comportamento anterior preverá o apoio aos protestos e às intenções futuras de participar em formas violentas de ação coletiva, influenciando nas percepções individuais das normas, a legitimidade dos protestos, reações emocionais mais fortes, como a ira, e percepções de diminuição da legitimidade. Entretanto, os dados não respaldaram essa suposição, já que as normas não se associaram a nenhuma forma de participação passada. Ao invés, encontramos que a participação em formas não violentas de ação coletiva teve somente um efeito indireto no apoio aos protestos (PE = .036, IC 95%) e mediante a legitimidade do protesto, e não através das normas e legitimidade dos protestos.

Discussão

Nossos achados mostram que as normas, ainda que prevejam o apoio aos protestos e às intenções futuras de participar em formas violentas de ação coletiva, exercem esse efeito independentemente da participação no passado. Isso sugere que as percepções da norma, ao menos entre aqueles que simpatizam com os protestos, operam independentemente do comportamento passado relacionado. No entanto, o que descobrimos é que as intenções de participar em protestos violentos estão diretamente influenciadas por uma história de participação em ações coletivas violentas. Um de nossos objetivos-chave era examinar se os processos psicológicos similares reuniam apoio para os protestos e previam as intenções futuras de participar em formas violentas de ação coletiva em diferentes segmentos da sociedade. Portanto, testamos também essas hipóteses entre os espectadores.

Teste do modelo nos espectadores

A Figura 9.3 mostra que a participação passada na ação coletiva violenta se correlaciona diretamente com o apoio aos protestos (β = .15, p < .001), apoio à ação coletiva violenta (β = .20, p < .001), normas (β = .30, p < .001) e legitimidade do protesto (β = .24, p < .001); enquanto que a participação na ação coletiva não violenta se correlacionou positivamente com a legitimidade do protesto (β = .30, p < .001) e o apoio à ação coletiva violenta (β = -.16, p < .05). Por outro lado, as normas se correlacionaram positivamente com a legitimidade do protesto (β = .21, p < .001), o apoio aos protestos (β = .32, p < .001), o apoio à ação coletiva violenta (β = .26, p < .001), mas negativamente à ira (β = -.24, p < .001). Finalmente, as percepções de legitimidade do protesto se correlacionaram positivamente ao apoio aos protestos (β = .25, p < .001) e à ação coletiva violenta (β = .29, p < .001).

Figura 9.3 Modelo para os espectadores

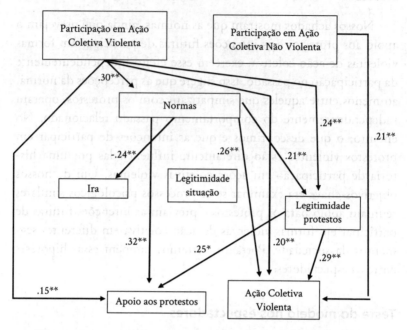

Nesse momento encontramos evidência parcial que respalda nossa hipótese original – a violência gera violência – ao influir nas percepções de normas (PE = .016, CI 99%) e de legitimidade do protesto. Também encontramos evidência que corrobora o efeito preditivo da participação passada em protestos violentos no apoio aos protestos atuais (PE = .122, CI 99%), nas normas e efeitos da participação em ações coletivas não violentas em apoio aos protestos (PE = .075, CI 99%) e através da legitimidade do protesto.

Discussão

Esses resultados proporcionam um suporte adicional do papel primário da participação passada na ação coletiva violenta para prever o apoio aos protestos e à ação coletiva violenta em curso. O efeito da participação passada no apoio aos protestos e às intenções futuras não é limitado às vias diretas. Quando os indivíduos se envolvem em mobilizações violentas, têm a impressão que qualquer um que está contra a situação política atual na Caxemira fará o mesmo, ou seja, as normas descritivas. Uma compreensão intuitiva do que os outros fariam na mesma situação reforça a percepção da legitimidade dos protestos como uma forma correta e adequada de abordar a situação atual, que por sua vez está associada com um maior apoio aos protestos. Curiosamente esses resultados também mostram que a participação passada em formas não violentas de ação coletiva ainda está diretamente associada a uma tendência mais forte a preferir formas mais violentas de ação coletiva.

Teste do modelo nos opositores

Seguimos a mesma estratégia analítica e analisamos os dados dos opositores através do Modelo de Via. Uma avaliação qualitativa dos meios mostra que a maioria das variáveis tem valores médios similares a dos partidários. Também observamos que, igual aos espectadores, os opositores percebem que os protestos e a situação atual têm níveis similares de legitimidade.

Modelo de Via

Descrevemos o modelo para os opositores na Figura 9.4. Participação em protestos violentos no passado indicam positivamente apoio aos protestos (β = .18, p < .001), legitimidade do protesto (β = .36, p < .001) e normas (β = .30, p < .001), enquanto que a participação na ação coletiva não violenta não se associou significativamente a nenhuma outra variável no modelo. Contudo, as normas se correlacionaram positivamente com as percepções de legitimidade do protesto (β = .40, p < .001), o apoio ao protesto (β = .20, p < .001), e o apoio ao protesto violento (β = .17, p < .001). Por último, a percepção da legitimidade do protesto se correlacionou positivamente tanto com o apoio aos protestos (β = .34, p < .001), como o apoio aos protestos violentos (β = .26, p < .001).

Figura 9.4 Modelo para os opositores

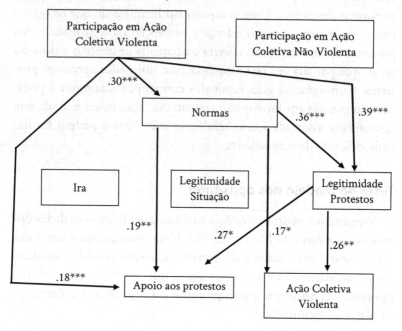

Efeitos indiretos

De acordo com nossa hipótese, examinamos os efeitos indiretos da participação passada no apoio aos protestos e às motivações para participar em futuras ações coletivas. Como as normas não se associaram com nenhum dos mediadores secundários (raiva, legitimidade da situação e legitimidade do protesto), apenas examinamos o modelo de mediador paralelo no qual a participação anterior se correlacionou a ambas as variáveis dependentes, primeiro mediante normas e também através da legitimidade do protesto.

De modo igual aos espectadores, encontramos evidência parcial para nosso modelo de mediação serial. A participação na ação coletiva violenta no passado se correlacionou ao apoio aos manifestantes (PE = .041, CI 99%) através das normas (M1) e da legitimidade do protesto (M2). A participação no coletivo violento também teve um efeito indireto sobre o apoio aos protestos mediante normas (PE = .059, CI 99%) e a legitimidade do protesto (PE = .122, CI 99%). Similar aos espectadores, as normas se correlacionaram ao apoio aos protestos (PE = .135, CI 99%) através da legitimidade do protesto. Finalmente, encontramos que a participação em protestos violentos no passado se correlaciona à legitimidade do protesto (PE = .119, CI 99%) através das normas.

Discussão

Esses resultados mostram que a participação em ações coletivas violentas no passado surgiu como o principal impulsor do apoio aos protestos entre aqueles que se opunham aos protestos atuais e os espectadores, mas não entre os partidários. Entre os que se opõem à participação em formas violentas de protestos encontrou-se o apoio a protestos, tanto diretamente como mediante a legitimidade dos protestos e normas (mediação paralela). A participação no passado também se correlacionou com a legitimidade do protesto via normas. Esses resultados proporcionam um suporte adicional ao papel da participação no passado para predizer o apoio às mobilizações entre aqueles que realmente se opõem aos protestos. A participação reforça a crença de que os protestos são percebidos como normativos, e isso se traduz na crença de que os protestos são legítimos, o que gera apoio a eles.

Discussão geral

A pesquisa sobre as formas violentas e não violentas de protesto progrediu em caminhos divergentes. Enquanto a investigação sobre protestos violentos centrou-se principalmente sobre ex-radicais em contextos voláteis, a pesquisa sobre protestos não violentos abordou principalmente a mobilização normativa no Ocidente. Então, pouco se conhece como indivíduos comuns passam por um processo de adesão à violência. Na presente pesquisa enfocamos vários mecanismos psicológicos, como normas, percepções de legitimidade e experiências emocionais negativas, como ira, e hipotetizamos que os processos que predizem protestos não violentos também predizem protestos violentos. E isso se aplica a todos os segmentos da sociedade, aqueles que estão de acordo e simpatizam com os protestos, aqueles que são neutros – espectadores – e aqueles que se opõem aos protestos. Nossos resultados expressam várias linhas de investigação. Em primeiro lugar, contribuímos para a pequena, mas crescente literatura sobre como a ação coletiva passada contribui para a mudança social ao influir nas percepções das normas e da legitimidade (Louis, 2009; Thomas & Louis, 2014). Segundo, enfocamos diferentes trajetórias, as formas violentas e não violentas de participação (Thomas & Louis, 2013) e como influenciam o apoio à mobilização e intenções futuras para a radicalização. Por último, demonstramos como os contextos conflitivos contribuem para a radicalização entre os cidadãos comuns e entre os diferentes grupos (Della Porta, 2018; Kruglanski et al., 2014), mostrando como os cidadãos aparentemente comuns se tornam mais propensos à violência no curso das mobilizações.

Papel da participação passada na influência ao apoio aos protestos e à violência futura

Nossos resultados mostram que a participação em protestos violentos está diretamente associada com o apoio aos protestos em curso, independentemente se as pessoas estão de acordo, são neutras, ou se opõem aos protestos. Pesquisas prévias afirmaram que a radicalização evolui através de etapas, desde formas de ação mais leves a atos mais extremos, e isso é facilitado por uma série de fatores individuais e contextuais (Della Porta, 2018; McCauley & Moskalenko, 2017; Moghaddam, 2005). Nossos achados mostram que essa suposição se aplica parcialmente somente aos neutros. A experiência passada em protestos violentos e não violentos prediz diretamente as intenções futuras de apoiar a violência entre os simpatizantes. No entanto, em todos os três grupos, a participação passada nos protestos violentos surgiu como o principal motivador de apoio aos protestos em curso. O MDDVEE (Zomeren et al., 2012) coloca a hipótese de que a participação em ação coletiva influencia a maneira como os indivíduos avaliam a desvantagem e sua relevância ao grupo, ou seja, a avaliação primária. Nossos resultados mostram que esse efeito reforçador da participação passada se aplica somente às formas violentas e vai além daqueles que já simpatizam com os protestos.

Portanto, nossos achados sobre o papel central da participação em formas violentas de protesto para predizer tanto o apoio aos protestos como às intenções futuras de radicalizar estão mais de acordo com as considerações de Drury e Reicher (2000) e Stott et al. (2017) do que de Thomas e Louis (2013, 2014). Os primeiros demonstraram que a participação passada e as táticas coercitivas violentas para o protesto aumentam o apoio às reações violentas, enquanto a pesquisa de Thomas e Louis (2013, 2014) demonstrou que os protestos não violentos são mais efetivos para influir positivamente nas percepções de legitimidade do protesto.

Papel da participação passada na influência de normas, percepções de legitimidade e ira

Os resultados nos três grupos não respaldam por completo nossa hipótese central – (não) violência gera (não) violência, ao menos entre os partidários de um movimento social em curso. Nosso modelo de mediador serial apenas se evidenciou no apoio aos protestos entre espectadores e opositores. Isso poderia decorrer de várias razões. Primeiro, os partidários já podem ter uma compreensão estável das normas do endogrupo e essa compreensão é reforçada por sua experiência passada. Segundo, o comportamento passado, devido à sua natureza violenta, é tão notável que não se conecta com as normas, senão diretamente com as intenções futuras. De modo contrário, encontramos evidência de nossas hipóteses onde menos se esperava, entre os espectadores e opositores. A ação coletiva violenta influi como os indivíduos desses grupos perceberam – o que podemos denominar – as normas do exogrupo, isto é, o que todos que se opõem à situação política atual fariam. Assim há a percepção da legitimidade dos protestos, que por sua vez resulta no apoio ao protesto. Contudo, em todos os três grupos, a percepção de normas relacionadas com "o que fariam aqueles que se opõem à situação política atual" surgiu como um preditor independente do apoio aos protestos e à violência futura e mediou o efeito da ação coletiva violenta no apoio aos protestos. Esses resultados atestam o papel central que as percepções normativas desempenham em conformar diretamente a mobilização (Louis, 2009) e proporcionam evidência em apoio a nossa suposta hipótese de "(não) violência gera (não) violência", ainda que apenas entre os espectadores e opositores. Possivelmente, aqueles que já se identificam como partidários estão motivados por diferentes fatores, por exemplo, identidade ativista, enquanto espectadores e opositores observam os que estão ativamente envolvidos para uma compreensão intuitiva do que se deve fazer. A pesquisa em contextos similarmente conflituosos poderia analisar os efeitos simultâneos das normas descritivas e cautelares, bem como a identidade ativista se conecta com essas diferentes dimensões das normas.

No que tange aos "não achados", nossos dados não respaldaram o efeito positivo da participação passada na ira. Pesquisas prévias argumentaram que a participação na ação coletiva intensifica as experiências emocionais relacionadas à desvantagem, ao fazer com que ela seja mais destacada (Tausch & Becker, 2013) no contexto de uma mobilização de relativamente curto prazo contra uma desvantagem incidental. Na presente pesquisa, investigamos a ira no contexto da mobilização em longo prazo durante mais de uma década frente ao que pode ser considerado como uma desvantagem historicamente estrutural. Possivelmente, deparar-se com o que se percebe como uma desvantagem "crônica" tem efeitos normatizadores tão notáveis sobre a ira ou a desvantagem, que provoca outras experiências emocionais negativas, como o desprezo (Becker, Tausch & Wagner, 2011).

Conclusão

A pesquisa sobre mobilização cresceu exponencialmente na última década. Na medida em que a maior parte dessa investigação se centrou no que "marca" as pessoas para protestarem como meios para a mudança social, não se sabe muito se os protestos realmente conduzem a uma mudança social. No presente capítulo, contribuímos para essa linha de pesquisa centrando-nos nos efeitos da participação passada em formas violentas e não violentas de protestos sobre o apoio e a violência nos protestos. Traçamos ideias desde a literatura da ação coletiva e investigação sobre normas e teorizamos que a (não) violência gera (não) violência ao influenciar na norma e nas percepções de legitimidade do contexto dos protestos em curso, independentemente se as pessoas apoiam, observam ou se opõem aos protestos. Por sua vez, descobrimos que a participação passada estimula o apoio aos protestos e à violência futura diretamente entre os partidários e indiretamente entre os espectadores e os opositores, ao mudar as percepções da norma e da (i)legitimidade. Encontramos evidência que apoia a influência independente das percepções de norma sobre o apoio aos protestos e à violência futura. Nossos resultados mostram que as normas – o que os outros fazem e o que todos devem fazer – são fundamentais para entender como o comportamento passado prediz nossas intenções futuras.

Referências

Becker, J.C., Tausch, N., Spears, R. & Christ, O. (2011). Committed dis(s)idents – Participation in radical collective action fosters disidentification with the broader in-group but enhances political identification. *Personality and Social Psychology Bulletin* 37, 1.104-1.116 [Disponível em https://doi.org/10.1177/0146167211407076].

Becker, J.C., Tausch, N. & Wagner, U. (2011). Emotional consequences of collective action participation – Differentiating self-directed and outgroup--directed emotions. *Personality and Social Psychology Bulletin* 37, 1.587-1.598 [Disponível em https://doi.org/10.1177/0146167211414145].

Bösch, R. (2017). Conflict Escalation. *Oxford Research Encyclopedia of International Studies*, p. 1-25 [Disponível em https://doi.org/10.1093/acrefore/9780190846626.013.82].

Cialdini, R.B., Kallgren, C.A. & Reno, R.R. (1991). A focus theory of normative conduct – A theoretical refinement and reevaluation of the role of norms in human behavior. *Advances in Experimental Social Psychology* 24, 201-223.

Della Porta, D. (2013). *Clandestine Political Violence*. Cambridge, UK: Cambridge University Press.

_____. (2018). Radicalization – A Relational Perspective. *Annual Review of Political Science*, fev.,1-14 [Disponível em https://doi.org/10.1146/annurev-polisci-042716- 102314].

Drury, J. & Reicher, S. (1999). The intergroup dynamics of collective empowerment – Substantiating the social identity model of crowd behavior. *Group Processes and Intergroup Relations*, 2, 381-402 [Disponível em https://doi.org/10.1177/1368430299024005].

_____. (2000). Collective action and psychological change – The emergence of new social identities. *The British Journal of Social Psychology* 39, 579-604 [Disponível em https://doi.org/10.1348/014466600164642].

_____. (2009). Collective psychological empowerment as a model of social change: Researching crowds and power. *Journal of Social Issues* 65, 707-725 [Disponível em https://doi.org/10.1111/j.1540-4560.2009.01622.x].

Eitan, Y.A., Demetriou, C. & Bosi, L. (2015). *The Dynamics of Radicalization* – A Relational and Comparative Perspective. Nova York: Oxford University Press.

Kak, S. (2010). What Are Kashmir's Stone Pelters Saying to Us? *Economic and Political Weekly* 45(37), 12-16.

Khan, Y. (2007). *The Great Partition* – The Making of India and Pakistan. New Haven, CT: Yale University Press.

Klandermans, B., Sabucedo, J.M., Rodriguez, M. & DeWeerd, M. (2002). Identity Processes in Collective Action Participation – Farmers' Identity and Farmers' Protest in the Netherlands and Spain. *Political Psychology* 23, 235-251 [Disponível em https://doi.org/10.1111/0162-895X.00280].

Kruglanski, A.W., Chen, X., Dechesne, M., Fishman, S. & Orehek, E. (2009). Fully committed – Suicide bombers' motivation and the quest for personal significance. *Political Psychology* 30, 331-357 [Disponível em https://doi.org/DOI: 10.1111/j.1467-9221.2009.00698.x].

Kruglanski, A.W., Gelfand, M.J., Bélanger, J.J., Sheveland, A., Hetiarachchi, M. & Gunaratna, R. (2014). The psychology of radicalization and deradicalization – How significance quest impacts violent extremism. *Political Psychology* 35 (Suppl. 1), 69-93 [Disponível em https://doi.org/10.1111/pops.12163].

Lazarus, R.S. (1991). *Emotion and adaptation*. Nova York: Oxford University Press.

_____. (1993). From psychological stress to the emotions – Changing outlooks. *Annual Review of Psychology* 44, 1-21.

Louis, W.R. (2009). Collective Action-and Then What? *Journal of Social Issues* 65(4), 727-748 [Disponível em https://doi.org/10.1111/j.1540-4560.2009.01623.x].

Louis, W.R., Taylor, D.M. & Douglas, R.M. (2005). Normative Influence and Rational Conflict Decisions – Group Norms and Cost-Benefit Analyses for Intergroup Behavior. *Group Processes & Intergroup Relations* 8, 355-374 [Disponível em https://doi.org/10.1177/1368430205056465].

Louis, W.R., Taylor, D.M. & Neil, T. (2004). Cost-Benefit Analyses for Your Group and Your Self – The "Rationality" of Decision-Making in Conflict. *International Journal of Conflict and Violence* 15, 110-143 [Disponível em https://doi.org/10.2139/ssrn.399520].

Lygre, R.B., Eid, J., Larsson, G. & Ranstorp, M. (2011). Terrorism as a process – A critical review of Moghaddam's "Staircase to Terrorism". *Scandinavian Journal of Psychology* 52, 609-616 [Disponível em https://doi.org/10.1111/j.1467-9450.2011.00918.x].

McCauley, C. & Moskalenko, S. (2008). Mechanisms of Political Radicalization – Pathways Toward Terrorism. *Terrorism and Political Violence* 19, 415-433.

_____. (2017). Understanding political radicalization – The two-pyramids model. *American Psychologist* 72(3), 205-216 [Disponível em https://doi.org/10.1037/amp0000062].

Moghaddam, F.M. (2005). The Staircase to Terrorism – A Psychological Exploration. *American Psychologist* 60(2), 161-169 [Disponível em https://doi.org/10.1037/0003-066X.60.2.161].

Nieburg, H.L. (1962). The Threat of Violence and Social Change. *American Review of Political Science* 56, 865-873.

Simon, B. & Ruhs, D. (2008). Identity and politicization among Turkish migrants in Germany – The role of dual identification. *Journal of Personality and Social Psychology* 95, 1.354-1.366 [Disponível em https://doi.org/10.1037/a0012630].

Smith, H.J., Pettigrew, T.F., Pippin, G.M. & Bialosiewicz, S. (2012). Relative deprivation – A theoretical and meta-analytic review. *Personality and Social Psychology Review* 16, 203-232 [Disponível em https://doi.org/10.1177/1088868311430825].

Stekelenburg, J. van, Klandermans, B. & Akkerman, A. (2016). Does civic participation stimulate political activity? *Journal of Social Issues*.

Stott, C. & Drury, J. (2000). Crowds, context and identity – Dynamic categorization processes in the "poll tax riot". *Human Relations* 53, 247-273 [Disponível em https://doi.org/10.1177/a010563].

Stott, C., Drury, J. & Reicher, S. (2017). On the role of a social identity analysis in articulating structure and collective action – The 2011 riots in Tottenham and Hackney. *British Journal of Criminology* 57, 964-981 [Disponível em https://doi.org/10.1093/bjc/azw036].

Tajfel, H. & Turner, J.C. (1979). An integrative theory of intergroup conflict. In S.W. Worchel & W.G. Austin (eds.). *The social psychology of intergroup relations*. Vol. 33. Monterey, CA: Brookes Cole, p. 33-47.

Tausch, N. & Becker, J.C. (2013). Emotional reactions to success and failure of collective action as predictors of future action intentions – A longitudinal investigation in the context of student protests in Germany. *The British Journal of Social Psychology* 52, 525-542 [Disponível em https://doi.org/10.1111/j.2044-8309.2012.02109.x].

Thomas, E.F. & Louis, W.R. (2013). Doing Democracy – The Social Psychological Mobilization and Consequences of Collective Action. *Social Issues a*, 7, 173-200 [Disponível em https://doi.org/10.1111/j.1751-2409.2012.01047.x].

_____. (2014). When Will Collective Action Be Effective? Violent and Non-Violent Protests Differentially Influence Perceptions of Legitimacy and Efficacy Among Sympathizers. *Personality and Social Psychology Bulletin* 40, 263-276 [Disponível em https://doi.org/10.1177/0146167213510525].

Turner, J.C. & Brown, R. (1978). Social status, cognitive alternatives, and inter-group relations. In H. Tajfel (ed.). *Differentiation between Social Groups*. San Diego, CA: Academic Press, p. 201-234.

Turner, J.C., Hogg, M.A., Oakes, P.J., Reicher, S. & Wetherell, M.S. (1987). *Rediscovering the social group* – A self-categorization theory. Oxford, UK: Blackwell.

Zomeren, M. van, Leach, C.W. & Spears, R. (2012). Protesters as "Passionate Economists" – A dynamic dual pathway model of approach coping with collective disadvantage. *Personality and Social Psychology Review* 16, 180-199 [Disponível em https://doi.org/10.1177/1088868311430835].

Zomeren, M. van, Postmes, T. & Spears, R. (2008). Toward an integrative social identity model of collective action – A quantitative research synthesis of three socio-psychological perspectives. *Psychological Bulletin* 134, 504-535 [Disponível em https://doi.org/10.1037/0033-2909.134.4.504].

Whitehouse, H., McQuinn, B., Buhrmester, M. & Swann, W.B. (2014). Brothers in arms – Libyan revolutionaries bond like family. *Proceedings of the National Academy of Sciences* 111(50), 17.783-17.785 [Disponível em https://doi.org/10.1073/pnas.1416284111].

— 10 —
A esquerda radical e sua resistência contra a "direitização"
O caso de María de Jesús Patricio no México

David Pavón-Cuéllar
Universidade Michoacana de San Nicolás de Hidalgo/México

Introdução – Radicalidade diante da direitização

Já são muitos os que observaram um processo de inexorável direitização do mundo nos últimos 40 anos (desde Cueva, 1987 e Schulze, 1988, até Fuenmayor Toro, 2011 e Cusset, 2016). A intensidade e a extensão deste processo não são evidentes quando consideramos unicamente a instável correlação de forças entre a esquerda e a direita ou a recente proliferação de forças da extrema-direita. Ainda que tais fenômenos possam confirmar a tendência geral (Flores Olea, 2017, 03/abr.), são outros os que melhor permitem apreciar a grande virada histórica à direita desde os anos de 1980: o imparável avanço do capitalismo (Fuenmayor Toro, 2011), as trajetórias de intelectuais progressistas que "acabavam se enquadrando em posições reacionárias" (Vidal Beneyto, 2007, 24/mar.), o aburguesamento das eleições e das ações coletivas (Halimi, 2015), a "despolitização, desmobilização, passivização e subalternização" da sociedade, o "fluxo cultural a ideias e valores conservadores e reacionários" (Modonesi, 2015, 09/dez.), a privatização de todas as esferas da vida, a contração das causas de luta, a desativação da crítica social e o avanço do individualismo e do cinismo (Cusset, 2016).

Uma das mais preocupantes manifestações da direitização do mundo se encontra na direitização da própria esquerda. Esta derrota interior é um fenômeno planetário, ainda que seja particularmente visível na Europa (Le Paige, 2008). A tendência é bem conhecida. A esquerda se *gentrifica*: torna-se cada vez mais popular e mais classe média (Halimi, 2015). Os socialistas já não são anticapitalistas e nem sequer promovem o Estado do Bem-estar Social e nem sonham em expropriar setores estratégicos da economia. Os comunistas claudicaram em suas lutas pelo comunismo, revolução, a sociedade sem classes e a socialização dos meios de produção. Às vezes, os programas dos atuais partidos comunistas são ainda mais tímidos que os velhos programas da social-democracia, enquanto os atuais partidos socialistas já não são capazes de propor senão programas centristas liberais nos quais se traem todos os ideais do socialismo.

A direitização da esquerda seguiu vias muito diferentes em distintos países. O caso do México é de interesse particular e apenas se pode compreendê-lo ao se remontar à Revolução Mexicana de 1910-1921. As mais profundas aspirações da gestão revolucionária, as de terra, igualdade, liberdade e democracia, foram frustradas por alguns governos pós-revolucionários que assassinaram aqueles que melhor personificavam essas aspirações, Francisco Villa e, em especial, Emiliano Zapata. Talvez com a exceção de Lázaro Cárdenas, que governou o país de 1934 a 1940, podemos dizer que todos os presidentes mexicanos do último século contribuíram de algum modo para trair os ideais da Revolução Mexicana. É o caso tanto dos governos corruptos e repressivos do Partido Revolucionário Institucional (PRI), de 1928 a 2000, e logo de 2012 a 2018, como dos dois mandatos presidenciais do abertamente direitista Partido Ação Nacional (PAN), entre 2000 e 2012. É verdade que houve uma certa oscilação entre a esquerda e a direita, mas nunca cessou um desmantelamento da herança revolucionária como a que se manifesta uma tendência geral à direitização que domina toda a história do México no último século e que se acentuou desde a década de 1980 com os regimes neoliberais (Méndez, 2008).

Nos finais da década de 1980, diante da vertiginosa direitização do regime, temos a dissidência de alguns setores governamentais que se aliaram com opositores esquerdistas e fundaram uma organização partidária de esquerda, o Partido da Revolução Demo-

265

crática (PRD), que se inspirava em Lázaro Cárdenas, era liderado por seu filho e buscava preservar a herança revolucionária. No entanto, depois que centenas de seus membros foram assassinados pelo governo, o PRD seguiu o mesmo caminho do PRI, ao deslizar pouco a pouco à direita. Aliou-se ao PAN e ao PRI no controvertido Pacto por México e terminou apoiando um candidato do PAN à presidência do México. Esta nova direitização fez com que um amplo setor do PRD, encabeçado por Andrés Manuel López Obrador, proclamasse novamente a herança de Cárdenas e tomasse sua distância em relação ao PRD, como antes o PRD se distanciara do PRI. Foi assim que surgiu o esquerdista Movimento de Regeneração Nacional (Morena), mas uma vez mais, como fosse um destino inelutável, assistiu-se a direitização do Morena, que foi moderando cada vez mais seu discurso, incorporou setores políticos e empresariais conservadores em sua plataforma e terminou aliando-se, para as eleições presidenciais de 2018, a um partido cristão e antiabortista, o Partido Encontro Social (PES).

Nas eleições de 2018, diante da incessante direitização da esquerda mexicana, houve só uma proposta claramente esquerdista e abertamente anticapitalista: a de Marichuy, María de Jesús Patricio, porta-voz do Congresso Nacional Indígena (CNI) e primeira aspirante à candidata presidencial respaldada pelo Exército Zapatista de Libertação Nacional (EZLN) desde sua tomada de armas em 1994. Esta proposta, que remete mais à tradição revolucionária inflexível de Zapata do que a institucional de Cárdenas, aparece não só como o único bastião da esquerda radical de alcance nacional no México, senão talvez como o último reduto da esquerda em um contexto marcado pela direitização generalizada. É como se tal contexto fizesse que apenas o radicalismo pudesse manter-se firme na esquerda e resistir ao deslocamento geral à direita.

Num contexto de fatal direitização, uma radicalidade como a de Marichuy poderia ser a última esperança para a subsistência da esquerda. Esta é apenas uma das razões pelas quais, neste capítulo, o posicionamento radical não será visto como um problema, nem como um perigo, senão uma conotação positiva que justificará a elaboração de um decálogo da esquerda radical inspirado em alguns conceitos provenientes da teoria marxista e da psicanálise lacaniana. Com o auxílio de Marx e Lacan se postularão dez condições que a esquerda radical deve satisfazer para ser verdadeiramente o que é. Cada uma de tais condições, formuladas sob a forma de mandamentos ou imperativos, será exemplificada precisamente através das palavras de Marichuy, que se fará mediante uma análise que nos permitirá nos posicionar, mostrar nossa adesão ao analisado, reafirmá-lo, discuti-lo e desenvolvê-lo.

Antes de realizar nossa análise, começamos por elucidar, sempre a partir de nosso ponto de vista: porque a esquerda se opõe à direita, como a radicalidade se distingue do extremismo e onde reside a particularidade própria de uma posição radical de esquerda. A última destas elucidações exigirá a elaboração de nosso decálogo e sua exemplificação através da análise da palavra de Marichuy. Tudo isto nos permitirá responder, na conclusão, por que necessitamos da radicalidade ao resistir contra a direitização.

Direita e esquerda

Antes de sua clivagem entre direita e esquerda, a sociedade está dissociada entre classe dominante e classe dominada. Esta divisão entre *os de cima* e *os de baixo* precede e constitui a oposição entre direitistas e esquerdistas. Como mostra Laponce (1981), o espectro político direita-esquerda é uma expressão moderna igualitária, historicamente determinada pelo igualitarismo revolucionário, da desigualdade classista existente desde as origens da civilização.

A divisão de classes não desaparece nem com as revoluções dos séculos XVIII, XIX e XX, nem com a oposição entre direita e esquerda. Esta contraposição horizontal não substitui a estratificação vertical, mas sim a representa na dimensão horizontal. Há uma profunda correlação interna entre os pares esquerda/direita e abaixo/acima. É algo que MacIver (1947) postula de maneira categórica: "As classes altas estão filiadas mais estreitamente com partidos de direita e as classes baixas com os de esquerda" (p. 122). É por isso, segundo o mesmo autor, que os esquerdistas "buscam limitar os direitos das classes proprietárias e dominantes" (p. 121-122).

A desigualdade, sendo em benefício dos de acima e em prejuízo dos de abaixo, tende a ser logicamente atacada e impugnada pela esquerda, representante dos de abaixo, e defendida e justificada pela direita, representante dos de acima. De modo igual, a igualdade não costuma ser um ideal holístico direitista, senão esquerdista. Bobbio (1996) está correto ao sustentar enfaticamente que a esquerda tem uma "visão horizontal ou igualitária da sociedade", enquanto a direita se caracteriza por sua "visão vertical ou não igualitária" (p. 131). O mesmo Bobbio também é convincente ao demonstrar como o par igualdade/desigualdade é o "critério fundador" no qual se baseiam os demais com os quais podemos explicar o binômio esquerda/direita (p. 132).

Quando consideramos que a direita se orienta por definição à desigualdade, entendemos que a direitização do mundo veio acompanhada pelo aumento da desigualdade. Esta evolução fez com que se alcancem hoje em dia níveis de concentração da riqueza unicamente comparáveis aos de 1905 (Neate, 2017, 26/out.). Talvez devamos conceber essa concentração como o correlato econômico da direitização política.

Extremismo e radicalidade

Se a esquerda busca igualdade e a direita desigualdade, então a extrema-esquerda quer mais igualdade do que a esquerda e a ultradireita mais desigualdade do que a direita? A resposta de Bobbio (1996) é negativa: "A díade extremismo-moderação tem muito pouco a ver com a natureza das ideias professadas, mas se refere à sua radicalização" e às "estratégias para fazê-las valer na prática" (Bobbio, 1996, p. 76). Em outras palavras, o extremismo ou radicalismo coloca "a questão do método"; enquanto a antítese direita/esquerda se refere "aos fins" (p. 85).

O ideal esquerdista igualitário, segundo Bobbio, não se aprofunda nem se acentua em uma extrema-esquerda cuja radicalidade se sustente nos meios e não nos fins. Desde este ponto de vista, a esquerda radical, em comparação com a moderada, não é mais esquerdista ou igualitária, senão que simplesmente recorre a meios mais extremos para chegar aos mesmos fins. De fato, ao recorrer a tais meios, a esquerda radical não apenas se distanciaria da ultradireita, senão que se aproximaria muito dela em pontos de estratégia, como a "antidemocracia" (Bobbio, 1996, p. 83). Chegaríamos assim à suposta coincidência entre o nazismo e o stalinismo em suas inclinações violentas, totalitárias e concentracionárias (Arendt, 1951 [1987]). Tal coincidência confirmaria a teoria da ferradura, isto é, a tese de que as direitas e as esquerdas que se radicalizam terminam se aproximando como os cabos de uma ferradura.

Um problema da teoria da ferradura é que ignora as diferenças de fundo e apenas atende a semelhanças aparentes e superficiais entre a extrema-direita e a extrema-esquerda. Outro problema da mesma teoria é que supõe falsamente que totalitarismos de esquerda, como o stalinista, correspondem à esquerda radical. Estes dois problemas e outros mais justificam suficientemente que a noção de que os extremos se tocam seja considerada um "mito convencional" com "pouca base na realidade" (Hobsbawn, 1973 [2010], p. 26). Aquele mesmo a quem se atribui a teoria da ferradura, Jean Pierre Faye (in Rábago, 1976), a rechaça tal como costuma-se interpretar, por julgá-la "enganosa" e porque ignora "os processos" que produzem os fenômenos que se equiparam (p. 29), e prefere entendê-la como um "oscilador eletromagnético", no qual o polo ultradireitista comunicaria com o da esquerda radical e adotaria seu discurso (p. 27).

Ainda que haja boas razões para descartar a teoria da ferradura, não podemos negar que consegue captar um aspecto do extremismo que não se deve deixar de apreender. É verdade, como assinalaram Arendt, Bobbio e outros, que pode haver semelhanças notáveis entre certos extremismos de esquerda e direita. Talvez essas semelhanças sejam apenas superficiais, mas não por isso menos evidentes.

Como considerar as semelhanças evidentes sem ignorar as diferenças abismais que pode haver entre os polos do espectro político? Uma possibilidade é proceder como Faye, na passagem citada, e supor que a ultradireita coincide com a extrema-esquerda porque se apropria de algo dela. Outra possibilidade, a que aqui escolheremos, é a de levar a sério a tese de Bobbio sobre um extremismo referido aos meios, mas distinguindo de um radicalismo que remete aos fins. Esta distinção, tal como é traçada por Jabardo (1988), permite reconhecer as diferenças entre as forças radicais, com seus "ideais maximalistas de objetivos", e as forças extremas, que transgridem "as regras do jogo", desconhecem "meios e instituições vigentes" e rechaçam "a gradação, a parcialidade, a negociação e o consenso" (p. 283).

É o extremismo, pois, "hostil à ordem política" (Kornhauser, 1959 [1969], p. 46-47), o que "rechaça as regras do jogo em uma comunidade política" (Belligni, 1981, p. 608), o que "rebaixa os limites dos procedimentos normativos do processo político democrático" (Lipset & Raab, 1981, p. 20-22). Assim, as tendências violentas e antidemocráticas podem ser consideradas próprias dos extremistas, mas não dos radicais. O radicalismo define unicamente "a orientação ideológica dos fins perseguidos", enquanto é o extremismo que se refere aos "procedimentos utilizados para fazê-los efetivos" (Jabardo, 1998, p. 285).

É verdade que o extremismo pode associar-se com o radicalismo. Há certas reivindicações tão radicais que exigem meios extremos. Mas também há extremismo sem radicalismo, assim como radicalismo sem extremismo. O último meio século mostrou quão inexata era a convicção de que as aspirações radicais dos sessenta se traduziriam em movimentos extremistas que colocariam em perigo a democracia representativa liberal (cf. Crozier et al., 1975). Tal extremismo não foi comum no radicalismo, ao menos no de esquerda (Norris et al., 2005).

Esquerda radical

Bobbio (1996) parece considerar apenas o extremismo dos meios ao elaborar sua famosa e sugestiva classificação da extrema-esquerda "igualitária e autoritária", a centro-esquerda "igualitária e não autoritária", a centro-direita "libertária e não igualitária" e a extrema-direita "antiliberal e anti-igualitária" (p. 162-163). Se os extremos coincidem aqui entre si ao distinguir-se dos centros, é por seu autoritarismo, por sua falta de liberdade. Esta liberdade apenas existiria no centro, bem como apenas haveria igualdade na esquerda. Os dois valores políticos apenas poderiam encontrar-se na opção de Bobbio, a de centro-esquerda, a melhor, pois a classificação é também uma escala valorativa com a que se justifica a própria opção política.

A classificação de Bobbio é questionável, não apenas pelo seu critério valorativo e autojustificatório, como por sua abstração do radicalismo dos fins e por sua redução do extremismo dos meios ao simples autoritarismo. Não é por ser autoritária que uma força é extremista, senão por transgredir as regras do jogo e rebaixar os marcos normativos da democracia moderna, o que pode implicar autoritarismo, mas não unicamente. Ao reduzir o extremismo ao autoritarismo, a classificação de Bobbio exclui as expressões extremistas da esquerda antiautoritária, a qual, ademais, comporta um marcado elemento de radicalidade que tampouco tem espaço na mesma classificação. As categorias classificatórias de Bobbio não permitem classificar, pois, o caso paradigmático de radicalismo e extremismo na história da esquerda no século XX: aquele diagnosticado por Lenin (1920 [1974]) como a "doença infantil do esquerdismo" (p. 552).

O esquerdismo criticado por Lenin é um exemplo de extremismo de esquerda com traços antiautoritários que o fazem assumir um aspecto "parecido com o anarquismo" (p. 546-547). Lenin o critica por seus meios e não por seus fins, isto é, por suas estratégias extremas, inflexíveis e impulsivas, e não por seus objetivos radicais. De fato, estes objetivos coincidem com os de Lenin. O que é criticável aqui não é a radicalidade, senão o "enfurecimento", a falta de "serenidade" e de "espírito de organização" (p. 546), a obstinada escolha do "caminho reto" sem aceitar nenhum tipo de "manobras" (p. 605-606) e a "rejeição incondicional" de certas formas (p. 606), dos "compromissos por princípio" e "em geral", sem "analisar as circunstâncias", tudo que para Lenin "constitui uma puerilidade" (p. 550-551).

A concepção leninista do extremismo de esquerda é de uma rigidez incapaz de concessões. Insistimos que se apresenta como um tema de estratégia, de meios e não de fins, de extremismo e não de radicalismo, de formas e não de conteúdo. No entanto, ao tomar certa distância histórica, devemos nos render à evidência de que a questão formal podia se traduzir também em efeitos de conteúdo. A puerilidade extremista do esquerdismo criticado por Lenin podia contribuir para que certa radicalidade se mantivesse viva. De modo correlato, com o passar do tempo, a maturidade da esquerda leninista parecer ter sido responsável para que certo elemento radical envelhecesse e declinasse.

Certo radicalismo soviético foi se desgastando devido a concessões, flexibilidade, serenidade, sensatez e consideração das circunstâncias. A falta de extremismo se traduziu em um retrocesso do radicalismo, que se colocou em evidência na burocratização e degradação do radicalismo real. Ante este retrocesso no qual talvez se deva buscar uma das origens da posterior direitização da esquerda, o regresso impetuoso do extremismo de esquerda, entre 1968 e os anos de 1970, já não foi considerado como uma doença infantil do comunismo, senão como um "remédio para sua enfermidade senil" (Cohn Bendit, 1969; cf. Belligni, 1981, p. 609). Este remédio extremo, como sabemos, permitiu à esquerda radicalizar-se de novo, ir mais longe em seus fins e não apenas em seus meios.

A história moderna da esquerda nos mostra outra vez o vínculo estreito entre extremismo e radicalismo. Este vínculo se manifesta em figuras como aqueles revolucionários que Hobsbawn (1973 [2010]) descreve como seres agarrados pelo "desespero" e a "esperança" que rechaçam "qualquer atividade não destinada a se opor frontalmente ao capitalismo" (p. 348-351). Ao seguir o caminho reto, retomando a metáfora de Lenin, os extremistas talvez não avancem muito e podem ir de fracasso a fracasso, mas ao menos evitam o risco de sair do caminho, trair sua radicalidade anticapitalista e ceder à direitização. É assim como seu radicalismo se vê assegurado por seu extremismo.

Por mais que se vinculem estreitamente, como no caso evocado por Hobsbawn, o radicalismo e o extremismo de esquerda não deixam de ser diferentes e de nos permitir fazer distinções entre discursos e movimento. Ainda podemos distinguir entre a extrema-esquerda, inconformada ao jogo político da democracia liberal, e a esquerda radical, profundamente anticapitalista e antineoliberal, mas com disposição de participar nas instituições democráticas existentes. Entretanto, isso não significa que a esquerda radical seja menos radical do que a extrema-esquerda, nem que uma e outra se situem num mesmo eixo e que os radicais estejam mais próximos do centro e os extremistas mais longe, como às vezes se parece entender (cf. March, 2008).

Um decálogo para a atual esquerda radical

Após haver elucidado um sentido próprio do radicalismo e distingui-lo claramente do extremismo, definiremos o que o autor destas linhas, a partir de sua perspectiva marxista e lacaniana particular, pensa o que deve ser a esquerda radical na atualidade para ser verdadeiramente radical e de esquerda, mas também para manter seu esquerdismo e seu radicalismo, ou seja, para não se deixar reabsorver, neutralizar, direitizar (Pavón-Cuéllar, 2014). O discurso terá que adotar agora um tom prescritivo, o qual, deixando clara a conotação positiva que aqui se trata, se exporá na forma de um decálogo de condições que atualmente uma esquerda radical deve cumprir para conformar-se como tal e não ceder à direitização. Em outras palavras, para que haja e se conserve hoje em dia um autêntico radicalismo esquerdista, se deverão cumprir os seguintes dez mandamentos, dos quais, como veremos, nove se referem ao radicalismo dos fins propriamente dito, enquanto que um, o sétimo, remete a um extremismo dos meios que já vimos aparecer como uma condição da radicalidade na esquerda:

1) *Ir à raiz.* Desentranhar a base dos problemas conjunturais e superestruturais (Marx, 1859 [2013]; Marx & Engels, 1846 [1974]). Discernir o fundamento estrutural no sistema capitalista. Ver como o capitalismo se manifesta em tudo. Reconduzir tudo ao sistema, o único: Outro sem Outro, linguagem sem metalinguagem (Lacan, 1960 [1999a]). Situar-se neste sistema e em relação com ele. Tomar posição na estrutura, mas também contra ela: contra o sistema. Ser antissistema, ou seja, anticapitalista.

2) *Não simplificar.* Não incorrer em reducionismos economicistas ao reduzir o capitalismo a seu aspecto econômico. Não ignorar, em particular, o miolo sexual-patriarcal do sistema capitalista (Marx, 1882 [1988]; Engels, 1884 [2011]). Encontrar a maneira de considerar o real do simbólico (Lacan, 1962 [2004]). Rastrear o desejo na economia, a pulsão no capitalismo, o vivo no morto.

3) *Identificar o inimigo.* Reconhecer pessoas vivas depois das coisas mortas (Marx, 1844 [1997]; 1858 [2009a]). Descobrir os sujeitos nos significantes que os representam para outros significantes (Lacan, 1962 [2004]). Ver como o capital se encarna, personifica-se e reveste a forma de papéis desempenhados por sujeitos nos âmbitos culturais e sociais, políticos e econômicos. Recobrar a concretização pessoal no seio das abstrações impessoais do sistema capitalista.

4) *Denunciar.* Conhecer e dar a conhecer o mais concreto do sistema: seus prejuízos nas existências e experiências das pessoas. Evidenciar os crimes do capitalismo. Expressar o custo vital de seu funcionamento (Marx, 1866 [2009b]). Deixar ver seus efeitos nos sujeitos (Lacan, 1969 [2006]).

5) *Ter consciência coletiva.* Experimentar-se e se pensar de verdade como um sujeito constituído coletivamente: como *nós* e não só como *eu*. Transcender a individualidade e lutar como uma classe com identidade orgânica e unitária, com traços e interesses próprios, com uma consciência efetiva na história e inacessível aos indivíduos isoladamente (Marx & Engels, 1846 [1974], Lukács, 1923 [1985]). Não desconhecer a singularidade individual, mas se elevar ao nível da particularidade e da universalidade. Operar no plano discursivo do transindividual (Lacan, 1953, 1999b).

6) *Ter consciência histórica.* Não carecer de memória. Não esquecer a história de lutas que precedem. Retomá-la e continuá-la. Aprender e nutrir-se dela. Inserir-se nela. Situar-se em seu tempo dilatado, mas também no instante do acontecimento. Fazer a própria história ao se descarregar do peso do passado e ao reconfigurá-lo em função do presente (Marx, 1852 [1981a]). Partir de uma historização retroativa para inaugurar algo inédito, para se desviar do caminho estabe-

lecido, para cessar a repetição, para cortar, escandir e assim se liberar do passado ao conhecê-lo sob uma nova luz (Lacan, 1954 [1998]).

7) *Transpassar os marcos da política instituída.* Ir além da democracia burguesa e liberal, eleitoral e representativa. Talvez valer-se dela, mas para aprofundá-la, franquear seus limites e superá-la. Entender que esta democracia usurpa o lugar do povo, não é plenamente democrática e é falsa por sua própria natureza (Marx, 1852 [1981a]). Logo, reconhecer que a representatividade não implica a representação, que a representação política é tão impossível como qualquer outra, que o representante não pode senão trair o representado (Lacan, 1962 [2004]). Aspirar a uma presença imediata, a uma política sem mediações pretensamente representativas, a uma democracia direta.

8) *Fazer coletividade.* Escapar do funcionamento puramente quantitativo da contagem de votos individuais na democracia burguesa. Escapar também de uma simples valorização volumétrica das massas por sua medição em termos de centenas ou milhares de cabeças. Evitar qualquer atomização da sociedade. Elevar-se do nível individual ao verdadeiramente social. Proceder segundo uma lógica organizativa e não apenas agregativa. Não apenas somar, senão unir. Criar novas formas de ser humano, entendendo este ser como o que é, como um conjunto de relações sociais (Marx, 1845 [1981b]). Incidir na profundidade simbólica trans-individual na qual habita o sujeito e não apenas na superfície imaginária especular não qual se esgota a individualidade (Lacan, 1953 [1999b]).

9) *Atrever-se a derrubar o existente, recuperar o perdido e criar algo novo.* Assumir o valor de seguir um programa destrutivo, reconstrutivo e construtivo. Tentar construir ou reconstruir algo diferente, alternativo e exterior ao sistema capitalista, porém conceber que não se pode construir, nem reconstruir algo semelhante sem antes destruir, ao menos localmente, este sistema totalitário e globalizado que exclui qualquer diferença, qualquer alternativa, qualquer exterioridade (Marx, 1867 [2008]). Entender que a atual ordem estabelecida e seu pensamento único não toleram novidades nem mudanças qualitativas. Aceitar que toda verdadeira inovação ou transformação, por mínima que seja, implica a subversão de um capitalismo que se

desdobra como um universo, totalidade sem exterior, saber absoluto, Outro sem Outro (Lacan, 1960 [1999b]).

10) *Aspirar o desaparecimento do Estado e não só o seu controle ou direção.* Buscar encabeçar o Estado para suprimir suas condições de possibilidade. Não permitir que o Estado feche o horizonte daquilo pelo que se luta. Não lutar apenas para tomar o poder. Opor-se à concentração do poder no Estado e a sua existência mesma como instrumento para a dominação da sociedade inteira ou de uma classe sobre outra (Marx & Engels, 1848 [1981]; Engels, 1878 [1986]). Desafiar a dominação mesma e não apenas certa dominação, o poder em geral que alguém pode exercer, e não apenas o poder particular exercido, o Mestre com o qual alguém se identifica e não apenas o que aparece como Outro (Lacan, 1970 [1991]).

María de Jesús Patricio – Uma manifestação histórica da atual esquerda radical

Deve-se dizer que a esquerda radical não necessita de um decálogo como o anterior para ser de esquerda e radical. A esquerda radical é o que é, o que deve ser para não ceder à direitização, e ao sê-lo cumpre de modo espontâneo com os dez mandamentos que aqui identificamos. Estes mandamentos, portanto, são também simplesmente observações do que é a esquerda radical. São assim descritivos, mas não deixam por isso de ser fundamentalmente prescritivos, já que apenas terminam descrevendo o que é a esquerda radical porque começam prescrevendo o que deve ser em função de uma concepção teórica geral e independentemente de qualquer de suas manifestações históricas.

As manifestações históricas da esquerda radical não são o que permitiram aqui elaborar o decálogo. Sua elaboração foi teórica e não empírica, já que se fundou nas teorizações do marxismo e da psicanálise lacaniana, e não em uma suposta experiência imediata da realidade na qual se dissimularia tudo aquilo que a constitui por dentro: preconceitos convencionais, definições implícitas, mediações ideológicas etc. Em vez de partir desse irremediavelmente ilusório conhecimento empírico, o decálogo se fundou na teoria. É também por isso que deve ser fundamentalmente prescritivo.

A forma com que a esquerda radical se manifesta historicamente não serve tanto para descrever o que é, senão para exemplificar o que se prescreve, o que deve ser, e para verificar se efetivamente o é. Tal é o emprego que faremos agora de nosso decálogo, verificando-o e exemplificando-o através de um dos discursos mais interessantes da atual esquerda radical no México, o da indígena nahua María de Jesús Patricio Martinez, mais conhecida pelo diminutivo de "Marichuy", médica tradicional e defensora dos direitos humanos, que foi designada porta-voz e representante do Congresso Nacional Indígena (CNI) para as eleições federais mexicanas de julho de 2018. A participação nesse processo eleitoral, bem como o respeito pelas instituições políticas vigentes no México e a opção por meios legais e pacíficos, mostra que não estamos aqui diante de um fenômeno de extremismo dos meios, senão de radicalismo dos fins, como apreciaremos nos discursos de Marichuy.

Entre outubro de 2017 e fevereiro de 2018 Marichuy percorreu diversas regiões do México e pronunciou vários discursos públicos por semana, todos eles marcados por sua firme posição contra o capitalismo e em defesa dos povos originários. Exemplificaremos o decálogo da esquerda radical com os primeiros desses discursos, compreendidos entre 15 de outubro e 8 de novembro de 2017. Nossa escolha de tais discursos obedece a duas considerações: foram os primeiros discursos de Marichuy em sua condição de porta-voz e todos eles foram pronunciados no estado mexicano sul-oriental de Chiapas, na região que se levantou em armas, em 1º de janeiro de 1994, o Exército Zapatista de Libertação Nacional (EZLN), o qual desempenhou um papel decisivo na constituição do CNI. Após se opor a todas as candidaturas presidenciais entre 1994 e 2017, mesmo as de esquerda, o EZLN decidiu respaldar Marichuy, cuja campanha, significativamente, começou nas comunidades zapatistas de Chiapas.

O apoio do EZLN a uma candidatura para as eleições de 2018 foi um assunto polêmico no México. Alguns julgaram que os zapatistas se mostravam inconsequentes ao trair seu tradicional distanciamento dos processos eleitorais (cf. Flores & Alarcón, 2018, 03/fev.). Outros os acusaram de tentar fracionar os eleitores da esquerda e assim tirar votos do candidato esquerdista Andrés Manuel López Obrador, fundador e líder carismático de Morena (cf. Martínez, 2016, 24/out.; Rosagel, 2016, 27/out.). Poucos reconheceram o evidente: que Marichuy, de modo distinto a López Obrador, oferecia um programa de esquerda radical, explicitamente anticapitalista e, além disso, centrado nos povos originários, algo que não tinha precedentes na história mais recente do México e que era convergente com as reivindicações do EZLN (cf. Fazio, 2017, 19/jun.; Almeyra, 2017, 26/nov.).

O programa de Marichuy, ademais, foi apoiado por indivíduos e coletivos radicais de esquerda que não se identificavam com o movimento de massas de Morena: especialmente seguidores do EZLN e membros do CNI, mas também células de anarquistas, feministas, marxistas antiautoritários ou revolucionários, trotskistas, artistas politizados, defensores do meio ambiente etc. Mesmo diversos, esses ativistas foram relativamente escassos, o que os impediu de conseguir as 886 mil assinaturas necessárias para o registro formal e oficial de Marichuy como candidata à presidência do México.

Analisando o discurso de María de Jesús Patricio

É no contexto da coleta de assinaturas para o registro de sua candidatura que Marichuy pronunciou os discursos que aqui se analisarão. O trabalho analítico se dividiu e organizou em dez tópicos. Cada tópico buscará ilustrar cada um dos mandamentos do decálogo da esquerda radical. Mostraremos assim, em cada caso, a maneira com que esta esquerda se realiza e se particulariza na palavra indígena de Marichuy, em suas asserções, denúncias, posições, insistências, implicações, premissas, pressupostos etc.

O discurso de Marichuy será lido através de uma análise de discurso cuja inspiração lacaniana se fará sentir em uma série de atitudes e operações metodológicas: o respeito pela expressão literal, a rejeição da compreensão de supostos conteúdos ou significados, a exclusão de uma metalinguagem que pretenda compreender o texto ao traduzi-lo em termos alheios aos seus, a opção por uma explicação com a qual se prolonga e desenvolve o texto analisado, o posicionamento de quem analisa com respeito o analisado, a consideração do plano latente do implicado e do pressuposto, e o interesse nas condições de enunciação e não só do enunciado, na posição do sujeito e não apenas no que diz, na estrutura e não só em sua expressão (Pavón-Cuéllar, 2010; Parker & Pavón-Cuéllar, 2013). Mesmo que tais atitudes e operações fiquem visíveis na seguinte análise, haverá outras distintivamente lacanianas com as quais não se cumprirá, como é o caso da atenção prestada às omissões, contradições e outras irregularidades sintomáticas do texto analisado. Essas irregularidades serão ignoradas pelo posicionamento de quem analisa, por sua adesão à postura de Marichuy e por sua decisão de respaldá-la.

Ir à raiz: o monstro capitalista

Marichuy nos deixa explícita sua radicalidade ao adotar uma posição inflexivelmente anticapitalista. O capitalismo se identifica uma e outra vez em seu discurso como a raiz dos demais problemas. Por exemplo, diante da corrupção governamental e empresarial em que insiste Morena, se declara que "somente favorece o capital" (Patricio, 2017h, par. 9) e que "corrupto" é o "sistema capitalista" (2017e, par. 6).

O capitalismo é o corrupto, bem como o corruptor dos governantes, o explorador e opressor dos trabalhadores, o saqueador e destruidor do meio ambiente e dos povos indígenas. É o capital que provoca a contaminação, a desumanização, a dissolução das comunidades e as guerras no mundo. Em vez de se confundir e se distrair com as emaranhadas condições criadas pelo mesmo capital para operar, procede-se radicalmente ao se ir à raiz capitalista de tais condições: ao capital que está em "todos os lados" (2017f, par. 12), ao "grande sistema capitalista" que engloba tudo (2017g, par. 8), ao "monstro gigante" do capitalismo (2017a, par. 4).

A monstruosidade não apenas alude ao gigantismo do capital, mas também ao seu caráter devastador. O capitalismo é descrito como um "grande monstro que quer acabar conosco" (2017b, par. 5), como um "sistema de morte" (Patricio, 2017h, par. 13) que "traz morte e destruição" (2017g, par. 8). Coincidindo com a visão marxista, Marichuy sabe que o sistema capitalista mata e destrói porque transforma o existente e vivo em capital inerte, porque "somente lhe interessa o dinheiro" (2017h, par. 6), porque apenas vê "riquezas" (2017i, par. 6).

Não simplificar: o sistema patriarcal e ecocida

Por mais anticapitalista que seja, o discurso de Marichuy não cai em um reducionismo economicista como algumas argumentações da velha esquerda. Em comparação com essas argumentações, o discurso de Marichuy é mais radical. Sua radicalidade reside aqui em sua agudeza, em sua penetração, em seu reconhecimento da profundidade e complexidade de um capitalismo que implica também certas relações com a mulher e com a natureza.

Marichuy reconhece que o sistema capitalista é "machista" (Patricio, 2017f, par. 2) e "patriarcal" (par. 12). O patriarcado se apresenta como algo fundamental e indissociável do capitalismo. É o mesmo que ocorre com o ecocídio. A exploração destruidora da natureza e a opressão da mulher constituem aqui o fundamento do sistema capitalista. Para Marichuy, o capitalismo "tem como base a desapropriação e a dominação de nossa mãe terra e a dominação e o controle de nós, as mulheres" (par. 13).

Independentemente do vínculo insondável que pode existir entre a feminilidade e a maternidade que se atribui à natureza, mostrar-se duplamente radical e ir *à raiz da raiz*, à base do sistema capitalista, nos conduz aqui ao nível fundamental no qual a terra e a mulher são dominadas. Esta dominação está no fundo mesmo do capitalismo contra o qual Marichuy luta. Sua luta radical anticapitalista é também um combate antiecocida e antipatriarcal.

Identificar o inimigo: aqueles que têm o poder e o dinheiro

Já sabemos que o combate de María de Jesús Patricio é contra o sistema capitalista, patriarcal e ecocida. Como evitar que tal combate, por seu afã de ir à raiz do concreto, acabe se dissipando em abstrações e dando golpes no ar? Uma das formas em que Marichuy evita isso é identificando quem encarna o sistema, ou seja, como diria Marx (1867 [2008]), quem o "personifica" (p. 178-179) e permite adquirir "consciência e vontade" (p. 331).

O combate de Marichuy também é radical porque não só denuncia a estrutura impessoal do capitalismo, mas ainda desmascara os rostos do sistema, tanto na esfera econômico-empresarial como na política governamental. Em ambas as esferas, os inimigos estão bem identificados. Os da esfera econômico-empresarial são "os que têm dinheiro" e "manejam o capital" (Patricio, 2017g, par. 13-14). Sua atitude é muito clara: são "gente que não pensa em nós" (2017c, par. 3). São "os que querem seguir nos despojando de nossas riquezas" (2017g, par. 13).

Igual aos inimigos pertencentes à esfera econômico-empresarial, os da esfera político-governamental intervêm como personificações do capitalismo e, como tais, caracterizam-se por "trazer destruição e morte" (Patricio, 2017i, par. 3). Entretanto, ainda que assimilados ao capital destruidor e mortífero, já não se definem por seu dinheiro, senão por ser os que estão "acima", os que se encontram no lugar do "poder" (Patricio, 2017a, par. 5), "os que têm o poder" (2017g, par. 13). Esta posição de poder faz com que os de acima mostrem certa atitude aos de abaixo, aos que não têm o poder. Enquanto os endinheirados e os capitalistas não pensavam nunca nos de abaixo, os políticos e governantes unicamente pensam neles durante as campanhas eleitorais. Distinguimos assim os de acima por serem os que apenas "descem" pelo voto dos de abaixo, quando "vêm nos trazem mantimentos, bonés e não sei quantas coisas mais, e já não se volta a ver" (Patricio, 2017h, par. 7).

Denunciar: a farsa, a divisão, a repressão, a desapropriação e a exploração, o desprezo e a discriminação, a morte e a destruição

Marichuy não só demonstra sua radicalidade ao identificar os inimigos, mas também ao denunciar aquilo pelo qual são inimigos: aquilo que lhes culpa, o dano que o capitalismo faz através deles, não um dano abstrato e genérico, senão concreto e pontual, experimentado, sofrido pelos sujeitos. A denúncia de Marichuy dá lugar a uma lista de agravos que podem agrupar-se em seis categorias de encargos imputados ao capitalismo e a suas personificações: farsa, divisão, repressão, desapropriação e exploração, desprezo e discriminação, morte e destruição.

No que se refere à *farsa*, vemos ser operada através de políticos e governantes com suas aparentes "ajudas" (Patricio, 2017d, par. 3), "programas de apoio" (2017e, par. 3), "mantimentos" e "projetos" (2017h, par. 11). Essas ações constituem simples estratagemas, "farsas que fazem a nossos filhos" (2017d, par. 3), já que asseguram que "estão nos dando isso e não é correto, é uma farsa para que acreditemos e eles preparem as desapropriações de nossas comunidades" (2017e, par. 3).

A farsa é um dos meios que o capitalismo, o "inimigo em comum", utiliza para a *divisão*: para "dividir" os de abaixo e colocá-los para "brigar" uns com os outros, ao fazê-los acreditar que "o que está próximo é o que está acabando conosco" (Patricio, 2017a, par 5; 2017b, par. 3). Além da divisão e da farsa, o capitalismo se vale de meios violentos, da *repressão*, particularmente quando as comunidades se mantêm unidas, protestam e resistem, organizam-se e se mobilizam. Quando há "organização", então também "há repressão, encarceramento, desaparecimentos" (2017e, par. 3). O povo é "reprimido por pensar e se rebelar" (2017f, par. 5).

Repressão, divisão e farsa são os meios subordinados aos fins de *exploração e desapropriação* do povo e das comunidades. No caso do "povo trabalhador", trata-se de "explorá-lo até sua morte, despojá-lo do que tem" (Patricio, 2017f, par. 5). No caso das comunidades, o objetivo é "apropriar-se de suas riquezas" (2017h, par. 10), "roubar suas árvores, suas águas" (par. 4), "desapropriá-los de tudo" (2017a, par. 3).

Além da exploração e desapropriação, o capitalismo é responsabilizado pelo *desprezo* e pela *discriminação* dos despojados e explorados. O "povo trabalhador" é "desprezado por ser diferente, por ser pobre, por ser mulher, por falar nossa própria língua" (Patricio, 2017f, par.

5). Tudo pode servir para justificar esse ultraje que vem desde tempos remotos. Os "avós" já "sofreram toda essa discriminação, todo esse desprezo" (2017d, par. 6).

Desprezo, discriminação, desapropriação, exploração, divisão e repressão confluem na consequência final de todos os danos que se infligem ao povo e às comunidades: *a morte e a destruição*. Tudo se resume, em definitivo, no já mencionado aspecto destrutivo e mortífero do capitalismo que provoca "morte e destruição em todos os cantos do país", aproximando-nos cada vez mais ao dia em que "vamos a nos destruir a nós mesmos" (Patricio, 2017i, par. 5) A destruição da natureza e a morte da humanidade são repetidamente evocadas por Marichuy em suas denúncias do capitalismo.

Ter consciência coletiva: os de abaixo, indígenas, mulheres, todos

Frente ao capital destrutivo e mortífero, Marichuy também expressa a radicalidade através de uma *consciência coletiva* que a faz transcender sua individualidade e conceber-se como *nós*, como povo e comunidade, como uma coletividade reprimida, explorada e despojada, e em perigo de morte e destruição. Essa coletividade não é nem uma massa homogênea, como nos velhos movimentos de massas, nem um povo heterogêneo constituído por equivalência entre demandas particulares, como no novo populismo (Laclau, 2012). Trata-se de algo muito mais radical: um conjunto de particularidades em que a heterogeneidade não contradiz a unidade originária e fundamental, anterior a qualquer equivalência, da comunidade e do povo, do *nós* constituído pelos *de abaixo*.

Antes de ampliar até o ponto de se apreender como *os de abaixo*, a consciência coletiva de Marichuy fica circunscrita unicamente à esfera de "nossos avós" e "irmãos indígenas", os "povos" e "comunidades" que "estamos aqui desde que existe a terra" (Patricio, 2017a, par. 3). Logo, esta esfera se expande para incluir aqueles que "são de outra cor" (par. 3-5), que "também estão sofrendo" e que "vêm lutando por anos" (par. 5), o "México de abaixo nos campos e nas cidades, o "povo trabalhador explorado até sua morte" (2017f, par. 5). Como vemos, além de se caracterizar pelo trabalho, a exploração, o sofrimento e a história de luta, a coletividade consciente se caracteriza por se situar *abaixo*, na base da sociedade, na pobreza, entre as pessoas comuns que não têm poder nem dinheiro.

A situação inferior, sempre oposta à de acima, dos que têm poder e dinheiro, será decisiva na consciência coletiva de Marichuy, que se identifica essencialmente com "os de abaixo que somos" (Patricio, 2017f, par. 10). Esta identificação é demasiado insistente. Os de Marichuy não deixam de aparecer como os de "abaixo" em geral (cf. 2017d, par. 6; 2017e, par. 5; 2017g, par. 8-13).

O discurso de Marichuy é radical porque ascende a uma totalidade geral que não reabsorve nem dissolve o elemento particular indígena, senão que o pressupõe e emana dele para finalmente acolhê-lo em sua particularidade. O mesmo sucede com outros elementos particulares, entre eles um dos mais importantes no discurso de Marichuy, o feminino, o das "mulheres que lutam" por elas mesmas, mas também "por todos e por todas" (Patricio, 2017f, par. 2-12). Junto com o indígena e o de abaixo, o feminino será o terceiro elemento definidor da identidade coletiva de Marichuy, a qual, formando parte das "mulheres indígenas", compartilha sua "tripla condição de mulheres, de indígenas e de pobres", padecendo assim "a maior das opressões" no capitalismo (par. 13).

Ter consciência histórica: entre a herança dos avós e o momento de salvá-la

Correspondendo a uma identidade coltiva, a consciência de Marichuy não pode confinar-se ao breve intervalo de sua vida individual, pois abarca o vivido por uma coletividade que atravessa gerações. O vivido coletivamente se desdobra em uma temporalidade histórica mais ampla do que a do indivíduo. Essa temporalidade histórica é aquela na que Marichuy situa sua própria consciência, que é a dos "povos que estamos desde que começou este país", e inclusive antes, "desde que existe a terra" (Patricio, 2017a, par. 5).

A consciência de Marichuy preserva lutas anteriores que continuam no presente. Há continuidade entre aquilo pelo que luta Marichuy e "o que nossos avós lutaram" (Patricio, 2017a, par. 3). A herança de gerações passadas é também uma herança de obrigações para o presente. Deve-se preservar o que se recebe: "temos juntos que cuidar dessa terra que nos deixaram nossos avós" (2017b, par. 5). De modo igual, não se pode permitir que "levem essas riquezas que nossos avós lutaram e nós devemos deixar aos que virão depois" (2017g, par. 14).

Entre a herança do passado e a transmissão ao futuro, Marichuy não é mais que um elo consciente da cadeia. Sua consciência histórica transgeracional é uma das razões pelas quais se rebela contra a devastação capitalista e tenta "construir algo novo", como o que se expressa em sua própria candidatura (Patricio, 2017i, par. 3). O que se expressa aparece como um acontecimento que poderia mudar o rumo da história devastadora. Por que agora e não antes? Pelo afã de sobrevivência, porque não pode continuar assim, porque "irão morrer nossas comunidades" (2017g, par. 5).

Para sobreviver, devemos compreender que estamos em um ponto decisivo no qual já não é possível "ficarmos quietos e calados" (Patricio, 2017g, par. 9). É "o tempo para tirarmos estes grandes capitalistas que nos despojaram por anos" (2017c, par. 1). Todo o tempo se precipita no instante presente: "no relógio disso que somos a humanidade, marca-se a hora do que somos, do que fomos e do que seremos" (2017f, par. 6). Ter consciência da história é também ser conscientes do acontecimento histórico no qual toda a história parece se condensar. Há aqui duas faces da mesma consciência histórica, uma dilatada e a outra instantânea: uma face vinculada à herança dos avós e a outra com o momento de salvá-la, uma radical por fundir suas raízes na história e a outra por querer mudar tudo nessa mesma história.

Transpassar os marcos da política instituída: não chegar ao poder, senão denunciar e conscientizar, falar e escutar, dialogar e se organizar

Marichuy também é radical porque sua aspiração à mudança histórica vai além da ordem estabelecida, do horizonte institucional existente, da democracia burguesa e liberal, eleitoral e representativa. É verdade que Marichuy busca seu registro como candidata independente. No entanto, como ela mesma explica, esse registro não é mais do que um pretexto para escutar e se fazer escutar, para denunciar e visibilizar os problemas das comunidades indígenas.

Em vez de usar a contenda eleitoral simplesmente para chegar ao poder, Marichuy a utiliza como um meio para propósitos mais radicais: para "conscientizar" (Patricio, 2017a, par. 7), para "escutar o som que vem do desastre capitalista em todos os territórios" (2017f, par. 3), para "pôr sobre a mesa de discussão a problemática real de nossas comunidades" (2017g, par. 6), para "conversar o que o Congresso Nacional Indígena está pensando" (par. 7), para "buscar como vamos fazer para salvar nossas comunidades" (par. 8) e para "transmitir" as "dores" de umas comunidades a outras (2017h, par. 14). Trata-se, em poucas palavras, de possibilitar a expressão do Congresso Nacional Indígena e a comunicação entre diferentes comunidades, entre os indígenas e os demais, entre o campo e a cidade. É precisamente por isso que Marichuy se apresenta como porta-voz: porque sua função é dar voz aos demais.

A função de Marichuy não pode se limitar à disputa eleitoral, mas deve ir "além de 2018" (Patricio, 2017h, par. 13; 2017i, par. 6). Como veremos agora, a organização é aqui o fim último, mas também o meio para alcançá-lo. O processo eleitoral de 2018, então, é também para começar a "se organizar" (2017g, par. 9, 14).

Fazer coletividade: organizar-se e unir-se

A campanha de María de Jesús Patricio obedece a uma estratégia organizativa e não apenas agregativa. Marichuy não busca simplesmente somar o maior número de assinaturas, apoios, ou votos individuais, senão algo mais radical: unificar e gerar algo coletivo através da organização. A ideia orientadora é unir ao organizar, mas também criar algo unido e organizado, coeso e integrado, que seja capaz de resistir e realizar aquilo pelo que se luta. A organização é entendida, pois, como um meio e como um fim, como um processo e como uma entidade ou estado.

Marichuy se refere à organização como um processo quando prevê que os povos "irão se organizar" (Patricio, 2017a, par. 6), quando anuncia que "é hora de nos organizar em cada espaço" (2017h, par. 9). O mesmo processo de *nos organizar* também se expressa como "articular-nos, juntar-nos e nos colocar de acordo" (2017a, par. 4), e através do belo processo metafórico de "tecer desde abaixo uma teia de aranha tão grande que seja capaz de perdurar, aproveitando o chamado de nossa terra para que a organização que construamos penetre em todas as estruturas desta nação" (2017f, par. 9).

Uma vez que a organização está construída, o processo organizativo conclui-se e cede seu lugar à entidade já organizada. Chegamos então à comunidade que "tem sua própria organização" (Patricio, 2017h, p. 9) a "todos os organizados a uma voz" contra "os que têm poder e dinheiro" (2017i, par. 8), aos indígenas "organizados" que já não querem que alguém "traga uma varinha mágica e diga agora sim está tudo arrumado" (par. 10), ao "povo organizado", cuja organização lhe permite "levantar a voz e dizer que já não está de acordo" (2017g, par. 9). Vemos como a organização se torna indispensável para que os de abaixo possam se expressar, inconformar-se, opor-se aos de acima e libertar-se deles.

Atrever-se a derrubar o existente, recuperar o perdido e criar algo novo: destruição do capitalismo, construção de outro mundo e reconstrução das comunidades

Se a união e a organização garantem a sobrevivência de indígenas e trabalhadores, é também porque lhes dão a força que necessitam para "libertar-se deste sistema capitalista" (Patricio, 2017c, par. 4-5). Marichuy confirma sua radicalidade ao propor libertar-se do sistema, desfazer-se dele e inclusive acabar com ele, e não só resistir contra ele. Sua posição radical se vê também reafirmada, como veremos agora, quando busca recuperar o perdido, resgatá-lo ou reconstruí-lo, e não apenas conservar o que ainda se tem, assim como criar ou construir algo novo e não só preservar o velho.

Tanto a construção de algo novo como a reconstrução do perdido devem pressupor para Marichuy a destruição do capitalismo que destrói tudo. Começa-se, então, por "erradicar" o capitalismo (Patricio, 2017b, par. 3; 2017h, par. 9), "derrubar" esse "sistema de morte" (2017h, par. 13), "destruir esse monstro que está acabando com todos" (2017i, par. 7). Após o momento negativo da destruição, passamos ao momento positivo de construção e reconstrução. Primeiro, estamos em condições de vislumbrar o passado e recobrar o perdido, "resgatá-lo" (2017e, par. 5), ao "reconstruir nossas comunidades" (2017g, par. 8). Logo podemos nos voltar para o futuro e "construir algo novo desde abaixo" (2017h, par. 8; 2017i, par. 4), "construir um governo que realmente seja do povo" (2017e, par. 6), fazer "nascer" uma "pátria nova" que seja também das mulheres, "um mundo novo de paz e diferente sobre as ruínas que o sistema capitalista e patriarcal vêm deixando por todos os lados" (2017f, par. 12).

Às vezes, a tarefa de construção de um mundo novo parece começar antes da destruição do capitalismo. Inclusive, não se pode suprimir o sistema capitalista sem antes *começar a construir* algo novo. Como propõe Marichuy, "a partir de abaixo temos que começar a construir algo novo, algo que dê força para poder derrubar esses que estão acima" (Patricio, 2017i, par. 3). Quem sabe a última possibilidade não aponte ao processo revolucionário de transformação destrutiva e construtiva-reconstrutiva, senão a uma lógica pré-figurativa de contrassociedade paralela, utópica ou heterotópica, na qual lutar é já conquistar aquilo mesmo pelo que se luta. No entanto, se assim o fosse, esta lógica também implicaria, como vimos, a destruição do capitalismo.

Aspirar a desaparição do Estado e não só seu controle ou direção: o governo que manda obedecendo ao povo organizado

O movimento encaminhado a destruir o capitalismo vem acompanhado por outro gesto destrutivo que não se manifesta de maneira tão explícita, mas que é igualmente necessário para Marichuy. Este gesto é o que busca a desaparição do Estado vertical e opressivo regido pelos de acima e por seu princípio do mandar mandando. Tal Estado tem que desaparecer para deixar seu lugar ao "Conselho Indígena de Governo": um governo que se construa e se exerça "desde abaixo" (Patricio, 2017h, p. 12), que siga o princípio do "mandar obedecendo" (2017f, par. 11) e "onde o povo seja o que mande e o governo o que obedeça" (2017i, par. 4).

Um governo que obedece ao povo já não corresponde à noção habitual do governo. O Estado no sentido convencional do termo tampouco admite que o poder se exerça a partir de abaixo. Portanto, cabe afirmar que Marichuy não aspira exatamente encabeçar o Estado, senão a fazê-lo desaparecer ao suprimir o poder estatal. Essa aspiração é mais uma prova de radicalidade.

Ao aspirar o desaparecimento do Estado, Marichuy coincide com outros projetos radicais, como o anarquista de supressão do Estado e o marxista de extinção do mesmo Estado após a abolição da sociedade de classes. A tradição antiestatal se reativa no discurso de Marichuy e nos permite compreender tanto sua proximidade ao EZLN e sua fidelidade ao espírito histórico zapatista, bem como sua distância do Morena e das demais organizações partidárias mexicanas.

Conclusão – Radicalidade e resistência contra a direitização

Contra o que se afirmou, o zapatismo não traiu seus princípios antiestatais ao apostar na candidatura independente de Marichuy. Esta candidatura, como vimos, posicionou-se contra o Estado e contra o estatismo, e só se interessou em encabeçar o governo para descê-lo ao povo, para situá-lo abaixo, para invertê-lo e assim anulá-lo. Desse modo, como apreciamos anteriormente, o programa de Marichuy ultrapassou os marcos da política instituída, pois nem sequer buscou verdadeiramente chegar ao poder, mas sim denunciar e conscientizar, falar e escutar, conversar e organizar-se.

Ao não aspirar ao poder, Marichuy se preservou contra as concessões que se devem fazer para chegar ao poder. Foi assim como sua radicalidade lhe permitiu resistir contra a direitização que os demais líderes da esquerda mexicana cederam, entre ele Andrés Manuel López Obrador. Esta direitização também pôde ser evitada por Marichuy ao seguir cada um dos demais mandamentos da esquerda radical.

Cada elemento de radicalidade em Marichuy foi uma garantia contra a direitização. Impossível se direitizar ao manter uma posição anticapitalista e antipatriarcal, ao opor-se abertamente a quem representa o capitalismo, ao se atrever a denunciar cada um de seus agravos, ao se conceber como comunidade e não como uma soma de indivíduos, ao se manter fiel a uma longa história de lutas radicais, ao não se ater às regras institucionais, ao organizar a partir de abaixo a sociedade e ao atrever-se a destruir o sistema, recobrar o que se destruiu e criar algo completamente novo.

Nosso decálogo da esquerda radical, bem exemplificado por Marichuy, é uma tímida tentativa de inventário daqueles elementos de radicalidade que deveriam permitir à esquerda resistir contra sua direitização, contra sua neutralização, contra sua reabsorção em aquilo mesmo contra o que luta. É assim como justificamos a conotação positiva que damos a uma radicalidade que não deve se confundir com o extremismo político intolerante, violento e antidemocrático. Portanto, diante do avanço da direita e de suas expressões extremistas, a esquerda radical poderia ser o mais forte dos baluartes de resistência da tolerância, da paz e da democracia, como já foi no passado.

Referências

Almeyra, G. (2017, 26/nov.). Morena, Marichuy y México. *La Jornada* [Acesso em 02/01/2018; disponível em http://www.jornada.unam.mx/2017/11/26/opinion/022a1pol].

Arendt, H. (1987 [1951]). *Los orígenes del totalitarismo*. Madri: Alianza.

Belligni, S. (1981). Extremismo. In N. Bobbio, N. Mattenci & G. Pasquino (eds.). *Diccionario de Política*. Ciudad de México: Siglo XXI, p. 608-609.

Bobbio, N. (1996). *Derecha e izquierda* – Razones y significados de una distinción política. Madri: Taurus.

Cohn Bendit, D. (1969). *El izquierdismo, remedio a la enfermedad senil del comunismo*. México: Grijalbo.

Crozier, M., Huntington, S.P. & Watanuki, J. (1975). *The Crisis of Democracy*. Nova York: Nyup.

Cueva, A. (1987). El viraje conservador. *Revista A* 8(20), 11-27.

Cusset, F. (2016). *La droitisation du monde*. Paris: Textuel.

Engels, F. (1986 [1878]). La subversión de la ciencia por el señor Eugen Dühring. In *Obras filosóficas*. México: FCE, p. 1-284.

_____. (2011 [1884]). *El origen de la familia, de la propiedad privada y del Estado*. México: Colofón.

Fazio, C. (2017, 19/jun.). El Concejo Indígena, Marichuy y 2018. *La Jornada* [Acesso em 02/01/2018; disponível em http://www.jornada.unam.mx/2017/06/19/opinion/019a1pol].

Flores Olea, V. (2017, 03/abr.). La derechización del mundo. *La Jornada* [Acesso em 02/01/2018; disponível em http://www.jornada.unam.mx/2017/04/03/opinion/018a1pol].

Flores, R.A. & Alarcón, V. (2018, 03/fev.). De buenos deseos, coyunturas y realidades. *Rebelión* [Acesso em 08/02/2018; disponível em http://www.rebelion.org/noticia.php?id=237463].

Fuenmayor Toro, L. (2011). Unidad ante la derechización mundial. *Aporrea* [Acesso em 02/01/2018; disponível em https://www.aporrea.org/internacionales/a125400.html].

Halimi, S. (2015). Derechización, manual de instrucciones. *Le Monde diplomatique en español* 236, 28 [Acesso em 02/01/2018; disponível em https://www.lemondediplomatique.cl/Derechizacion-manual-de,4006.html].

Hobsbawn, E. (2010 [1973]). *Revolucionarios* – Ensayos contemporáneos. Barcelona: Crítica.

Jabardo, R. (1998). Sobre el concepto de extremismo político. *Revista de Estudios Políticos* 102, 281-293.

Kornhauser, W. (1969 [1959]). *Aspectos políticos de la sociedad de masas*. Buenos Aires: Amorrortu.

Lacan, J. (1991 [1970]). *L'envers de la psychanalyse*. Paris: Seuil.

_____. (1998 [1954]). *Les écrits techniques de Freud*. Paris: Seuil (poche).

_____. (1999a [1960]). Subversion du sujet et dialectique du désir. In *Écrits II*. Paris: Seuil, p. 273-308.

_____. (1999b [1953]). Fonction et champ de la parole et du langage. In *Écrits I*. Paris: Seuil, p. 235-321.

_____. (2004 [1962]). *L'angoisse*. Paris: Seuil.

_____. (2006 [1969]). *D'un Autre à l'autre*. Paris: Seuil.

Laclau, E. (2012). *La razón populista*. México: FCE.

Laponce, J.A. (1981). *Left and Right* – The Topography of Political Perceptions. Toronto: University of Toronto Press.

Lenin, V. (1974 [1920]). La enfermedad infantil del izquierdismo. In *Obras escogidas*. Moscou: Progreso, p. 537-615.

Le Paige, H. (2008). L'avenir de la gauche. *Politique* 55 [Acesso em 25/11/2017; disponível em https://www.revuepolitique.be/lavenir-de-la-gauche-humilite-et-volonte/].

Lipset, S.M. & Raab, E. (1981). *La política de la sinrazón* – El extremismo de derecha en los Estados Unidos, 1790-1977. Cidade do México: FCE.

Lukács, G. (1985 [1923]). *Historia y conciencia de clase*. Madri: Sarpe.

MacIver, R.M. (1947). *The Web of Government*. Nova York: MacMillan.

March, L. (2008). *Contemporary Far Left Parties in Europe*. Bonn: Ebert.

Martínez, S. (2016, 24/out.). La tapada del Subcomandante. *Sin Embargo* [Acesso em 25/11/2017; disponível em http://www.sinembargo.mx/24-10-2016/3107230].

Marx, K. (1981a [1852]). El dieciocho brumario de Luis Bonaparte. In *Obras escogidas I*. Moscou: Progreso, p. 404-498.

_____. (1981b [1845]). Tesis sobre Feuerbach. In *Obras escogidas I*. Moscou: Progreso, p. 7-10.

_____. (1988 [1882]). *Los apuntes etnológicos*. Madri: Siglo XXI.

_____. (1997 [1844]). *Manuscritos* – Economía y filosofía. Madri: Alianza.

_____. (2008 [1867]). *El Capital I*. México: FCE.

_____. (2009a [1858]). *Elementos fundamentales para la crítica de la economía política*. México: Siglo XXI.

_____. (2009b [1866]). *El Capital*. Cap. VI (inédito). México: Siglo XXI.

_____. (2013 [1859]). *Contribución a la crítica de la economía política.* México: Siglo XXI.

Marx, K. & Engels, F. (1974 [1846]). *La ideología alemana.* Montevidéu: Pueblos Unidos.

_____. (1981 [1948]). Manifiesto comunista. In *Textos escogidos.* Moscou: Progreso, p. 99-140.

Méndez, L.H. (2008). Neoliberalismo y derechización en México (1983-2008). *El cotidiano* 149, 5-15.

Modonesi, M. (2015, 09/dez.). La derechización del mundo. *Desinformémonos* [Acesso em 02/01/2018; disponível em https://desinformemonos. org/la-derechizacion-del-mundo-y-las-elecciones-en-francia-y-venezuela/].

Neate, R. (2017, 26/out.). World's witnessing a new Gilded Age as billionaires' wealth swells to $6tn. *The Guardian* [Acesso em 05/01/2018; disponível em https://www.theguardian.com/business/2017/oct/26/worlds-witnessing-a-new-gilded-age-as-billionaires-wealth-swells-to-6tn].

Norris, P., Walgrave, S. & Aelst, P. van (2005). Who demonstrates? *Comparative politics* 37(2), 189-205.

Parker, I. & Pavón Cuéllar, D. (orgs.) (2013). *Lacan, discurso, acontecimiento.* México: Plaza & Valdés.

Patricio, M.J. (2017a). Palabra de Marichuy en Guadalupe Tepeyac el 15/10/2017 [Acesso em 25/11/2017; disponível em https://www.congreso nacionalindigena.org/2017/10/15/2806/].

_____. (2017b). Discurso de María de Jesús Patricio en el Caracol de Morelia el 15/10/2017 [Acesso em 25/11/2017; disponível em https:// actividadesdelcigysuvocera.blogspot.mx/2017/10/discurso-de-maria-de-jesus-patricio.html].

_____. (2017c). Palabras de María de Jesús Patricio en La Garrucha el 16/10/2017 [Acesso em 25/11/2017; disponível em https://actividades delcigysuvocera.blogspot.mx/2017/10/palabras-de-maria-de-jesus-patricio.html].

_____. (2017d). Palabras de Marichuy en Roberto Barrios el 17/10/17 [Acesso em 25/11/2017; disponível em https://actividadesdelcigysuvocera. blogspot.mx/2017/10/palabras-de-marichuy-en-el-caracol.html].

_____. (2017e). Palabras de María de Jesús Patricio en Palenque el 18/10/2017. Acesso em 25/11/2017; disponível em https://actividades delcigysuvocera.blogspot.mx/2017/10/palabras-de-maria-de-jesus-patricio_18.html].

_____. (2017f). Palabras de María de Jesús Patricio en Oventic el 19/10/2017 [Acesso em 25/11/2017; disponível em https://www. congresonacionalindigena.org/2017/10/19/palabras-maria-jesus-patricio-martinez-oventic-19-octubre-2017/].

_____. (2017g). Discurso de Marichuy en Tonalá, 07/11/2017 [Acesso em 25/11/2017; disponível em https://actividadesdelcigysuvocera.blogspot. mx/2017/11/discurso-de-marichuy-en-tonala-chiapas.html].

_____. (2017h). Discurso de Marichuy en Las Margaritas, 07/11/2017 [Acesso em 25/11/2017; disponível em https://actividadesdelcigysuvocera. blogspot.mx/2017/11/discurso-de-marichuy-en-la-colonia-las.html].

_____. (2017i). Discurso de María de Jesús Patricio en San Cristóbal el 08/11/2017 [Acesso em 25/11/2017; disponível em https://actividadesdelci gysuvocera.blogspot.mx/2017/11/discurso-de-maria-de-jesus-patricio.html].

Pavón-Cuéllar, D. (2010). *From the Conscious Interior to an Exterior Unconscious*. Londres: Karnac.

_____. (2014). *Elementos políticos de marxismo lacaniano*. Cidade do México: Paradiso.

Rábago, J. (1976). En la Europa totalitaria – Entrevista con Jean-Pierre Faye. *Tiempo de Historia* 2(20), 21-31.

Rosagel, S. (2016, 27/out.). La candidata del EZLN sólo servirá para restar votos a la izquierda. *Sin embargo* [Acesso em 02/01/2018; disponível em http://www.sinembargo.mx/27-10-2016/3108740].

Schulze, P.W. (1988). La revolución terminó: ¡Ganamos! Neoconservadurismo después de Reagan. *Nueva sociedad* 95, 45-54.

Vidal Beneyto, J. (2007, 24/mar.). La derechización del mundo. *El País* [Acesso em 02/01/2018; disponível em https://elpais.com/diario/2007/03/24/ internacional/1174690813_850215.html].